한권으로 정리하는 생활법령

중소벤처기업
1인 창조기업
창업하기

편저 대한기업 창조 연구회

 법문 북스

한권으로 정리하는 생활법령

중소벤처기업
1인 창조기업
창업하기

편저 대한기업 창조 연구회

 법문 북스

머리말

최근 세계는 정보통신기술, 디자인 등 개인의 창의성과 전문성을 기반으로 자유롭게 창업하여 아이디어를 경제활동으로 창출하는 기업들이 급속하게 늘고 있습니다. 이것은 점차 발달하는 기술에 따른 결과라고 말할 수 있습니다. 과거에는 창업을 하기 위해서는 여러 명의 자원과 기술이 필요했지만, 현재는 혼자서도 정보통신기술을 활용하여 충분히 창업할 수 있게 된 것입니다.

과거에는 이러한 첨단의 신기술과 아이디어를 개발하여 사업에 도전하는 기술집약형 중소기업을 일컬어 벤처기업이라고 불렀습니다. 그러나 현재는 벤처기업에서 더 나아가 창의성과 전문성을 갖춘 1인 또는 5인 미만의 공동사업자로서 상시근로자 없이 사업을 영위하는 기업을 1인 창조기업이라고 부르고 법으로써 보호·육성하고 있습니다.

현재 우리나라에는 약 42만 개 기업이 제조업을 중심으로 1인 창조기업을 운영하고 있으며, 2011년부터 1인 창조기업의 설립을 촉진하고 그 성장기반을 조성하는 등 지원·육성을 위한 법이 시행되고 있습니다. 따라서 중소벤처기업이나 1인 창조기업을 창업하고자 하는 사람이라면, 그와 관련된 법을 숙지하여 정부로부터 충분한 지원을 받을 필요가 있습니다.

본서는 이러한 도움이 필요한 분들에게 도움을 주고자 중소벤처기업, 1인 창조기업을 설립하는 데 필요한 관련 법들을 일반인도 알아보기 쉽게 정리하였습니다. 특히 관련 사례와 서식을 망라하여 일반인도 충분히 쉽게 법의 내용을 이해할 수 있도록 하였습니다.

아무쪼록 이 책이 중소벤처기업, 1인 창조기업을 창업하려는 분들에게 미력하나마 도움이 되기를 바라며, 이 책이 만들어지기까지 도움을 주신 법문북스 김현호 대표님과 편집진에게 감사의 말씀을 전하고 싶습니다.

편저자

‖ 목 차 ‖

제1부 중소 · 벤처기업 창업

제2부 1인 창조기업

제1부

중소·벤처기업 창업

제1장

중소 · 벤처기업 창업 개관

제1장 중소·벤처기업 창업 개관

1. 중소·벤처기업 개념

1) 중소·벤처기업 개요

(1) 중소기업의 개념

- "중소기업"이란 중소기업을 육성하기 위한 시책(이하 "중소기업 시책"이라 함)의 대상이 되는 기업 또는 조합 등으로서 「중소기업기본법 시행령」 제3조에 따른 업종별 매출액이 일정한 요건을 갖춘, 영리를 목적으로 사업을 하는 기업과 비영리 사회적기업, 협동조합, 협동조합연합회, 사회적협동조합, 사회적협동조합 연합회 및 소비자생활협동조합, 소비자협동조합 연합회, 소비자협동조합 전국연합회를 말합니다.

- 다만, 「독점규제 및 공정거래에 관한 법률」 제14조제1항에 따른 공시대상기업집단에 속하는 회사 또는 같은 법 제14조의3에 따라 공시대상기업집단의 소속회사로 편입·통지된 것으로 보는 회사는 제외합니다.

※ 「조세특례제한법」에 따른 중소기업의 개념

정부에서 시행하는 중소기업 지원사업은 「중소기업기본법」에 따른 중소기업을 지원 대상으로 하고 있는 것이 일반적이지만, 지원기관 및 목적에 따라 지원 자격을 달리 정하는 경우도 있습니다. 특히 세법에 따른 중소기업 범위기준은 「조세특례제한법 시행령」에서 다르게 규정하고 있으므로 주의해야 합니다(중소기업청, 「2018년 알기 쉽게 풀어 쓴 중소기업 범위해설」, 12쪽).

(2) 벤처기업의 개념

"벤처기업"이란 다른 기업에 비해 기술성이나 성장성이 상대적으로 높아, 정부에서 지원할 필요가 있다고 인정하는 중소기업으로서 「벤처기업육성에 관한 특별조치법」 제2조의2제1항제2호에 따른 3가지 요건의 어느 하나에 해당하는 기업(① 벤처투자유형, ② 연구개발유형, ③ 혁신성장유형·예비벤처기업)을 말합니다.

(3) 중소기업시책의 시행

중소기업은 스스로의 노력으로 성장·발전하는 단계에서 대기업에 비하여 상대적으로 취약할 수밖에 없습니다. 정부는 중소기업이 자생력을 강화할 수 있도록 창업·자금·경영·판로·기술개발 및 동반성장 등 다양한 분야에서 지원정책을 마련하여 시행하고 있습니다.

2) 중소·벤처기업 창업관련 기관
(1) 개인사업자 또는 법인사업자 관련 행정처리 기관

중소·벤처기업 창업과 관련한 행정처리 기관으로는 대법원, 법무부, 금융결제원, 국세청, 보건복지부, 고용노동부 등이 있습니다.

기관명	담당업무	홈페이지
대법원	온/오프라인 상호검색 및 법인설립등기	인터넷 등기소 (http://www.iros.go.kr/)
법무부	공중인조사보고, 정관 및 의사록의 공증	법무부 (http://www.moj.go.kr/)
금융결제원	주식납입금 수납, 주금납입보관증명 발급	금융결제원 (http://www.kftc.or.kr/)

국세청		사업자등록	국세청 (http://www.nts.g o.kr/)
보건복지부	국민연금 관리공단	국민연금 사업장 적용신고	4대 사회보험포털 (http://www.4insu re.or.kr/)
	건강보험공단	건강보험 사업장 적용신고	
고용노동부	근로복지공단	산재보험 보험관계 성립신고	
	고용복지센터	고용보험 보험관계 성립신고	
	4대사회보험정보 연계센터	4대 사회보험 통합신고	

(2) 중소·벤처기업 관련 정보제공

중소·벤처기업과 관련한 정보는 중소벤처기업부, 창업진흥원, 온라인 원스톱 재택창업시스템, 중소기업현황정보시스템, 벤처기업협회, 벤처투자정보센터 등에서 확인할 수 있습니다.

기관명	담당업무	홈페이지
중소벤처기업부	창업기회정보, 정책정보 제공	www.mss.go.kr
창업진흥원	창업기회정보, 정책정보 제공	http://www.kised.or. kr/
온라인 원스톱 재택창업시스템	회사설립정보 및 창업 컨설팅	http://www.startbiz.g o.kr/
중소기업현황정보 시스템	중소기업현황 및 중소기업확인 정보 제공	sminfo.smba.go.kr
벤처기업협회	벤처기업 창업정보 제공	http://www.venture. or.kr/

2. 창업절차 및 지원 개요

1) 창업 및 창업지의 개념
- 중소기업의"창업"이란 중소기업을 새로 설립하는 것을 말하며, "창업자"란 중소기업을 창업하는 자와 중소기업을 창업하여 사업을 개시한 날부터 7년이 지나지 않은 자를 말합니다.
- 위의 사업을 개시한 날은 다음의 날을 말합니다.
① 창업자 또는 재창업자가 법인이면 법인설립등기일
② 창업자 또는 재창업자가 개인이면 사업개시일

※ **중소기업의 재창업**
중소기업의 "재창업"이란 부도 또는 파산 등으로 중소기업을 폐업하고 중소기업을 새로 설립하는 것을 말합니다.

2) 창업의 범위
- 중소기업을 새로 설립하여 사업을 개시하는 것을 창업이라고 합니다. 다만, 다음의 어느 하나에 해당하는 경우에는 창업으로 보지 않습니다.
① 타인으로부터 사업을 상속 또는 증여 받아 해당 사업과 같은 종류의 사업을 계속하는 것(다만, 법인인 중소기업을 새로 설립하여 해당 사업과 같은 종류의 사업을 계속하는 경우는 제외함)
 ⓐ 사업을 하던 자와 사업을 개시하는 자 간에 사업 분리에 관한 계약을 체결할 것
 ⓑ 사업을 개시하는 자가 새로 설립되는 기업의 대표자로서 그 기업의 최대주주 또는 최대출자자가 될 것
② 개인인 중소기업자가 기존 사업을 계속 영위하면서 중소기업(법인인 중소기업은 제외함)을 새로 설립하여 사업을 개시하는 것
③ 개인인 중소기업자가 기존 사업을 폐업한 후 중소기업을 새로 설립하여 기존 사업과 같은 종류의 사업을 개시하는 것. 다만, 사업을 폐업한 날부터 3년(부도 또는 파산으로 폐업한 경우에는 2년을 말함) 이상이 지난 후에 기존 사업과 같은 종류의 사업

을 개시하는 경우는 제외함
④ 개인인 중소기업자가 기존 사업을 계속 영위하면서 단독으로 또는 「중소기업기본법 시행령」 제2조제5호에 따른 친족과 합하여 의결권 있는 발행주식(출자지분을 포함함, 이하 같음) 총수의 100분의 30 이상을 소유하거나 의결권 있는 발행주식 총수를 기준으로 가장 많은 주식의 지분을 소유하는 법인인 중소기업을 설립하여 기존 사업과 같은 종류의 사업을 개시하는 것
⑤ 법인인 중소기업자가 의결권 있는 발행주식 총수의 100분의 30 이상(해당 법인과 그 임원이 소유하고 있는 주식을 합산함)을 소유하는 경우로서 의결권 있는 발행주식 총수를 기준으로 가장 많은 주식의 지분을 소유하는 다른 법인인 중소기업을 새로 설립하여 사업을 개시하는 것
⑥ 법인인 중소기업자가 조직변경 등 기업형태를 변경하여 변경 전의 사업과 같은 종류의 사업을 계속하는 것
  – 위 "같은 종류의 사업"의 범위는 「통계법」 제22조제1항에 따라 통계청장이 작성·고시하는 「한국표준산업분류」(통계청 고시 제2017-13호, 2017. 1. 13. 발령 2017. 7. 1. 시행)상의 세세분류를 기준으로 합니다.
  – 이 경우 기존 업종에 다른 업종을 추가하여 사업을 하는 경우에는 추가된 업종의 매출액이 총 매출액의 100분의 50 미만인 경우에만 같은 종류의 사업을 계속하는 것으로 봅니다.

3) 창업에서 제외되는 업종
  「중소기업창업 지원법」은 창업에 적용합니다. 다만, 사행산업 등 경제질서 및 미풍양속에 현저히 어긋나는 업종의 창업에 관해서는 적용하지 않습니다.
① 일반유흥주점업
② 무도유흥주점업
③ 그 밖의 사행시설 관리 및 운영업
④ 그 밖에 중소벤처기업부령으로 정하는 업종

기존의 사업자가 자신의 사업을 계속하면서 동종의 사업을 영위하는 회사를 새로이 설립하여 그 대표자가 되는 경우

Q. 기존의 사업자가 자신의 사업을 계속하면서 동종의 사업을 영위하는 회사를 새로이 설립하여 그 대표자가 되는 경우, ② 친인척이 그 회사의 대표자가 되고 자신은 회사의 임원이 되는 경우, ③ 기존의 사업자가 동종의 사업으로 새로이 회사를 설립하면서 총자본금의 50% 이상을 출자한 경우가 「중소기업창업 지원법」 제2조제1호에 따른 "창업"에 해당하나요?

A. ① 기존의 사업자가 자신의 사업을 계속하면서 동종의 사업을 영위하는 회사를 새로이 설립하여 그 대표자가 되는 경우, ② 친인척이 그 회사의 대표자가 되고 자신은 회사의 임원이 되는 경우, ③ 동종의 사업으로 새로이 회사를 설립하면서 총자본금의 50% 이상을 출자한 경우도 「중소기업창업 지원법」 제2조제1호에 따른 "창업"에 해당한다고 할 것입니다.

제2장

중소·벤처기업의 범위

1. 중소기업 범위 기준

1) 중소기업이 될 수 있는 대상

(1) 중소기업의 개념 및 대상범위

- "중소기업"이란 중소기업을 육성하기 위한 시책(이하 "중소기업 시책"이라 함)의 대상이 되는 기업 또는 조합 등으로서, 「중소 기업기본법」에 따라 다음의 어느 하나에 해당하는 기업을 말 합니다. 다만, 「독점규제 및 공정거래에 관한 법률」 제14조제1 항에 따른 공시대상기업집단에 속하는 회사 또는 같은 법 제 14조의3에 따라 공시대상기업집단의 소속회사로 편입·통지된 것으로 보는 회사는 제외합니다.

- 다만, 「독점규제 및 공정거래에 관한 법률」 제14조제1항에 따 른 공시대상기업집단에 속하는 회사 또는 같은 법 제14조의3에 따라 공시대상기업집단의 소속회사로 편입·통지된 것으로 보는 회사는 제외합니다.

① 「중소기업기본법」 제2조제1항제1호에 따른 규모기준 및 독립 성기준을 모두 갖추고 영리를 목적으로 사업을 하는 기업

② 「사회적기업 육성법」 제2조제1호에 따른 사회적기업 중에서 영리를 주된 목적으로 하지 않는 사회적기업으로서 규모기준 및 독립성기준을 모두 갖춘 기업

③ 「협동조합 기본법」 제2조에 따른 협동조합, 협동조합연합회, 사회적협동조합, 사회적협동조합연합회 중 「중소기업기본법 시 행령」 제3조제2항 각호의 요건을 모두 갖춘 협동조합, 협동조 합연합회, 사회적협동조합 및 사회적협동조합연합회

④ 「중소기업기본법 시행령」 제3조제2항의 요건을 모두 갖춘 「소 비자생활협동조합법」 제2조에 따른 조합, 연합회, 전국연합회

※ "사회적기업"이란 취약계층에게 사회서비스 또는 일자리를 제공하거나 지역사회 에 공헌함으로써 지역주민의 삶의 질을 높이는 등의 사회적 목적을 추구하면서

재화 및 서비스의 생산·판매 등 영업활동을 하는 기업으로서 사회적기업의 인증요건을 갖추어 고용노동부장관의 인정을 받은 자를 말합니다.

(2) 중소기업과 소기업의 구분

중소기업은 소기업(小企業)과 중기업(中企業)으로 구분됩니다. 소기업(小企業)은 중소기업 중 해당 기업이 영위하는 주된 업종별 평균매출액등이 「중소기업기본법 시행령」 별표 3의 기준에 맞는 기업을 말하며, 중기업은 중소기업 중 소기업을 제외한 기업을 말합니다.

2) 영리를 목적으로 사업을 하는 기업의 중소기업 적용 대상 및 요건(규제 「중소기업기본법」 제2조제1항제1호의 경우)

(1) 대상: 영리를 목적으로 사업을 하는 기업
 - 중소기업이 될 수 있는 대상은 영리를 목적으로 사업을 하는 기업, 즉 법인인 기업(「상법」 상 회사)과 개인사업자입니다.
 - 영리를 목적으로 사업을 하는 기업이 중소기업에 해당하려면 다음의 규모기준과 독립성기준 요건을 모두 갖춰야 합니다.

(2) 규모기준
 - 첫 번째 조건: 주된 업종별 평균매출액 또는 연간매출액 기준 중소기업에 해당하려면 해당 기업이 영위하는 주된 업종과 해당 기업의 평균매출액 또는 연간매출액(이하 "평균매출액 등"이라 함)이 일정한 기준을 충족해야 합니다.

※ 평균매출액 등의 산정방법

"평균매출액 등"을 산정하는 경우 매출액은 일반적으로 공정·타당하다고 인정되는 회계관행(이하 "회계관행"이라 함)에 따라 작성한 손익계산서 상의 매출액을 말합니다. 다만, 업종의 특성에 따라 매출액에 준하는 영업수익 등을 사용하는 경우에는 영업수익 등을 말합니다. 평균매출액 등은 다음의 구분에 따른 방법에 따라 산정합니다.

① 직전 3개 사업연도의 총 사업기간이 36개월인 경우: 직전 3개 사업연도의 총 매출액을 3으로 나눈 금액
② 직전 사업연도 말일 현재 총 사업기간이 12개월 이상이면서 36개월 미만인 경우(직전 사업연도에 창업하거나 합병 또는 분할한 경우로서 창업일, 합병일 또는 분할일부터 12개월 이상이 지난 경우는 제외함): 사업기간이 12개월인 사업연도의 총 매출액을 사업기간이 12개월인 사업연도 수로 나눈 금액
③ 직전 사업연도 또는 해당 사업연도에 창업하거나 합병 또는 분할한 경우로서 위 2.에 해당하지 않는 경우: 다음의 구분에 따라 연간매출액으로 환산하여 산정한 금액
㉮ 창업일, 합병일 또는 분할일부터 12개월 이상이 지난 경우: 중소기업 해당 여부에 대하여 판단하는 날(이하 "산정일"이라 함)이 속하는 달의 직전 달부터 역산(逆算)하여 12개월이 되는 달까지의 기간의 월 매출액을 합한 금액
㉯ 창업일, 합병일 또는 분할일부터 12개월이 되지 않은 경우: 창업일이나 합병일 또는 분할일이 속하는 달의 다음달부터 산정일이 속하는 달의 직전 달까지의 기간의 월 매출액을 합하여 해당 월수로 나눈 금액에 12를 곱한 금액. 다만, 다음 중 어느 하나에 해당하는 경우에는 창업일이나 합병일 또는 분할일부터 산정일까지의 기간의 매출액을 합한 금액을 해당 일수로 나눈 금액에 365를 곱한 금액으로 합니다.
- 산정일이 창업일, 합병일 또는 분할일이 속하는 달에 포함되는 경우
- 산정일이 창업일, 합병일 또는 분할일이 속하는 달의 다음 달에 포함되는 경우

※ 주된 업종의 기준
하나의 기업이 둘 이상의 서로 다른 업종을 영위하는 경우에는 위에 따라 산정한 평균매출액 등 중 평균매출액 등의 비중이 가장 큰 업종을 주된 업종으로 봅니다.

　- 두 번째 조건: 상한기준
중소기업에 해당하려면 위 업종별 규모기준 외에도 업종에 관계없이 자산총액이 5천억원 미만이어야 합니다. 따라서 자산총액이 5천억원 이상인 기업은 중소기업의 범위에서 제외됩니다.

※ 자산총액의 구체적 기준
위 자산총액은 회계관행에 따라 작성한 직전 사업연도 말일 현재 재무상태표상의 자산총계로 합니다. 해당 사업연도에 창업하거나 합병 또는 분할한 기업의 경우에는 창업일이나 합병일 또는 분할일 현재의 자산총액으로 합니다.

(3) 독립성기준(개인사업자에게는 미적용)
　- 자산총액 5천억원 이상인 법인이 100분의 30 이상 출자한 기업이 아닐 것
　　자산총액이 5천억원 이상인 법인(외국법인을 포함하되, 비영리법인 및 다음의 어느 하나에 해당하는 자는 제외함)이 해당 기업의 주식 등을 100분의 30 이상 직접적 또는 간접적으로 소유하고 해당 법인이 단독으로 주식 등을 소유하거나 개인이 단독으로 또는 특수관계자와 합하여 해당 기업의 최대출자자가 되는 경우에는 해당 기업의 규모와 관계 없이 중소기업에 해당하지 않습니다.
①「벤처투자 촉진에 관한 법률」 제2조제10호에 따른 중소기업창업투자회사
②「여신전문금융업법」에 따른 신기술금융사업자
③「벤처기업육성에 관한 특별조치법」에 따른 신기술창업전문회사
④「산업교육진흥 및 산학연협력촉진에 관한 법률」에 따른 산학협

력기술지주회사

⑤ 「자본시장과 금융투자업에 관한 법률」 제8조에 따른 금융투자업
자(금융투자업자가 금융 및 보험업 이외의 업종을 영위하는 기
업의 주식 등을 소유한 경우로서 해당 기업과의 관계에 한정함)

⑥ 「자본시장과 금융투자업에 관한 법률」 제9조제19항에 따른 사
모집합투자기구(금융위원회에 등록한 외국 사모집합투자기구를
포함함)

⑦ 「기업구조조정 촉진법」 제2조제1호에 따른 채권금융기관(채권금
융기관이 다음의 어느 하나에 해당하는 기업의 주식 등을 소
유한 경우로서 해당 기업과의 관계에 한정함)

㉮ 「기업구조조정 촉진법」 제2조제5호에 따른 부실징후기업

㉯ 채권금융기관으로부터 받은 신용공여액의 합계가 500억원 미만
으로서 「기업구조조정 촉진법」 에 따라 기업구조조정 중인 기업

㉰ 「채무자 회생 및 파산에 관한 법률」 에 따라 법원으로부터 회생
절차 개시의 결정을 받은 기업

※ "주식 등"이란 주식회사의 경우에는 발행주식(의결권이 없는 주식은 제외함) 총
수, 주식회사 외의 기업인 경우에는 출자총액을 말합니다.

※ 외국법인의 자산총액 기준
외국법인의 경우 자산총액을 원화로 환산할 때에는 직전 5개 사
업연도의 평균환율을 적용합니다.

※ 특수관계인의 범위
특수관계인의 범위는 다음과 같습니다.
① 주식 등을 소유한 자가 법인인 경우: 그 법인의 임원("임원"이란 다
음의 구분에 따른 자를 말함)
- 주식회사 또는 유한회사: 등기된 이사(사외이사는 제외함)
- 위 주식회사 또는 유한회사 외의 기업: 무한책임사원 또는 업무집행자
② 주식 등을 소유한 자가 위 ①에 해당하지 않는 개인인 경우: 그 개

인의 배우자(사실상 혼인관계에 있는 자를 포함함), 6촌 이내의 혈족 및 4촌 이내의 인척

- 관계기업에 속하는 기업이 아닐 것
  관계기업에 속하는 기업의 경우 평균매출액 등이 중소기업 업종별 규모기준에 맞지 않는 기업이면 중소기업에 해당하지 않습니다. 관계기업에 속하는 지배기업과 종속기업의 평균매출액 등의 산정은 별표 2에 따릅니다. 이 경우 평균매출액 등은 위의 <평균매출액 등의 산정방법>에 따라 산정한 지배기업과 종속기업 각각의 평균매출액 등을 말합니다.

※ 이 경우 지배기업과 종속기업이 상호간 의결권 있는 주식 등을 소유하고 있는 경우에는 그 소유비율 중 많은 비율을 해당 지배기업의 소유 비율로 봅니다.

※ 관계기업
"관계기업"이란 외부감사의 대상이 되는 기업이 다른 국내기업을 지배함으로써 지배 또는 종속의 관계에 있는 기업의 집단을 말합니다.

※ 관계기업에서의 지배 또는 종속의 관계
"관계기업에서의 지배 또는 종속의 관계"란 기업이 직전 사업연도 말일 현재 다른 국내기업을 다음의 어느 하나와 같이 지배하는 경우 그 기업(이하 "지배기업"이라 함)과 그 다른 국내기업(이하 "종속기업"이라 함)의 관계를 말합니다.
① 지배기업이 단독으로 또는 그 지배기업과의 관계가 다음의 어느 하나에 해당하는 자와 합산하여 종속기업의 주식 등을 100분의 30 이상 소유하면서 최다출자자인 경우
㉮ 단독으로 또는 친족과 합산하여 지배기업의 주식 등을 100분의 30 이상 소유하면서 최다출자자인 개인
㉯위 ㉮에 해당하는 개인의 친족
② 지배기업이 그 지배기업과의 관계가 위 ①에 해당하는 종속기업(이하 "자회사"라 함)과 합산하거나 그 지배기업과의 관계가 위 ①의 어느 하

나에 해당하는 자와 공동으로 합산하여 종속기업의 주식 등을 100분의 30 이상 소유하면서 최다출자자인 경우
③ 자회사가 단독으로 또는 다른 자회사와 합산하여 종속기업의 주식 등을 100분의 30 이상 소유하면서 최다출자자인 경우
④ 지배기업과의 관계가 위 ①의 어느 하나에 해당하는 자가 자회사와 합산하여 종속기업의 주식 등을 100분의 30 이상 소유하면서 최다출자자인 경우

다만, 주권상장법인으로서 연결재무제표를 작성해야 하는 기업과 그 연결재무제표에 포함되는 국내기업은 지배기업과 종속기업의 관계로 봅니다. 위의 경우에도 불구하고 기업이 직전 사업연도 말일이 지난 후 창업, 합병, 분할 또는 폐업한 경우에는 창업일, 합병일, 분할일 또는 「부가가치세법 시행령」 제7조에 따른 폐업일을 기준으로 위에 따른 지배 또는 종속관계를 판단할 수 있습니다.

※ 지배 또는 종속 관계의 예외
다음의 어느 하나에 해당하는 자가 다른 국내기업의 주식 등을 소유하고 있는 경우에는 그 기업과 그 다른 국내기업은 위에 따른 지배기업과 종속기업의 관계로 보지 않습니다.
① 「중소기업창업 지원법」에 따른 중소기업창업투자회사
② 「여신전문금융업법」에 따른 신기술사업금융업자
③ 「벤처기업육성에 관한 특별조치법」에 따른 신기술창업전문회사
④ 「산업교육진흥 및 산학연협력촉진에 관한 법률」에 따른 산학협력기술지주회사
⑤ 「자본시장과 금융투자업에 관한 법률」 제8조에 따른 금융투자업자(다만, 금융투자업자가 금융 및 보험업 이외의 업종을 영위하는 기업의 주식 등을 소유한 경우로서 해당 기업과의 관계에 한정함)
⑥ 「자본시장과 금융투자업에 관한 법률」 제9조제19항에 따른 사모집합투자기구(금융위원회에 등록한 외국 사모집합투자기구를 포함함)
⑦ 「기업구조조정 촉진법」 제2조제1호에 따른 채권금융기관(다만, 채권금융기관이 다음의 어느 하나에 해당하는 기업의 주식 등을 소유한 경

우로서 해당 기업과의 관계에 한정함)
- 「기업구조조정 촉진법」 제2조제5호에 따른 부실징후기업
- 채권금융기관으로부터 받은 신용공여액의 합계가 500억원 미만으로서
「기업구조조정 촉진법」에 따라 기업구조조정 중인 기업
- 「채무자 회생 및 파산에 관한 법률」에 따라 법원으로부터 회생절차 개
시의 결정을 받은 기업

※ 관계기업에서의 주된 업종의 기준
관계기업의 경우 지배기업과 종속기업 중 평균매출액 등이 큰 기
업의 주된 업종을 지배기업과 종속기업의 주된 업종으로 봅니다.

3) 비영리 사회적기업 등의 중소기업 적용 대상 및 요건(「중소기업
기본법」 제2조제1항제2호, 제3호 및 제4호의 경우)
(1) 대상: 비영리 사회적기업 등

영리를 주된 목적으로 하지 않는 「사회적기업 육성법」 제2조제1호
에 따른 사회적기업과 「협동조합 기본법」 제2조에 따른 협동조합,
협동조합연합회, 사회적협동조합, 사회적협동조합연합회 등도 중소
기업 적용대상 기업에 해당합니다.

※ 사회적기업은 인증을 받아야 합니다.
사회적기업을 운영하려는 자는 다음의 인증요건을 갖추어 고용노
동부장관의 인증을 받아야 합니다.
① 「민법」에 따른 법인·조합, 「상법」에 따른 회사·합자조합, 특별법에 따
라 설립된 법인 또는 비영리민간단체 등 다음의 어느 하나에 해당하는
조직 형태를 갖출 것
- 「공익법인의 설립·운영에 관한 법률」 제2조에 따른 공익법인
- 「비영리민간단체 지원법」 제2조에 따른 비영리민간단체
- 「사회복지사업법」 제2조제2호에 따른 사회복지법인
- 「소비자생활협동조합법」 제2조에 따른 소비자생활협동조합
- 그 밖에 다른 법률에 따른 비영리단체
② 유급근로자를 고용하여 재화와 서비스의 생산·판매 등 영업활동을 할 것

③ 취약계층에게 사회서비스 또는 일자리를 제공하거나 지역사회에 공헌함으로써 지역주민의 삶의 질을 높이는 등 사회적 목적의 실현을 조직의 주된 목적으로 할 것
④ 서비스 수혜자, 근로자 등 이해관계자가 참여하는 의사결정 구조를 갖출 것
⑤ 「사회적기업 육성법」 제8조제3항에 따라 사회적기업의 인증을 신청한 날이 속하는 달의 직전 6개월(해당 조직의 영업활동 기간이 6개월 미만인 경우에는 그 영업활동 기간을 말함) 동안에 해당 조직의 영업활동을 통한 총수입이 같은 기간에 그 조직에서 지출되는 총 노무비(서비스나 생산에 투입되는 인력에 대한 비용을 말함)의 100분의 50 이상일 것
⑥ 「사회적기업 육성법」 제9조에 따른 정관이나 규약 등을 갖출 것
⑦ 회계연도별로 배분 가능한 이윤이 발생한 경우에는 이윤의 3분의 2 이상을 사회적 목적을 위하여 사용할 것(「상법」에 따른 회사·합자조합인 경우만 해당함)
⑧ 그 밖에 운영기준에 관하여 「사회적기업 육성법 시행령」으로 정하는 사항을 갖출 것

사회적기업 등이 중소기업에 해당하려면 다음의 규모기준과 독립성 기준 요건을 모두 갖춰야 합니다.

(2) 규모기준
- 첫 번째 조건: 주된 업종별 평균매출액 또는 연간매출액 기준
  중소기업에 해당하려면 해당 기업이 영위하는 주된 업종과 해당 기업의 평균매출액 등이 「중소기업기본법 시행령」 별표 1의 기준을 충족해야 합니다.

※ 위의 영리를 목적으로 사업을 하는 기업의 평균매출액 등의 기준과 동일함

- 두 번 째 조건: 상한기준

중소기업에 해당하려면 위 업종별 규모기준 외에도 업종에 관계없이 자산총액이 5천억원 미만이어야 합니다. 따라서 자산총액이 5천억원 이상인 기업은 중소기업의 범위에서 제외됩니다.

※ 위의 영리를 목적으로 사업을 하는 기업의 자산총액 상한기준과 동일함

(3) 독립성기준

- 자산총액 5천억원 이상인 법인이 100분의 30 이상 출자한 기업이 아닐 것

자산총액이 5천억원 이상인 법인(외국법인을 포함하되, 다음의 어느 하나에 해당하는 자는 제외함)이 해당 기업의 주식 등을 100분의 30 이상 직접적 또는 간접적으로 소유하고 해당 법인이 단독으로 주식 등을 소유하거나 개인이 단독으로 또는 특수관계자와 합하여 해당 기업의 최대출자자가 되는 경우에는 해당 기업의 규모와 관계 없이 중소기업에 해당하지 않습니다.

① 「중소기업창업 지원법」에 따른 중소기업창업투자회사

② 「여신전문금융업법」에 따른 신기술사업금융업자

③ 「벤처기업육성에 관한 특별조치법」에 따른 신기술창업전문회사

④ 「산업교육진흥 및 산학연협력촉진에 관한 법률」에 따른 산학협력기술지주회사

⑤ 「자본시장과 금융투자업에 관한 법률」 제8조에 따른 금융투자업자(금융투자업자가 금융 및 보험업 이외의 업종을 영위하는 기업의 주식 등을 소유한 경우로서 해당 기업과의 관계에 한정함)

⑥ 「자본시장과 금융투자업에 관한 법률」 제9조제19항에 따른 사모집합투자기구(금융위원회에 등록한 외국 사모집합투자기구를 포함함)

⑦ 「기업구조조정 촉진법」 제2조제1호에 따른 채권금융기관(채권금융기관이 다음의 어느 하나에 해당하는 기업의 주식 등을 소유한 경우로서 해당 기업과의 관계에 한정함)

㉮ 「기업구조조정 촉진법」 제2조제5호에 따른 부실징후기업

㉯ 채권금융기관으로부터 받은 신용공여액의 합계가 500억원 미만
   으로서 「기업구조조정 촉진법」에 따라 기업구조조정 중인 기업

㉰ 「채무자 회생 및 파산에 관한 법률」에 따라 법원으로부터 회
   생절차 개시의 결정을 받은 기업

※ 법 개정으로 중소기업 지위를 잃게 됐더라도 일정한 유예기간을 부여합니다.
  종전 규정에 따라 중소기업이었던 기업이 「중소기업기본법 시행령」
  의 개정(2014년 4월 14일)규정에 따른 기준에 따라 중소기업에 해
  당하지 않게 된 경우에는 2018년 3월 31일까지는 중소기업에 해당
  하는 것으로 봅니다[「중소기업기본법 시행령」(대통령령 제25302호)
  부칙 제2조].

중소 · 벤처기업 창업: 중소기업의 범위

Q. 중소기업 시책의 대상이 되는 중소기업의 범위는 어떻게 되나요?

A. 중소기업은 중소기업시책의 대상이 되는 기업 또는 조합 등으로서, 일정한 규모기준 및 독립성기준을 모두 갖추고 영리를 목적으로 사업을 하는 기업과 「사회적기업 육성법」에 따른 비영리 사회적기업으로 구분할 수 있습니다.

◇ 중소기업의 개념 및 범위

☞ "중소기업"이란 중소기업을 육성하기 위한 시책(이하 "중소기업시책"이라 함)의 대상이 되는 기업으로서, 「중소기업기본법」에 따라 다음 어느 하나에 해당하는 기업을 말합니다. 다만, 「독점규제 및 공정거래에 관한 법률」 제14조제1항에 따른 공시대상기업집단에 속하는 회사 또는 같은 법 제14조의3에 따라 공시대상기업집단의 소속회사로 편입·통지된 것으로 보는 회사는 제외합니다.

1. 「중소기업기본법」 제2조제1항제1호에 따른 규모기준 및 독립성기준을 모두 갖추고 영리를 목적으로 사업을 하는 기업

2. 「사회적기업 육성법」 제2조제1호에 따른 사회적기업으로서 영리를 주된 목적으로 하지 않는 사회적기업으로 규모기준 및 독립성기준을 모두 갖춘 기업

3. 「협동조합 기본법」 제2조에 따른 협동조합, 협동조합연합회, 사회적 협동조합, 사회적협동조합연합회 중 「중소기업기본법 시행령」 제3조제2항 각호의 요건을 모두 갖춘 협동조합, 협동조합연합회, 사회적협동조합 및 사회적협동조합연합회

4. 「중소기업기본법 시행령」 제3조제2항의 요건을 모두 갖춘 「소비자생활협동조합법」 제2조에 따른 조합, 연합회, 전국연합회

☞ "사회적기업"이란 취약계층에게 사회서비스 또는 일자리를 제공하거나 지역사회에 공헌함으로써 지역주민의 삶의 질을 높이는 등의 사회적 목적을 추구하면서 재화 및 서비스의 생산·판매 등 영업활동을 하는 기업으로서 사회적기업의 인증요건을 갖추어 고용노동부장관의 인정을 받은 자를 말합니다.

2. 중소기업 판단 및 적용기간 등

1) 중소기업의 확인

(1) 중소기업 확인자료의 제출

- 정부의 중소기업 육성을 위한 각종 지원 등(이하 "중소기업시책" 이라 함)을 받으려는 중소기업자는 자신이 영위하는 기업이 중소 기업에 해당하는지를 확인할 수 있는 자료를 중소기업시책을 실 시하는 중앙행정기관 및 지방자치단체에 제출해야 합니다.
- 중소기업자가 아닌 자로서 위에 따른 자료를 거짓으로 제출하 여 중소기업시책에 참여한 경우에는 500만원 이하의 과태료가 부과됩니다.

2) 중소기업 판단 및 적용기간

(1) 중소기업 여부의 적용기간 등

- 중소기업 여부의 적용기간은 직전 사업연도 말일에서 3개월이 경과한 날부터 1년간으로 합니다.
- 다만, 「중소기업기본법 시행령」 제3조제1항제2호다목에 해당하 여 중소기업에서 제외된 기업이 직전 사업연도 말일이 지난 후 주식등의 소유현황이 변경되어 중소기업에 해당하게 된 경우 중소기업 여부의 적용기간은 그 변경일부터 해당 사업연도 말 일에서 3개월이 지난 날까지로 합니다.
- 중소벤처기업부장관은 「중소기업기본법 시행령」 제3조제1항제1 호에 따른 기준(규모기준을 말함)의 실효성을 확보하기 위하여 5년마다 그 적정성을 검토해야 합니다.

(2) 세부적인 판단 및 적용기간

- 세부적인 중소기업 여부의 판단 및 적용기간은 다음의 구분에 따릅니다.
① 직전 사업연도의 사업기간이 12개월 이상인 기업: 중소기업 여 부의 적용기간은 직전 사업연도 말일에서 3개월이 경과한 날 부터 1년간

② 직전 사업연도에 창업하거나 합병 또는 분할(이하 "창업 등"이라 함)한 기업: 중소기업 여부의 적용기간은 직전 사업연도 말일에서 3개월이 경과한 날부터 1년간

③ 해당 사업연도에 창업 등을 한 기업: 중소기업 여부의 적용기간은 창업 등을 한 날부터 해당 사업연도 종료 후 3개월이 되는 날까지

- 위에도 불구하고 다음의 어느 하나에 해당하는 기업의 경우 중소기업의 여부의 판단 등은 각각의 구분에 따릅니다.

① 관계기업에 속하는 기업이 직전 사업연도 말일이 지난 후 창업, 합병, 분할 또는 폐업하여 「중소기업기본법 시행령」 제3조제1항제2호다목에 해당하거나 해당하지 않게 된 기업: 창업일, 합병일, 분할일 또는 「부가가치세법 시행령」 제7조에 따른 폐업일부터 적용함

② 「중소기업기본법 시행령」 제3조제1항제2호 나목에 해당하거나 해당하지 않게 된 기업: 해당 사유가 발생한 날부터 적용함

3) 중소기업 판단의 유예 및 경과조치
(1) 중소기업 판단의 유예
중소기업이 그 규모의 확대 등으로 더 이상 중소기업에 해당하지 않게 된 경우라도 다음의 어느 하나에 해당하는 사유로 중소기업에 해당하지 않게 된 경우가 아니라면, 해당 기업이 중소기업 지원혜택의 중단 등에 따른 경영환경 변화에 대비할 수 있도록 그 사유가 발생한 연도의 다음 연도부터 3년간은 중소기업으로 봅니다.

① 중소기업으로 보는 유예기간 중에 있는 기업을 흡수합병한 경우로서 중소기업으로 보는 기간 중에 있는 기업이 당초 중소기업에 해당하지 않게 된 사유가 발생한 연도의 다음 연도부터 3년이 지난 경우

② 상호출자제한기업집단 등에 속하는 회사 또는 상호출자제한기업

집단 등의 소속회사로 편입·통지된 것으로 보는 회사, 동일인이 지배하는 기업집단의 범위에서 제외되어 상호출자제한기업집단 등에 속하지 않게 된 회사로서 「독점규제 및 공정거래에 관한 법률 시행령」 제3조의 요건에 해당하게 된 날부터 3년이 경과한 회사에 해당하는 경우

③ 「중소기업기본법」 제2조제3항 본문에 따라 중소기업으로 보았던 기업이 「중소기업기본법」 제2조제1항에 따른 중소기업이 되었다가 그 평균매출액 등의 증가 등으로 다시 중소기업에 해당하지 않게 된 경우

※ 개정법에 따른 중소기업 간주 범위 변경 특례

「중소기업기본법 시행령」(대통령령 제25302호, 이하 "개정법"이라 함) 시행 전에 중소기업으로 보는 기간에 있었거나 그 기간에 있는 기업이 개정법 시행 후 중소기업에 해당하게 되는 경우에는 개정법 시행 전에 중소기업으로 보았던 횟수에 관계없이 개정법 시행 후 1회에 한정하여 중소기업으로 볼 수 있습니다.

중소기업 확인 시스템 이용방법

Q. 중소기업 지원시책에 따라 관련 중앙행정기관 및 지방자치단체에 중소기업을 인정받아 중소기업 관련 지원을 받고 싶은데요, 중소기업 판단 기준이 복잡하고 어려워서 본인 기업이 중소기업에 해당하는지 여부를 확인하기가 어렵습니다. 이를 확인할 수 있는 방법이 없나요?

A. 중소기업 판단 기준 및 확인 절차가 복잡함에 따라, 중소기업 확인 업무에 많은 애로가 있습니다. 이에 따라, 중소벤처기업부에서는 중소기업 확인 시스템인 [중소기업현황 정보시스템(http://sminfo.smba.go.kr)]을 운영하고 있으며, 이를 통해 본인기업이 중소기업에 해당하는지 여부를 확인할 수 있습니다.

중소기업 여부를 확인하려는 경우에는 필수서류(기업정보등록 신청서, 사업자등록증 사본, 법인등기사항전부증명서, 원천징수이행상황신고서, 기업부설연구소 수리결과통보서, 주식등변동상황명세서, 주주명부, 최근 3개년 재무제표, 관계기업 자료제출 내역 및 관계기업서류 등)를 직접 제출하거나, 또는 중소기업현황 정보시스템에 회원 가입하여, 관련 정보를 입력한 후 본인 기업의 중소기업 여부를 확인할 수 있습니다.

다만, 이러한 시스템에서 제공하는 자료는 중소기업 확인에 있어서 편의를 제공하는데 있으며, 이를 통해 확인 또는 출력된 자료는 중소기업 지원시책 등 중소기업 확인을 위한 증빙자료로 활용할 수 없습니다. 해당 기업의 중소기업 여부는 기업인 또는 중소기업지원기관이 직접 근거 자료 등을 통해 최종 판단해야 합니다. 그 밖에 중소기업 확인 절차에 관한 자세한 내용은 중소벤처기업부에서 발간한 「중소기업 확인 매뉴얼」에서 확인할 수 있습니다.

※ 「조세특례제한법」은 「중소기업기본법」과 중소기업 기준이 다르므로 동 시스템의 결과를 그대로 적용할 수 없습니다.

1. 벤처기업의 요건

1) 벤처기업 개념 및 기준

"벤처기업"이란 다른 기업에 비해 기술성이나 성장성이 상대적으로 높아, 정부에서 지원할 필요가 있다고 인정하는 중소기업으로서 「벤처기업육성에 관한 특별조치법」 제2조의2제1항제2호에 따른 3 가지 요건의 어느 하나에 해당하는 기업(① 벤처투자유형, ② 연구개발유형, ③ 혁신성장유형·예비벤처기업)을 말합니다.

2) 벤처기업의 종류 및 요건

(1) 벤처투자유형

벤처투자유형은 다음의 어느 하나에 해당하는 자가 해당 기업에 대한 투자금액의 합계가 5천만원 이상으로서, 기업의 자본금 중 투자금액의 합계가 차지하는 비율이 100분의 10(해당 기업이 「문화산업진흥 기본법」 제2조제12호에 따라 문화상품을 제작하는 법인인 경우에는 자본금의 100분의 7) 이상인 기업을 말합니다.

① 「벤처투자 촉진에 관한 법률」 제2조제10호에 따른 중소기업창업투자회사

② 「벤처투자 촉진에 관한 법률」 제2조제11호에 따른 벤처투자조합

③ 「여신전문금융업법」에 따른 신기술사업금융업자

④ 「여신전문금융업법」에 따른 신기술사업투자조합

⑤ 「벤처투자 촉진에 관한 법률」 제66조에 따른 한국벤처투자

⑥ 중소기업에 대한 기술평가 및 투자를 하는 금융기관으로서 다음의 기관

㉮ 신기술창업전문회사

㉯ 「벤처투자 촉진에 관한 법률」 제2조제8호에 따른 개인투자조합

㉰ 「벤처투자 촉진에 관한 법률」 제2조제9호에 따른 창업기획자

(액셀러레이터)

㈃ 「한국산업은행법」에 따른 한국산업은행

㈁ 「중소기업은행법」에 따른 중소기업은행,

㈅ 「은행법」 제2조제1항제2호에 따른 은행

㈄ 「자본시장과 금융투자업에 관한 법률」 제9조제19항제1호에 따른 경영참여형 사모집합투자기구

㈇ 「자본시장과 금융투자업에 관한 법률」 제117조의10에 따라 온라인소액투자중개의 방법으로 모집하는 해당 기업의 지분증권에 투자하는 자

㈉ 「농림수산식품투자조합 결성 및 운용에 관한 법률」 제13조제1항에 따른 농식품투자조합

㈊ 「산업교육진흥 및 산학연협력촉진에 관한 법률」 제2조제8호에 따른 산학연협력기술지주회사

㈎ 「기술의 이전 및 사업화 촉진에 관한 법률」 제2조제10호에 따른 공공연구기관첨단기술지주회사

㈍ 기술보증기금

㈏ 「신용보증기금법」에 따른 신용보증기금

㈐ 전문성과 국제적 신인도 등에 관하여 「벤처기업확인요령」 제3조제3항의 기준을 갖춘 외국투자회사

⑦ 투자실적, 경력, 자격요건 등 「벤처기업육성에 관한 특별조치법 시행령」 제2조의3제3항에서 정하는 기준을 충족하는 개인

(2) 연구개발유형

연구개발유형은 다음의 요건을 모두 만족하는 기업(「기초연구진흥 및 기술개발지원에 관한 법률」 제14조의2제1항에 따라 인정받은 기업부설연구소 또는 연구개발전담부서 또는 「문화산업진흥 기본법」 제17조의3제1항에 따라 인정받은 기업부설창작연구소 또는 기업창작전담부서를 보유한 기업을 말함)을 말합니다.

① 연간 연구개발비가 5천만원 이상일 것

② 연간 총매출액에 대한 연구개발비의 합계가 차지하는 비율이 100분의 5 이상으로서 다음의 비율 이상일 것(다만, 연간 총매출액에 대한 연구개발비의 합계가 차지하는 비율에 관한 기준은 창업 후 3년이 지나지 아니한 기업에 대하여는 적용하지 않음)

업 종	매출액 규모별 연구개발투자비율(%)		
	50억원 미만	50억원 이상 100억원 미만	100억원 이상
의약품	6	6	6
기계 및 장비제조 <단, 사무용기계 및 장비제외>	7	5	5
컴퓨터및주변장치	6	6	5
사무용기계및장비	6	6	5
전기장비	6	5	5
반도체 및 전자부품	6	5	5
의료, 정밀, 광학기기 및 시계	8	7	6
기타제조업	5	5	5
도매 및 소매업	5	5	5
통신업	7	5	5
소프트웨어개발 공급업	10	8	8
컴퓨터프로그래밍, 시스템통합관리업	10	8	8
정보서비스업	10	8	8
인터넷산업	5	5	5
기타산업	5	5	5

③ 다음의 「벤처기업육성에 관한 특별조치법」 제25조의3제1항에 따라 지정받은 벤처기업확인기관(이하 "벤처기업확인기관"이라 함)으로부터 사업의 성장성이 우수한 것으로 평가받은 기업

㉮ 신용보증기금

㉯ 중소벤처기업진흥공단

(3) 혁신성장유형·예비벤처기업

혁신성장유형·예비벤처기업은 다음의 벤처기업확인기관으로부터 기술의 혁신성과 사업의 성장성이 우수한 것으로 평가받은 기업(창업 중인 기업을 포함)을 말합니다.

① 혁신성장유형의 벤처기업확인기관

㉮ 기술보증기금

㉯ 농업기술실용화재단

㉰ 연구개발특구진흥재단

㉱ 한국과학기술정보연구원

㉲ 한국발명진흥회

㉳ 한국생명공학연구원

㉴ 한국생산기술연구원

② 예비벤처기업의 벤처기업확인기관

㉮ 기술보증기금

중소 · 벤처기업 창업: 벤처기업의 범위

Q. 중소기업 중에서 벤처기업에 해당하기 위한 기준은 어떻게 되나요?

A. "벤처기업"이란 다른 기업에 비해 기술성이나 성장성이 상대적으로 높아, 정부에서 지원할 필요가 있다고 인정하는 중소기업 중에서 벤처투자유형, 연구개발유형, 혁신성장유형·예비벤처기업 중 어느 하나에 해당하는 기업을 말합니다.

◇ 벤처투자유형

☞ 벤처투자유형은 중소기업창업투자회사, 신기술사업금융업, 벤처투자조합 등에 해당하는 자가 해당 기업에 대한 투자금액의 합계가 5천만원 이상으로서 기업의 자본금 중 투자금액의 합계가 차지하는 비율이 100분의 10 이상(해당 기업이 「문화산업진흥 기본법」 제2조제12호에 따라 문화상품을 제작하는 법인인 경우에는 자본금의 100분의 7)인 기업을 말합니다.

◇ 연구개발유형

☞ 연구개발유형은 연간 연구개발비가 5천만원 이상이고, 연간 총매출액에 대한 연구개발비의 합계가 차지하는 비율이 일정비율 이상이며, 신용보증기금, 중소벤처기업진흥공단 등으로부터 사업성이 우수한 것으로 평가받은 기업을 말합니다.

◇ 혁신성장유형·예비벤처기업

☞ 혁신성장유형·예비벤처기업은 기술보증기금, 농업기술실용화재단, 연구개발특구진흥재단, 한국과학기술정보연구원,한국발명진흥회, 한국생명공학연구원, 한국생산기술연구원 등의 벤처기업확인기관으로부터 기술의 혁신성과 사업의 성장성이 우수한 것으로 평가받은 기업(창업 중인 기업을 포함)을 말합니다.

2. 벤처기업 확인 신청

1) 벤처기업 확인신청

(1) 벤처기업 확인신청

- 벤처투자유형, 연구개발유형, 혁신성장유형·예비벤처기업에 해당하여 벤처기업으로서 「벤처기업육성에 관한 특별조치법」에 따라 사업초기에 국가로부터 인적·물적 자원을 지원받기 위해서는 벤처기업확인기관으로부터 벤처기업의 확인을 받아야 합니다. 이 때 벤처기업확인기관의 장은 확인에 소요되는 비용을 벤처기업 확인을 요청하려는 자에게 부담시킬 수 있습니다.

- 벤처기업임을 확인받으려는 기업(이하 "신청기업"이라 함)은 벤처기업 확인 신청서를 작성하여, 벤처확인종합관리시스템(https://www.smes.go.kr/venturein/)을 통해 다음에 따른 확인기관의 장에게 벤처기업 확인을 신청해야 합니다.

확인신청기업	벤처기업 확인기관
벤처투자유형	한국벤처캐피탈협회(http://www.kvca.or.kr)
연구개발유형	중소벤처기업진흥공단(http://www.kosmes.or.kr) 신용보증기금(https://www.kodit.co.kr/)
혁신성장유형	기술보증기금(http://www.kibo.or.kr) 농업기술실용화재단(https://www.fact.or.kr/) 연구개발특구진흥재단(https://www.innopolis.or.kr/) 한국과학기술정보연구원(https://www.kisti.re.kr/) 한국발명진흥회(https://www.kipa.org/) 한국생명공학연구원(https://www.kribb.re.kr/) 한국생산기술연구원(https://www.kitech.re.kr/)
예비벤처기업	기술보증기금(http://www.kibo.or.kr)

(2) 확인신청의 철회

- 신청기업은 신청서류의 미비 등으로 인해 벤처기업 확인을 철회코자 하는 때에는 벤처확인종합관리시스템을 통해 벤처기업 확인기관의 장에게 철회를 요청할 수 있습니다.
- 벤처기업확인기관의 장은 철회사유가 합당하다고 판단될 경우에는 벤처확인종합관리시스템을 통해 철회를 승인한다는 내용을 통보하여야 합니다.

2) 벤처기업 요건 심사

(1) 평가의 실시

- 확인기관은 벤처기업 확인을 신청받은 경우에는 벤처기업 유형에 따른 요건심사를 실시해야 합니다.
- 사업성 평가기준 및 기술성 평가기준은 현장실사를 통해서 실시합니다.

(2) 기술의 혁신성 및 사업의 성장성 평가

- 연구개발유형의 사업성 평가는 기술혁신성·사업성장성 평가표에 따라 사업성 평가를 신청 받은 기관이 실시합니다.
- 벤처기업확인기관의 장은 신청기업별 특성에 맞추어 동서식의 평가항목 범위 내에서 중소벤처기업부장관과 협의하여 심사항목과 배점을 조정하여 평가할 수 있습니다.

(3) 예비벤처기업의 기술의 혁신성 및 사업의 성장성 평가

예비벤처기업으로 확인받고자 하는 자에 대한 기술의 혁신성, 사업의 성장성 평가는 벤처기업확인기관이 기술혁신성·사업성장성 평가표(예비벤처기업용)의 평가표에 따라 실시합니다.

(4) 평가 결과 통지 및 이의제기

- 벤처기업확인기관의 장은 벤처기업 해당 여부의 확인을 요청받은 경우에는 요청받은 날부터 다음의 구분에 따른 기간 이내에 확인을 요청한 자에게 그 결과를 알려야 합니다. 다만, 부득이한 사유로 그 기간 이내에 알리기 어려운 경우에는 20일 이내의 범위에서 한 번만 그 기간을 연장할 수 있습니다.

① 벤처기업 해당 여부의 확인을 요청한 자가 벤처투자유형에 해당하는지 여부: 30일

② 벤처기업 해당 여부의 확인을 요청한 자가 연구개발유형 및 혁신성장유형에 해당하는지 여부: 45일

- 벤처기업확인 여부 통지를 받은 신청기업은 평가결과에 대해 「벤처기업육성에 관한 특별조치법」 제25조의5제1항에 따라 30일 이내에 이의 제기를 할 수 있습니다. 이 경우 벤처기업확인기관의 장은 벤처기업확인위원회에 회부하여 재심사를 실시하고 그 결과를 벤처투자유형에 해당하는지 여부는 20일, 연구개발유형 및 혁신성장유형에 해당하는지 여부는 30일 이내에 이의제기 신청기업에게 통보해야 합니다.

3) 벤처기업 확인서의 발급

- 벤처기업확인기관의 장은 신청기업이 벤처기업 요건에 해당된다고 확인한 때에는 벤처기업 확인서를 발급해야 합니다.
- 벤처기업확인기관의 장은 예비벤처기업 요건에 해당된다고 확인한 때에는 예비벤처기업 확인서를 발급해야 합니다.
- 벤처기업확인기관의 장은 벤처기업 요건의 미비 등으로 확인서 발급대상이 되지 않는 경우에는 그 사유를 신청기업에 통보해야 야 합니다.

중소 · 벤처기업 창업: 벤처기업 확인 신청

Q. 벤처기업에 해당하는지 여부를 확인받으려면 어떻게 해야 하나요?

A. 벤처기업임을 확인받으려는 기업은 벤처기업 확인 신청서를 작성하여, 벤처확인종합관리시스템(https://www.smes.go.kr/venturein/)을 통해서 중소벤처기업진흥공단, 기술신용보증기금 등 일정한 확인기관의 장에게 벤처기업 확인을 신청해야 합니다. 벤처기업 확인기관은 확인신청을 받으면 기술성 심사, 사업성 심사 등 벤처기업 유형에 따른 일정한 요건심사를 통해 벤처기업 확인을 합니다.

◇ 벤처기업 확인신청

☞ 벤처투자유형, 연구개발유형, 혁신성장유형·예비벤처기업에 해당하여 국가로부터 인적·물적 자원을 지원받기 위해서는 일정한 확인기관으로부터 벤처기업의 확인을 받아야 합니다.

☞ 벤처기업임을 확인받으려는 기업은 벤처기업 확인 신청서를 작성하여, 벤처확인종합관리시스템(https://www.smes.go.kr/venturein/)을 통해 확인기관의 장에게 벤처기업 확인을 신청해야 합니다.

◇ 벤처기업 요건 심사

☞ 확인기관은 벤처기업 확인을 신청받은 경우에는 벤처기업 유형에 따른 요건심사를 실시해야 합니다. 요건심사는 연구개발유형의 사업성평가와 혁신성장유형·예비벤처기업의 기술성평가로 이루어집니다.

☞ 사업성 평가기준 및 기술성 평가기준은 현장실사를 통해서 실시합니다. 다만, 기존 벤처기업의 유효기간 만료에 따라서 벤처기업 확인을 신청하는 경우에는 현장실사를 생략할 수 있습니다.

제3절 「조세특례제한법」에 따른 중소·벤처기업

1. 「조세특례제한법」에 따른 중소·벤처기업의 범위

1) 개요

「조세특례제한법」에 따라 중소기업에 대한 세제 혜택을 받기 위해서는 「중소기업기본법」에 따른 중소기업의 요건과는 별도로 「조세특례제한법」에 따른 아래의 규모기준, 독립성기준, 업종기준 및 상한기준 등을 만족해야 합니다.

2) 규모기준

「조세특례제한법」에 따른 중소기업은 해당 기업이 영위하는 주된 업종과 해당 기업의 평균매출액 또는 연간매출액이 「중소기업기본법 시행령」 별표 1에 따른 업종별 규모기준 이내이어야 합니다.

3) 독립성기준

「조세특례제한법」에 따른 중소기업은 실질적인 독립성이 「중소기업기본법 시행령」에 따른 독립성기준에 적합해야 합니다.

4) 업종기준

「조세특례제한법」에 따른 중소기업은 다음의 어느 하나에 해당하는 소비성서비스업을 주된 사업으로 영위하면 안 됩니다.
① 호텔업 및 여관업(「관광진흥법」에 따른 관광숙박업은 제외)
② 주점업(일반유흥주점업, 무도유흥주점업 및 「식품위생법 시행령」 제21조에 따른 단란주점 영업만 해당하며, 「관광진흥법」에 따른 외국인전용유흥음식점업 및 관광유흥음식점업은 제외)
③ 그 밖에 오락·유흥 등을 목적으로 하는 사업으로서 「조세특례제한법 시행규칙」으로 정하는 사업

5) 상한기준

위 업종기준, 규모기준, 독립성기준을 충족하더라도 자산총액이 5천억원 이상인 경우에는 「조세특례제한법」에 따른 중소기업으로 보지 않습니다.

※ 창업중소기업과 창업벤처중소기업의 업종기준

- "창업중소기업"이란 2021년 12월 31일 이전에 수도권과밀억제권역 외의 지역에서 창업한 중소기업을 말하며, "창업벤처중소기업"이란 벤처기업 중 창업 후 3년 이내에 2021년 12월 31일까지 벤처기업으로 확인받은 기업을 말합니다(「조세특례제한법」 제6조제1항·제2항).

- 창업중소기업과 창업벤처중소기업은 중소기업 중 다음의 업종을 경영하는 기업입니다(「조세특례제한법」 제6조제3항 및 「조세특례제한법 시행령」 제5조제7항·제8항·제9항).

① 광업, 제조업(제조업과 유사한 사업으로서 「조세특례제한법 시행령」으로 정하는 사업을 포함함), 수도, 하수 및 폐기물 처리, 원료 재생업, 건설업, 통신판매업음식점업, 정보통신업(비디오물 감상실 운영업, 뉴스제공업, 블록체인 기반 암호화자산 매매 및 중개업은 제외함), 금융 및 보험업 중 정보통신을 활용하여 금융서비스를 제공하는 업종, 사업시설 관리 및 조경 서비스업, 사업 지원 서비스업(고용 알선업 및 인력 공급업은 농업노동자 공급업 포함), 사회복지 서비스, 예술, 스포츠 및 여가관련 서비스업(자영예술가, 오락장 운영업, 수상오락 서비스업, 사행시설 관리 및 운영업, 그 외 기타 오락관련 서비스업은 제외), 개인 및 소비용품 수리업, 이용 및 미용업

② 물류산업 중 육상·수상·항공 운송업, 화물 취급업, 보관 및 창고업, 육상·수상·항공 운송지원 서비스업, 화물운송 중개·대리 및 관련 서비스업, 화물포장·검수 및 계량 서비스업, 「선박의 입항 및 출항 등에 관한 법률」에 따른 예선업, 「도선법」에 따른 도선업, 그 밖의 산업용 기계·장비 임대업 중 파렛트 임대업

③ 금융서비스 중 「전자금융거래법」 제2조제1호에 따른 전자금융업무, 「자본시장과 금융투자업에 관한 법률」 제9조제27항에 따른 온라인소액투

자중개, 「외국환거래법 시행령」 제15조의2제1항에 따른 소액해외송금업무

④ 전문, 과학 및 기술 서비스업[「엔지니어링산업 진흥법」에 따른 엔지니어링활동(「기술사법」의 적용을 받는 기술사의 엔지니어링활동을 포함)을 제공하는 사업] (변호사업, 변리사업, 법무사업, 공인회계사업, 세무사업, 수의업, 행정사무소 운영 사업, 건축사사무소 운영 사업 제외)

⑤ 「학원의 설립·운영 및 과외교습에 관한 법률」에 따른 직업기술 분야를 교습하는 학원을 운영하는 사업 또는 「근로자직업능력 개발법」에 따른 직업능력개발훈련시설을 운영하는 사업(직업능력개발훈련을 주된 사업으로 하는 경우에 한함)

⑥ 「관광진흥법」에 따른 관광숙박업, 국제회의업, 유원시설업 및 「관광진흥법 시행령」 제2조에 따른 전문휴양업, 종합휴양업, 자동차야영장업, 관광유람선업과 관광공연장업

⑦ 「노인복지법」에 따른 노인복지시설을 운영하는 사업, 「전시산업발전법」에 따른 전시산업

2. 중소기업 판단의 유예

1) 유예적용 대상 및 방법

(1) 법령의 개정으로 새로이 중소기업에 해당하게 되는 경우

중소기업 해당 여부를 판단할 때 기업이 「중소기업기본법」의 개정으로 새로이 중소기업에 해당하게 되는 경우에는 그 사유가 발생한 날이 속하는 과세연도부터 중소기업으로 보고, 중소기업에 해당하지 않게 되는 때에는 그 사유가 발생한 날이 속하는 과세연도와 그 다음 3개 과세연도까지 중소기업으로 봅니다.

(2) 중소기업 규모의 확대 및 초과되는 경우

중소기업 해당 여부를 판단함에 있어서 중소기업이 그 규모의 확대 등으로 매출액 등이 업종별 규모 기준을 초과하거나 실직적인 독립성 요건을 갖추지 못하여(「중소기업기본법 시행령」 제3조제1항제2호다목의 규정으로 한정함) 중소기업에 해당하지 않게 된 경우에는 최초로 그 사유가 발생한 날이 속하는 과세연도와 그 다음 3개 과

세연도까지는 이를 중소기업으로 보고, 이 기간(이하 "유예기간"이라 함)이 경과한 후에는 과세연도별로 「조세특례제한법 시행령」 제2조제1항에 따라 중소기업 해당여부를 판정합니다.

2) 유예기간 적용 제외
중소기업이 다음의 어느 하나의 사유로 중소기업에 해당하지 않게 된 경우에는 유예기간을 적용하지 않습니다.
① 「중소기업기본법」에 따른 중소기업외의 기업과 합병하는 경우
② 유예기간 중에 있는 기업과 합병하는 경우(유예기간 중에 있는 기업에 대해서는 합병일이 속하는 과세연도부터 유예기간을 적용하지 않음)
③ 독립성기준(「중소기업기본법 시행령」 제3조제1항제2호다목의 규정은 제외함)의 요건을 갖추지 못하게 된 경우
④ 창업일이 속하는 과세연도 종료일부터 2년 이내의 과세연도 종료일 현재 중소기업기준을 초과하는 경우

제3장

창업절차

1. 개인사업자 창업

1) 개인사업자 창업 개요

(1) 개인사업자의 개념

"개인사업자"란 등록된 대표자가 경영의 모든 책임을 지는 사업자를 말합니다.

(2) 법인사업자와의 차이점

- 개입사업자는 기업을 설립하는데 「상법」에 따른 별도의 회사설립 절차가 필요하지 않아 법인사업자와 달리 그 설립 절차가 간편하고, 휴·폐업이 비교적 쉽습니다.
- 개인사업자는 기업이 완전한 법인격이 없으므로 소유와 경영이 소유자에게 종속하는 기업형태이고, 법인사업자는 기업이 완전한 법인격을 가지고 스스로의 권리와 의무의 주체가 되어 기업의 소유자로부터 분리되어 영속성을 존재할 수 있는 기업형태입니다.

〈개인사업자와 법인사업자의 비교〉

구분	개인사업자	법인사업자
창업절차	−관할 관청에 인·허가(인·허가가 필요한 경우)를 신청 −세무서에 사업자등록 신청	−법원에 설립등기 신청 −세무서에 사업자등록 신청
자금조달	사업주 1인의 자본과 노동력	주주를 통한 자금조달
사업책임	사업상 발생하는 모든 문제를 사업주가 책임	법인의 주주는 출자한 지분 한도 내에서만 책임
해당과세	사업주: 종합소득세 과세	−법인: 법인세 − 대표자: 근로소득세(배당을 받을 경우에는 배당소득세) −일반적으로 소득금액이 커질수록 법인에 유리
장점	−창업비용과 창업자금이 적게 소요되어 소자본을 가진 창업도 가능 −기업활동이 자유롭고, 신속한 계획수립 및 변경이 가능 −일정규모 이상으로는 성장하지 않는 중소규모의 사업에 적합 −인적조직체로서 제조방법, 자금운용상의 비밀유지가 가능	− 대외공신력과 신용도가 높기 때문에 영업수행과 관공서, 금융기관 등과의 거래에 있어서도 유리 −주식회사는 신주발행 및 회사채 발행 등을 통한 다수인으로부터 자본조달이 용이 − 일정 규모 이상으로 성장 가능한 유망사업의 경우에 적합
단점	−대표자는 채무자에 대하여 무한책임을 짐. 대표자가 바뀌는 경우에는 폐업을 하고, 신규로 사업자등록을 해야 하므로 기업의 계속성이 단절됨 −사업양도 시에는 양도된 영업권 또는 부동산에 대하여 높은 양도소득세가 부과됨	−설립절차가 복잡하고 일정 규모 이상의 자본금이 있어야 설립가능 −대표자가 기업자금을 개인용도로 사용하면 회사는 대표자로부터 이자를 받아야 하는 등 세제상의 불이익이 있음

2) 사업의 인·허가

(1) 인·허가 신청

- 개인사업자로 창업을 하려는 자는 대부분의 업종에 대해서 특별한 규제나 제한 없이 사업을 영위할 수 있으나 특정한 업종의 경우에는 관계법령에 따라 사업개시 전에 행정관청으로부터 사업에 관한 허가를 받아야 하거나 행정관청에 등록 또는 신고를 마쳐야 하는 경우가 있습니다.

- 창업하는 업종에 대한 사업허가·등록·신고사항의 점검은 업종선정 과정과 함께 창업절차에 있어서 우선적으로 검토해야 할 사항입니다. 왜냐하면, 인·허가 업종으로서 사업허가나 등록·신고 등을 하지 않고 사업을 하게 되면 불법이 되어 행정관청으로부터 사업장 폐쇄, 과태료, 벌금 등의 불이익 처분을 받게 될 뿐만 아니라, 세무서에 사업자등록을 신청할 때도 사업허가증이나 사업등록증 또는 신고필증을 첨부하지 않으면 사업자등록증을 받을 수 없기 때문입니다.

3) 사업자등록

(1) 사업자등록 신청

① 사업장단위 등록

- 사업자는 사업장마다 다음의 서류를 사업개시일부터 20일 이내에 사업장 관할 세무서장에게 제출하여 사업자등록을 신청해야 합니다. 다만, 신규로 사업을 시작하려는 자는 사업개시일 전이라도 사업자등록을 신청할 수 있습니다.

- 사업자등록신청서

- 다음 구분에 따른 서류(「부가가치세법」 제8조제1항, 「부가가치세법 시행령」 제11조제3항·제4항, 「부가가치세법 시행규칙」 제9조제3항, 별지 제6호서식 및 별지 제7호서식)

구분	첨부서류
법령에 따라 허가를 받거나 등록	사업허가증 사본, 사업등록증 사본

또는 신고를 해야 하는 사업의 경우	또는 신고확인증 사본 ※ 법인설립등기 전인 경우에는 사업허가신청서 사본, 사업등록신청서 사본, 사업신고서 사본 또는 사업계획서로 대신할 수 있음
사업장을 임차한 경우	임대차계약서 사본
「상가건물 임대차보호법」 제2조제1항에 따른 상가건물의 일부분만 임차한 경우	해당 부분의 도면
「조세특례제한법」 제106조의3제1항에 따른 금지금 도매 및 소매업	사업자금 명세 또는 재무상황 등을 확인할 수 있는 자금출처 명세서
「개별소비세법」 제1조제4항에 따른 과세유흥장소에서 영업을 경영하는 경우	사업자금 명세 또는 재무상황 등을 확인할 수 있는 자금출처 명세서
「부가가치세법」 제8조제3항부터 제5항까지에 따라 사업자 단위로 등록하려는 사업자	사업자 단위 과세 적용 사업장 외의 사업장에 대한 위의 서류 및 소재지·업태·종목 등이 적힌 사업자등록증
액체연료 및 관련제품 도매업, 기체연료 및 관련제품 도매업, 차량용 주유소 운영업, 차량용 가스 충전업, 가정용 액체연료 소매업과 가정용 가스연료 소매업	사업자금 명세 또는 재무상황 등을 확인할 수 있는 자금출처명세서
재생용 재료 수집 및 판매업	사업자금 명세 또는 재무상황 등을 확인할 수 있는 자금출처명세서

※ 신규로 사업을 시작하려는 사업자가 사업의 신고 전에 사업자등록을 신청하는
경우에는 해당 법인의 설립등기 전 또는 사업의 허가·등록이나 신고 전에 사업
자등록을 할 때에는 법인 설립을 위한 사업허가신청서 사본, 사업등록신청서 사
본, 사업신고서 사본 도는 사업계획서로 위 〈법령에 따라 허가를 받거나 등록
또는 신고를 해야 하는 사업의 경우)의 첨부서류를 대신할 수 있습니다.
② 사업자단위 등록
- 사업장단위 등록에도 불구하고 둘 이상의 사업장이 있는 사업

자(사업장이 하나이나 추가로 사업장을 개설하려는 사업자를
포함함)는 사업자 단위로 해당 사업자의 본점 또는 주사무소
("이하 사업장단위과세적용사업장"이라 함)에 대하여 다음의 서
류를 관할 세무서장에게 제출하여 사업자등록을 신청할 수 있
습니다.
- 사업자등록신청서
- 위의 사업장단위 등록 시 필요서류와 동일한 서류(「부가가치세
  법」 제8조제1항, 「부가가치세법 시행령」 제11조제3항·제4항,
  「부가가치세법 시행규칙」 제9조제3항, 별지 제6호서식 및 별지
  제7호서식)

(2) 사업자등록증의 발급
- 사업자등록 신청을 받은 세무서장은 사업자의 인적사항과 그
  밖에 필요한 사항을 기재한 사업자등록증을 신청일부터 2일(토
  요일, 공휴일 또는 근로자의 날은 제외함) 이내에 신청자에게
  발급해야 합니다.
- 다만, 사업장시설이나 사업현황을 확인하기 위하여 국세청장이
  필요하다고 인정하는 경우에는 발급기한을 5일 이내에서 연장
  하고 조사한 사실에 따라 사업자등록증을 발급할 수 있습니다.
- 사업자등록은 사업자가 소관 세무서장에게 사업자등록신청서를
  제출함으로써 성립되므로 사업자등록증 교부는 그 등록사실을
  증명하는 증서의 교부행위 내지 사업자의 신고사실을 증명하는
  사실행위에 지나지 않습니다.

(3) 등록거부

사업자등록의 신청을 받은 세무서장은 신청자가 사업을 사실상 개시
하지 않을 것이라고 인정되는 경우에는 등록을 거부할 수 있습니다.

4) 세무서의 직권등록 및 미등록 시 불이익 등

(1) 직권등록

만약 사업자가 사업자등록을 하지 않는 경우에는 관할 사업장 관할
세무서장이 조사하여 등록할 수 있습니다.

(2) 사업자미등록 또는 사업자등록지체 시 불이익

 - 가산세의 부담

사업자등록을 신청기한 내에 하지 않은 경우에는 사업 개시일부터
등록을 신청한 날의 직전일까지의 공급가액의 합계액에 1%가 가산
세로 부과됩니다.

 - 매입세액 불공제

사업자 등록을 하지 않으면 등록 전의 매입세액은 공제를 받을 수
없습니다. 다만, 공급시기가 속하는 과세기간이 끝난 후 20일 이내
에 등록을 신청한 경우 등록신청일부터 공급시기가 속하는 과세기간
기산일까지 역산한 기간 이내의 매입세액은 공제받을 수 있습니다.

사업자등록번호 관련 유의사항

Q. 사업장을 폐업하였다가 다시 새로운 사업을 위해 사업자등록을 신청하였는데, 예전의 사업자등록 번호와 같은 번호를 발급받았습니다. 다른 사업자등록번호를 받을 수는 없나요?

A. 사업자등록번호를 한번 부여받으면 특별한 경우 외에는 바뀌지 않고 평생 사용하게 됩니다. 또한 사업장을 옮기거나 폐업하였다가 다시 시작하는 경우 종전에는 사업자등록번호를 새로 부여받았으나 1997년부터는 사업자등록번호를 한번 부여받으면 특별한 경우 외에는 평생 그 번호를 사용하게 됩니다.

사람이 살아가면서 주민등록번호에 의해 많은 사항들이 관리되듯이 사업자들은 사업자등록번호에 의해 세적이 관리되게 되므로 사실대로 정확하게 사업자등록을 해야 합니다. 따라서 사업을 하면서 세금을 내지 않거나, 무단폐업하는 등 성실하지 못한 행위를 할 경우 이러한 사항들이 모두 누적관리되니 유념해야 합니다.

개인사업자의 중소기업 창업

Q. 개인사업자로 중소기업을 창업하려고 합니다. 개인사업자의 창업절차는 어떻게 되나요?

A. "개인사업자"란 등록된 대표자가 경영의 모든 책임을 지는 사업자를 말합니다. 개인사업자는 창업하려는 사업이 인·허가 대상 사업인 경우에는 준비서류와 인·허가 승인절차를 미리 숙지하여 관할관청에 신고해야 하며, 사업장마다 사업개시일로부터 20일내에 사업장을 관할하는 세무서에 사업자등록을 하면 창업할 수 있습니다.

◇ 사업의 인·허가

☞ 개인사업자로 창업을 하려는 자는 대부분의 업종에 대해서 특별한 규제나 제한 없이 사업을 영위할 수 있으나 특정한 업종의 경우에는 관계 법령에 따라 사업개시 전에 행정관청으로부터 사업에 관한 허가를 받아야 하거나 행정관청에 등록 또는 신고를 마쳐야 하는 경우가 있습니다.

◇ 사업자등록

☞ 사업자는 사업자등록을 할 때 사업장단위의 등록 또는 사업자단위의 등록을 할 수 있습니다.

☞ 사업자는 사업장마다 관련 서류를 사업개시일부터 20일 이내에 사업장 관할 세무서장에게 제출하여 사업자등록을 신청해야 합니다.

☞ 사업장단위 등록에도 불구하고 둘 이상의 사업장이 있는 사업자는 사업자 단위로 해당 사업자의 본점 또는 주사무소에 대하여 관련 서류를 관할 세무서장에게 제출하여 사업자등록을 신청할 수 있습니다.

<사업자등록 신청서(개인사업자용)>

■ 부가가치세법 시행규칙 [별지 제4호서식] <개정 2021. 3. 16.>

홈　　택　　스
(www.hometax.go.kr)
에서도 신청할 수 있습
니다.

사업자등록 신청서(개인사업자용)
(법인이 아닌 단체의 고유번호 신청서)

※ 사업자등록의 신청 내용은 영구히 관리되며, 납세 성실도를 검증하는 기초자료로 활용됩니다.
　아래 해당 사항을 사실대로 작성하시기 바라며, 신청서에 본인이
　자필로 서명해 주시기 바랍니다.
※ [ ]에는 해당되는 곳에 √표를 합니다.

(앞쪽)

접수번호		처 리 기 간	2일(보정기간은 불산입)

1. 인적사항

상호(단체명)		연락처	(사업장 전화번호)
성명(대표자)			(주소지 전화번호)
			(휴대전화번호)
주민등록번호			(FAX 번호)

사업장(단체) 소재지			층　　호

사업장이 주소지인 경우 주소지 이전 시 사업장 소재지 자동 정정 신청 ([ ]여, [ ]부)

2. 사업장 현황

업 종	주업태	주종목	주생산요소		주업종코드	개업일	종업원수
	부업태	부종목	부생산요		부업종코드		

- 53 -

			소			
사이버몰 명칭			사이버몰 도메인			

사업장 구분	자가 면적	타가 면적	사업장을 빌려준 사람 (임 대 인)			임대차 명세		
			성 명 (법인명)	사업자 등록번호	주민 (법인) 등록번호	임대차 계약기간	(전세) 보증금	월 세 (차 임)
	m²	m²				. . . ~ . . .	원	원

허 가 등 사업 여부	[ ]신고 [ ]허가 [ ]등록 [ ]해당 없음		주류 면허	면허번호	면허신청 [ ]여 [ ]부
개별소비세 해 당 여 부	[ ]제조 [ ]판매 [ ]입장 [ ]유흥		사업자 단위 과세 적용 신고 여부	[ ]여 [ ]부	
사업자금 명세 (전세보증금 포함)	자기 자금	원	타인자금	원	
간이과세 적용 신고 여부	[ ]여 [ ]부		간이과세 포기 신고 여부	[ ]여 [ ]부	
전자우편 주소			국세청이 제공하는 국세정보 수신동의	[ ]문자(SMS) 수신에 동의함(선택) [ ]전자우편 수신에 동의함(선택)	

그 밖의 신청사항	확정일자 신청 여부	공동사업자 신청 여부	사업장소 외 송달장소 신청 여부	양도자의 사업자등록 번호 (사업양수의 경우에만 해당함)
	[ ]여 [ ]부	[ ]여 [ ]부	[ ]여 [ ]부	

210mm×297mm[백상지(80g/㎡) 또는 중질지(80g/㎡)]

3. 사업자등록 신청 및 사업 시 유의사항 (아래 사항을 반드시 읽고 확인하시기 바랍니다)

가. 다른 사람에게 사업자명의를 빌려주는 경우 사업과 관련된 각종 세금이 명의를 빌려준 사람에게 나오게 되어 다음과 같은 불이익이 있을 수 있습니다.

1) 조세의 회피 및 강제집행의 면탈을 목적으로 자신의 성명을 사용하여 타인에게 사업자등록을 할 것을 허락하거나 자신 명의의 사업자등록을 타인이 이용하여 사업을 영위하도록 한 자는 「조세범 처벌법」 제11조제2항에 따라 1년 이하의 징역 또는 1천만원 이하의 벌금에 처해집니다.

2) 소득이 늘어나 국민연금과 건강보험료를 더 낼 수 있습니다.

3) 명의를 빌려간 사람이 세금을 못 내게 되면 체납자가 되어 소유재산의 압류 ·공매처분, 체납명세의 금융회사 등 통보, 출국규제 등의 불이익을 받을 수 있습니다.

나. 다른 사람의 명의로 사업자등록을 하고 실제 사업을 하는 것으로 확인되는 경우 다음과 같은 불이익이 있을 수 있습니다.

1) 조세의 회피 또는 강제집행의 면탈을 목적으로 타인의 성명을 사용하여 사업자등록을 하거나 타인 명의의 사업자등록을 이용하여 사업을 영위한 자는 「조세범 처벌법」 제11조제1항에 따라 2년 이하의 징역 또는 2천만원 이하의 벌금에 처해집니다.

2) 「부가가치세법」 제60조제1항제2호에 따라 사업 개시일부터 실제 사업을 하는 것으로 확인되는 날의 직전일까지의 공급가액 합계액의 1%에 해당하는 금액을 납부세액에 더하여 납부해야 합니다.

3) 「주민등록법」 제37조제10호에 따라 다른 사람의 주민등록번호를 부정하게 사용한 자는 3년 이하의 징역 또는 3천만원 이하의 벌금에 처해집니다.

다. 귀하가 재화 또는 용역을 공급하지 않거나 공급받지 않고 세금계산서 또는 계산서를 발급하거나 발급받은 경우 또는 이와 같은 행위를 알선·중개한 경우에는 「조세범 처벌법」 제10조제3항 또는 제4항에 따라 3년 이하의 징역 또는 공급가액에 부가가치세의 세율을 적용하여 계산한 세액의 3배 이하에 상당하는 벌금에 처해집니다.

라. 신용카드 가맹 및 이용은 반드시 사업자 본인 명의로 해야 하며 사업상 결제 목적 외의 용도로 신용카드를 이용할 경우 「여신전문금융업법」 제70조제3항제2호부터 제6호까지의 규정에 따라 3년 이하의 징역 또는 2천만원 이하의 벌금에 처해집니다.

| 창업자 멘토링 | 신청 여 | [ ]여 [ ]부 |

서비스	부

※ 세무대리인을 선임하지 못한 경우 신청 가능하며, 서비스 제공 요건을 충족하지 못한 경우 서비스가 제공되지 않을 수 있음

대리인이 사업자등록신청을 하는 경우에는 아래의 **위임장을 작성하시기 바랍니다.**

위 임 장	본인은 사업자등록 신청과 관련한 모든 사항을 아래의 대리인에게 위임합니다. 본 인: (서명 또는 인)

대리인 인적 사항	성명	주민등록번호	전화번호	신청인과의 관계

위에서 작성한 내용과 실제 사업자 및 사업내용 등이 일치함을 확인하며, 「부가가치세법」 제8조제1항·제3항, 제61조제3항, 같은 법 시행령 제11조제1항·제2항, 제109조제4항, 같은 법 시행규칙 제9조제1항·제2항 및 「상가건물 임대차보호법」 제5조제2항에 따라 사업자등록 ([ ]일반과세자[ ]간이과세자[ ]면세사업자 [ ]그 밖의 단체) 및 확정일자를 신청합니다.

년   월   일

신청인: (서명 또는 인)

위 대리인: (서명 또는 인)

세무서장 귀하

신고인 제출서류	1. 사업허가증 사본, 사업등록증 사본 또는 신고확인증 사본 중 1부 (법령에 따라 허가를 받거나 등록 또는 신고를 해야 하는 사업의 경우에만 제출합니다) 2. 임대차계약서 사본 1부(사업장을 임차한 경우에만 제출합니다) 3. 「상가건물 임대차보호법」이 적용되는 상가건물의 일부분을 임차한 경우에는 해당 부분의 도면 1부 4. 자금출처명세서 1부(금지금 도매·소매업, 과세유흥장소에서의 영업, 액체연료 및 관련제품 도매업, 기체연료 및 관련제품 도매업, 차량용 주유소 운영업, 차량용 가스 충전업, 가정용 액체연료 소매업, 가정용 가스연료 소매업, 재생용 재료 수집 및 판매업을 하려는 경우에만 제출합니다)	수수료 없음

유의사항

사업자등록을 신청할 때 다음 각 호의 사유에 해당하는 경우에는 붙임의 서식 부표에 추가로 적습니다.
1. 공동사업자가 있는 경우
2. 사업장 외의 장소에서 서류를 송달받으려는 경우
3. 사업자 단위 과세 적용을 신청하려는 경우(2010년 이후부터 적용)

210mm×297mm[백상지(80g/㎡) 또는 중질지(80g/㎡)]

2. 개인사업자의 법인전환

1) 법인전환 개요

(1) 법인전환의 개념

"법인전환"이란 개인사업자의 조직형태를 법인사업자의 조직형태로 바꾸는 것을 말합니다.

(2) 법인전환의 장점

- 법인사업자는 개인사업자에 비해 기업의 대외 신용도를 높일 수 있어 자금조달이 용이하고, 법인사업자로 기업을 운영하는 것이 개인사업자보다 세(稅) 부담이 적다는 장점이 있습니다.
- 이에 따라 개인사업자의 사업 규모가 일정규모 이상으로 성장한 경우에는 법인세율과 소득세율의 차이로 인해 법인사업자로 사업을 운영하는 것이 세(稅) 부담 측면에서 유리하므로 법인전환이 많이 이용되고 있습니다.

2) 법인전환 유형

(1) 「조세특례제한법」에 따른 법인전환 방식

- 「조세특례제한법」에 따른 법인전환 방식은 법인으로 전환하는 개인사업자가 토지나 건물, 공장 등 부동산을 소유하고 있는 경우에 이를 신설되는 법인으로 이전함에 있어서 「조세특례제한법」에 따라 양도소득세를 이월과세 받거나 취득세·등록세 등을 면제 받을 경우에 이용되는 방식입니다.
- 「조세특례제한법」에 따른 법인전환 방식은 ① 현물출자 또는 사업 양도·양수의 방법에 따른 법인전환(「조세특례제한법」 제32조), ② 중소기업간 통합에 의한 법인전환(「조세특례제한법」 제31조)으로 구분할 수 있습니다.

(2) 일반적인 법인전환 방식

- 일반저인 법인전환 방식은 「조세특례제한법」에 따른 조세감면을 받지 않는 법인전환 방식입니다. 이러한 방식은 세제혜택을 받을 수 없거나 지원받을 부동산 등을 소유하지 않는 소규모 제조업자 등의 개인사업자가 법인으로 전환할 경우에 이용됩니다.
- 일반적인 법인전환 방식은 우선 「상법」에 따른 법인을 설립하고 개인사업자와 법인 간의 영업 양도, 양수 계약을 체결한 다음, 법인 설립신고 및 사업자등록 신청을 한 후 개인사업자 폐업신고 및 재산을 이전하는 방식으로 이루어집니다.

3) 현물출자 또는 사업 양도·양수에 따른 법인전환

(1) 양도소득세의 이월과세

- 개인사업자가 사업용고정자산을 현물출자하거나, 사업 양도·양수의 방법에 따라 법인으로 전환하는 경우에는 그 사업용고정자산에 대해서는 이월과세를 적용받을 수 있습니다.
- "이월과세(移越課稅)"란 개인이 해당 사업에 사용되는 사업용고정자산 등을 현물출자(現物出資) 등을 통하여 법인에 양도하는 경우 이를 양도하는 개인에 대해서는 「소득세법」 제94조에 따른 양도소득에 대한 소득세(이하 "양도소득세"라 함)를 과세하지 않고, 그 대신 이를 양수한 법인이 그 사업용고정자산 등을 양도하는 경우 개인이 종전사업용고정자산등을 그 법인에 양도한 날이 속하는 과세기간에 다른 양도자산이 없다고 보아 계산한 「소득세법」 제104조에 따른 양도소득 산출세액 상당액을 법인세로 납부하는 것을 말합니다.

(2) 이월과세 적용요건

① 소비성서비스업이 아닐 것

소비성서비스업을 경영하는 법인으로서 다음의 법인은 이월과세를 적용받을 수 없습니다.

㉮ 호텔업 및 여관업(「관광진흥법」에 따른 관광숙박업은 제외함)

④ 주점업(일반유흥주점업, 무도유흥주점업 및 「식품위생법 시행령」 제21조에 따른 단란주점 영업만 해당하되, 「관광진흥법」에 따른 외국인전용유흥음식점업 및 관광유흥음식점업은 제외함)

② 소멸하는 개인사업장의 순자산가액 이상을 출자하여 법인을 설립할 것

- 사업용고정자산을 현물출자하거나 사업양도·양수하여 법인으로 전환하는 사업장의 순자산가액이 다음의 금액 이상인 경우에만 이월과세를 적용하여 양도소득세를 감면할 수 있습니다.

- 법인전환으로 인하여 소멸하는 사업장의 중소기업자가 해당 전환으로 인하여 취득하는 주식 또는 지분의 가액이 전환으로 인하여 소멸하는 사업장의 순자산가액(통합일 현재의 시가로 평가한 자산의 합계액에서 충당금을 포함한 부채의 합계액을 공제한 금액을 말함)이상

③ 사업 양도·양수의 경우 발기인으로 참여하고 3개월 이내에 포괄 양도할 것

사업의 양도·양수의 경우에는 해당 사업을 영위하던 자가 발기인이 되어 순자산가액 이상을 출자하여 법인을 설립하고, 그 법인설립일부터 3개월 이내에 해당 법인에게 사업에 관한 모든 권리와 의무를 포괄적으로 양도해야 합니다.

〈현물출자 및 사업 양도·양수 방법의 요건〉

요건	현물 출자	사업 양도·양수
신설법인의 업종	소비성서비스업이 아닐 것	소비성서비스업이 아닐 것
신설법인의 자본금	소멸하는 개인사업장의 순자산가액 이상을 출자하여 법인을 설립할 것	소멸하는 개인사업장의 순자산가액 이상을 출자하여 법인을 설립할 것
개인사업자의 신설법인 관련조건	-	발기인으로 참여하여 개인사업장의 순자산가액 이상을 출자할 것
포괄양수도 기한	-	법인설립일부터 3개월 이내에 포괄적으로 양도할 것

(3) 이월과세 적용신청

양도소득세의 이월과세를 적용받으려는 자는 현물출자 또는 사업양수도를 한 날이 속하는 과세연도의 과세표준신고(예정신고를 포함함) 시 새로이 설립되는 법인과 함께 이월과세적용신청서를 납세지 관할 세무서장에게 제출해야 합니다.

(4) 이월과세 적용 제외

- 현물출자 또는 사업 양도·양수에 따라 설립된 법인의 설립등기일부터 5년 이내에 다음의 어느 하나에 해당하는 사유가 발생하는 경우에는 이월과세를 적용받은 거주자가 사유발생일이 속하는 달의 말일부터 2개월 이내에 이월과세액(해당 법인이 이미 납부한 세액을 제외한 금액을 말함)을 양도소득세로 납부해야 합니다.

① 현물출자 또는 사업 양도·양수에 따라 설립된 법인이 이월과세를 적용받은 거주자로부터 승계받은 사업을 폐지하는 경우
② 이월과세를 적용받은 거주자가 법인전환으로 취득한 주식 또는 출자지분의 100분의 50 이상을 처분하는 경우

(5) 그 밖의 과세특례
- 개인사업자의 조세감면 등의 승계
「조세특례제한법」 제144조에 따른 미공제 세액이 있는 내국인이 법인전환을 하는 경우 전환법인은 전환으로 인하여 소멸되는 중소기업자로부터 승계받은 자산에 대한 미공제세액상당액을 해당 중소기업자의 이월공제잔여기간 내에 종료하는 각 과세연도에 이월하여 공제받을 수 있습니다.

4) 중소기업간 통합에 의한 법인전환
(1) 양도소득세의 이월과세
- 중소기업 간의 통합으로 인하여 소멸되는 중소기업이 사업용고정자산을 통합에 의하여 설립된 법인 또는 통합 후 존속하는 법인(이하 "통합법인"이라 함)에 양도하는 경우 그 사업용고정자산에 대해서는 이월과세를 적용받을 수 있습니다.
- 위 사업용고정자산은 해당 사업에 직접 사용하는 유형자산 및 무형자산[1981년 1월 1일 이후에 취득한 부동산으로서 업무무관부동산(「법인세법 시행령」 제49조제1항제1호에 따른 업무와 관련이 없는 부동산을 말함)을 제외함]을 말합니다.

(2) 이월과세 적용요건
- 「조세특례제한법 시행령」 제29조제3항에 따른 소비성서비스업(소비성서비스업과 다른 사업을 겸영하고 있는 경우에는 부동산양도인이 속하는 사업연도의 직전사업연도의 소비성서비스업의 사업별수입금액이 가장 큰 경우에 한함)을 제외한 사업을 영위하는 중소기업자가 해당 기업의 사업장별로 그 사업에 관

한 주된 자산을 모두 승계하여 사업의 동일성이 유지되는 것으로서 다음의 요건을 갖춰야 합니다.

① 통합으로 인하여 소멸되는 사업장의 중소기업자가 통합후 존속하는 법인 또는 통합으로 인하여 설립되는 법인의 주주 또는 출자자일 것

② 통합으로 인하여 소멸하는 사업장의 중소기업자가 해당 통합으로 인하여 취득하는 주식 또는 지분의 가액이 통합으로 인하여 소멸하는 사업장의 순자산가액(통합일 현재의 시가로 평가한 자산의 합계액에서 충당금을 포함한 부채의 합계액을 공제한 금액을 말함)이상일 것

- 이 경우 설립 후 1년이 경과되지 않은 법인이 출자자인 개인(「국세기본법」 제39조제2호에 따른 과점주주에 한함)의 사업을 승계하는 것은 이를 통합으로 보지 않습니다.

(3) 이월과세 적용신청
중소기업간 통합에 의한 법인전환에 따라 양도소득세의 이월과세를 적용받으려는 자는 통합일이 속하는 과세연도의 과세표준신고(예정신고를 포함함) 시 통합법인과 함께 이월과세신청서를 납세지 관할세무서장에게 제출해야 합니다.

(4) 그 밖의 과세특례
- 창업중소기업 또는 창업벤처중소기업 등이 통합하는 경우
창업중소기업 및 창업벤처중소기업 또는 농공단지 입주기업으로 세액감면을 받는 내국인이 「조세특례제한법」 제6조 또는 제64조에 따른 감면기간이 지나기 전에 통합을 하는 경우, 통합법인은 통합으로 인하여 소멸되는 창업중소기업 또는 창업벤처중소기업이나 농공단지 및 「중소기업진흥에 관한 법률」 제62조의23 제1항에 따른 지방중소기업 특별지원지역의 입주기업으로부터 승계받은 사업에서 발생하는 소득 또는 승계받은 사업용재산에 대하여 통합당시의 잔존감면기간 내에 종료하는 각 과세연도

또는 납기분까지 감면을 받을 수 있습니다.

- 수도권과밀억제권역 밖으로 이전하는 중소기업 등이 통합하는 경우

수도권과밀억제권역 밖으로 이전하는 중소기업 또는 농업회사법인이 「조세특례제한법」 제63조 또는 제68조에 따른 감면기간이 지나기 전에 통합을 하는 경우, 통합법인은 통합으로 인하여 소멸되는 중소기업자로부터 승계받은 사업에서 발생하는 소득에 관하여 통합당시 잔존감면기간 내에 종료하는 각 과세연도분까지 그 감면을 받을 수 있습니다.

- 미공제 세액이 있는 개인사업자가 통합을 하는 경우

미공제 세액이 있는 내국인이 통합을 하는 경우 미공제세액을 승계한 자는 통합으로 인하여 소멸되는 중소기업자로부터 승계받은 자산에 대한 미공제세액상당액을 해당 중소기업자의 이월공제잔여기간 내에 종료하는 각 과세연도에 이월하여 공제받을 수 있습니다.

<이월과세적용 신청서>

■ 조세특례세한법 시행규칙 [별지 제12호서식] <개정 2015.3.13.>

이월과세적용 신청서

※ 뒤쪽의 작성방법을 읽고 작성하시기 바랍니다.   (앞쪽)

신청인 (양도자)	① 상호	② 사업자등록번호
	③ 성명	④ 생년월일
	⑤ 주소	
	(전화번호 :)	
양수인	⑥ 상호	⑦ 사업자등록번호
	⑧ 성명	⑨ 생년월일
	⑩ 주소	
	(전화번호 :)	

이월과세적용 대상 자산

⑪ 자 산 명	⑫ 소 재 지	⑬ 면 적	⑭ 취득일	⑮ 취 득 가 액

⑯ 양 도 일	⑰ 양 도 가 액	⑱ 이월과세액	⑲ 비 고	

소멸하는 사업장의 순자산가액의 계산

⑳ 사업용자산의 합계액 (시가)	부채		㉓ (⑳－㉒) 순 자 산 가 액
	㉑ 과 목	㉒ 금액	

- 64 -

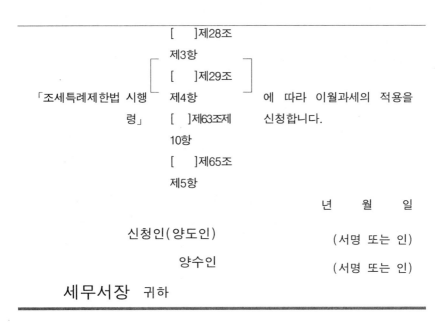

「조세특례제한법 시행령」 [　]제28조제3항 [　]제29조제4항 [　]제63조제10항 [　]제65조제5항 에 따라 이월과세의 적용을 신청합니다.

년　　　월　　　일

신청인(양도인)　　　　　(서명 또는 인)

양수인　　　　　(서명 또는 인)

세무서장 귀하

첨부 서류	1. 사업용자산 및 부채명세서 1부 (전자신고 방식으로 제출하는 경우에는 구비서류를 제출 하지 않고 법인이 보관합니다) 2. 현물출자계약서 사본 1부(「조세특례제한법 시행령」 제63조제10항에 따라 신청하는 경우로 한정합니다)	수수료 없음
담당 공무원 확인사항	이월과세적용대상자산의 건물(토지) 등기사항증명서	

210mm×297mm[백상지 80g/㎡ 또는 중질지 80g/㎡]

- 65 -

작 성 방 법

1. 이월과세적용대상 자산·사업용자산 및 부채명세는 각각 별지
   로 작성합니다.

2. "⑮ 취득가액"란 및 "⑰ 양도가액"란은 "⑱ 이월과세"란의 금

액을 기준시가로 산정하는 경우 기준시가를 기재하고, 실지거래가액으로 산정하는 경우 실지거래가액을 적습니다.

3. "⑯ 양도일"란은 통합일(법인전환일) 또는 현출출자일을 적습니다.

4. "⑳ 사업용자산의 합계액"란은 소멸하는 사업장의 사업용자산을 시가로 평가한 후 그 합계액을 적습니다.

5. "㉓ 순자산가액"란은 소멸하는 사업장의 사업용자산에 대한 시가의 합계액에서 부채의 합계액을 차감한 금액을 적습니다.

6. 「조세특례제한법 시행령」 제63조제10항 및 제65조에 따른 이월과세는 "⑳ 사업용자산의 합계액(시가)"란부터 "㉓ 순자산가액"란까지는 적지 않습니다.

210mm×297mm[백상지 80g/㎡ 또는 중질지 80g/㎡]

1. 법인의 설립

1) 법인의 설립

(1) 법인사업자의 법인설립

중소·벤처기업을 창업하려는 법인사업자는 법인의 설립을 통해 사업을 시작하게 됩니다. 이 경우 법인은 영리를 목적으로 영업을 수행하므로 「상법」상 회사에 해당합니다.

(2) 회사의 분류

회사는 다음과 같이 합명회사, 합자회사, 유한책임회사, 주식회사, 유한회사 5가지로 분류할 수 있습니다.

구분	개념	설립행위	기관구성
합명회사	무한책임사원으로 구성되며 각 사원이 회사의 채무에 대하여 연대하여 무한의 책임을 지는 회사(「상법」 제212조)	2명 이상의 사원이 공동으로 정관을 작성하고 설립등기를 함으로써 성립(「상법」 제178조 및 제180조)	무한책임사원은 업무집행권리와 회사를 대표할 권리를 가짐(「상법」 제200조 및 제207조)
합자회사	무한·유한책임사원으로 구성되며 무한책임사원은 회사의 채무에 대하여 연대하여 무한의 책임을 지고, 유한책임사원은 출자금액의 한도 내에서 책임을 지는 회사(「상법」 제268조)	합자회사는 무한책임사원이 될 사람과 유한책임사원이 될 사람이 각각 1명 이상으로 하여 정관을 작성한 후 설립등기를 함으로써 성립(「상법」 제268조 및 제271조)	무한책임사원은 회사의 업무를 집행할 권리와 의무가 있으며(「상법」 제273조), 유한책임사원은 업무감시권이 있음(「상법」 제277조 및 제278조)

유한책임회사	유한책임사원으로 구성되며, 각 사원이 출자금액의 한도에서 책임을 지는 회사(「상법」 제287조의7).	유한책임회사는 사원이 정관을 작성하고 설립등기를 함으로써 성립(「상법」 제278조의2 및 제278조의5).	정관으로 사원 또는 사원이 아닌 자를 업무집행자로 정해야 하며, 정관 또는 총사원의 동의로 둘 이상의 업무집행자가 공동으로 회사를 대표할 수 있음(「상법」 제287조의19 및 제287조의19).
주식회사	회사는 주식을 발행하며 주주는 인수한 주식의 인수가액을 한도로 책임을 지는 회사(「상법」 제331조)	주식회사는 발기인이 정관을 작성하여 공증인의 인증을 받은 후 각 주식에 대한 인수가액의 전액과 현물출자의 이행을 완료한 후 설립등기를 함으로써 성립(「상법」 제172조)	주식회사는 의사결정기관으로 주주총회, 업무집행기관으로 이사회 및 대표이사, 감사기관으로 감사가 존재함
유한회사	각 사원이 출자금액 한도 내에서 책임을 지는 회사(「상법」 제553조)	유한회사는 정관을 작성하고 출자금액의 납입 또는 현물출자의 이행이 있은 후 설립등기를 함으로써 성립(「상법」 제548조 및 제549조)	유한회사의 의사결정기관은 사원총회이며, 사원총회는 회사의 업무집행을 포함한 모든 사항에 대하여 의사결정을 할 수 있음

2) 회사의 설립

(1) 합명회사의 설립절차 개요

합명회사의 설립단계는 다음과 같습니다.

① 제1단계: 정관작성 등

　회사설립 준비단계에서는 회사의 설립목적 및 명칭을 정하고 정관을 작성해야 합니다.

② 제2단계: 합명회사 설립등기 등

－ 출자금을 납입한 후 회사 본점소재지를 관할하는 법원등기소에 합명회사 설립등기를 하면 합명회사가 성립합니다.

－ 설립등기를 한 후 납세지 관할세무서장에게 법인설립신고 및 사업자등록을 해야 합니다.

(2) 합자회사의 설립절차 개요

합자회사의 설립단계는 다음과 같습니다.

① 제1단계: 정관작성 등

　회사설립 준비단계에서는 회사의 설립목적 및 명칭을 정하고 정관을 작성합니다.

② 제2단계: 합자회사 설립등기 등

－ 출자금을 납입한 후 회사 본점소재지를 관할하는 법원등기소에 합자회사 설립등기를 하면 합자회사가 성립합니다.

－ 설립등기를 한 후 납세지 관할세무서장에게 법인설립신고 및 사업자등록을 해야 합니다.

(3) 유한책임회사의 설립절차 개요

유한책임회사의 설립단계는 아래와 같습니다.

① 제1단계: 정관작성 등

　회사 설립준비 단계에서는 회사의 설립목적 및 명칭을 정하고 정관을 작성합니다.

② 제2단계: 출자의 이행

사원은 정관의 작성 후 설립등기를 하는 때까지 금전이나 그 밖의 재산의 출자를 전부 이행하여야 합니다.

③ 제3단계: 유한회사 설립등기 등

- 출자금을 납입한 후 회사 본점소재지를 관할하는 법원등기소에 유한회사 설립등기를 하면 유한회사가 성립합니다.

- 설립등기를 한 후 납세지 관할세무서장에게 법인설립신고 및 사업자등록을 해야 합니다.

(4) 주식회사의 설립절차 개요

주식회사의 설립단계는 다음과 같습니다.

① 제1단계: 발기인의 정관작성 등

발기인은 회사의 설립목적 및 명칭을 정하고 정관을 작성하며 회사설립 시 발행하는 주식에 대해서 그 종류와 수 및 액면금 액을 결정합니다.

② 제2단계: 주식회사 설립방법 결정

- 발행한 주식을 인수할 대상자(발기인만 또는 발기인과 모집주 주)를 결정하여 주식회사 설립방법(발기설립 또는 모집설립)을 결정합니다.

- 발기설립(發起設立)은 회사 설립시에 발행하는 주식 전부를 발 기인들이 인수하는 경우에 설립하는 절차를 말하고, 모집설립 (募集設立)은 회사 설립시에 발행하는 주식 일부는 발기인이 인 수하고 나머지는 주주들을 모집하여 그들이 인수하는 경우에 설립하는 절차를 말합니다.

〈발기설립과 모집설립 비교〉

구분	발기설립	모집설립
기능	주로 소규모의 회사설립에 용이	대규모의 자본을 조달하는데 용이
주식인수 방식	청약의 방법을 법정하지 않은 단순한 서면주의(「상법」 제293조)	요식의 기재사항이 법정되어 있는 주식청약서로 청약해야 함(「상법」 제302조 제1항)
출자의 불이행	발기인이 출자이행을 하지 않으면 강제이행을 함(「민법」 제389조)	출자이행을 불이행할 경우 실권절차를 규정하고 있음(「상법」 제307조)
기관구성	발기인 의결권의 과반수로 이사와 감사를 선임	주식인수인으로 구성된 창립총회에서 출석한 주식인수인의 의결권의 3분의 2 이상이며 인수된 주식 총수의 과반수에 해당하는 다수로 선임

③ 제3단계: 주식회사 설립등기 등

- 발기인이 주식의 총수를 인수하여 출자를 이행한 후 또는 발기인이 주주를 모집하여 창립총회가 종결한 때에는 회사 본점소재지를 관할하는 법원등기소에 주식회사 설립등기를 하면 주식회사가 성립합니다.

- 회사 성립 전에 회사의 명의로 영업을 한 사람에게는 회사설립의 등록세 배액(**倍額**)에 상당한 과태료를 부과받기 때문에(「상법」 제636조제1항), 회사설립 등기를 해야 회사 명의로 영업을 할 수 있습니다.

- 설립등기를 한 후 납세지 관할세무서장에게 법인설립신고 및 사업자등록을 해야 합니다.

(5) 유한회사의 설립절차 개요

유한회사의 설립단계는 아래와 같습니다.

① 제1단계: 정관작성 등

　회사 설립준비 단계에서는 회사의 설립목적 및 명칭을 정하고 정관을 작성합니다.

② 제2단계: 이사선임 및 출자이행

　사원총회를 개최하여 초대이사를 선임한 후, 출자금 전액 또는 현물출자의 목적인 재산 전부를 납입합니다.

③ 제3단계: 유한회사 설립등기 등

　- 출자금을 납입한 후 회사 본점소재지를 관할하는 법원등기소에 유한회사 설립등기를 하면 유한회사가 성립합니다.

　- 설립등기를 한 후 납세지 관할세무서장에게 법인설립신고 및 사업자등록을 해야 합니다.

3) 회사의 상호

(1) 상호표시 주의사항

　- 상호는 주식회사를 운영하는 사람이 영업상 자신을 표시하기 위하여 사용하는 명칭입니다. 상호는 문자로 표시되어 발음할 수 있어야 하므로 기호·도형·문양 등은 상호로 사용할 수 없으며, 회사의 상호에 반드시 '주식회사'라고 표시해야 합니다.

　- 동일한 영업에는 동일한 상호를 사용해야 하며, 설립하려는 주식회사에 지점이 있는 경우에는 지점의 상호에 본점과의 종속관계를 표시해야 합니다.

　- 누구든지 부정한 목적으로 다른 사람의 영업으로 오인(誤認)할 수 있는 상호를 사용하지 못합니다(「상법」 제23조제1항), 「부정경쟁방지 및 영업비밀보호에 관한 법률」에서는 사업자 간에 부정한 수단으로 경쟁하는 것을 방지하기 위하여 부정한 상호사용을 금지하고 있습니다.

동일상호 확인방법(상호검색)

Q. 중소기업을 창업하려고 하는데, 유사한 상호가 많아서 상호를 결정하기가 쉽지 않습니다. 동일한 상호가 있는지 검색하려고 하는데 어디에서 확인할 수 있나요?

A. 대법원인터넷등기소(www.iros.go.kr)를 이용하여 온라인에서 직접 상호를 검색할 수 있습니다. 대법원 인터넷등기소에 접속하여, '법인등기' 선택 → '열람' 선택 → '상호로 검색'에서 '전체등기소'선택 → '법인종류'에서 설립할 회사의 종류로 검색(예: 설립할 회사가 주식회사인 경우에는 주식회사 선택하여 검색) → '상호'검색하여 동일명칭의 회사가 있는지를 확인하면 됩니다.

2. 법인설립신고 및 사업자등록 등

1) 사업의 인·허가

- 법인사업자로 창업을 하려는 자는 대부분의 업종에 대해서 특별한 규제나 제한 없이 사업을 영위할 수 있으나 특정한 업종의 경우에는 관계법령에 따라 사업개시 전에 행정관청으로부터 사업에 관한 허가를 받아야 하거나 행정관청에 등록 또는 신고를 마쳐야 하는 경우가 있습니다.

- 창업하는 업종에 대한 사업허가·등록·신고사항의 점검은 업종선정 과정과 함께 창업절차에 있어서 우선적으로 검토해야 할 사항입니다. 왜냐하면, 인·허가 업종으로서 사업허가나 등록·신고 등을 하지 않고 사업을 하게 되면 불법이 되어 행정관청으로부터 사업장 폐쇄, 과태료, 벌금 등의 불이익 처분을 받게 될 뿐만 아니라, 세무서에 사업자등록을 신청할 때도 사업허가증이나 사업등록증 또는 신고필증을 첨부하지 않으면 사업자등록증을 받을 수 없기 때문입니다.

- 법인사업자는 법인설립신고 및 사업자등록신청 전에 이러한 사업의 인·허가를 받아야 합니다.

2) 법인설립신고 및 사업자등록 신청

(1) 법인설립신고 및 사업자등록 신청

법인은 사업장마다 해당 사업 개시일부터 20일 이내에 다음의 서류를 납세지(본점 또는 주사무소 소재지) 관할 세무서장에게 제출하여 법인설립신고 및 사업자등록을 해야 합니다.

① 법인설립신고 및 사업자등록신청서

② 정관 1부

③ 임대차계약서 사본(사업장을 임차한 경우만 해당합니다) 1부

④ 「상가건물 임대차보호법」의 적용을 받는 상가건물의 일부를 임차한 경우에는 해당 부분의 도면 1부

⑤ 주주 또는 출자자명세서 1부

⑥ 사업허가·등록·신고필증 사본(해당 법인만 해당함) 또는 설립허가증사본(비영리법인만 해당함) 1부

⑦ 현물출자명세서(현물출자법인의 경우만 해당함) 1부

⑧ 자금출처소명서(2008년 7월부터 금지금 도·소매업 및 과세유흥장소에의 영업을 영위하려는 경우만 해당함) 1부

⑨ 본점 등의 등기에 관한 서류(외국법인만 해당함) 1부

⑩ 국내사업장의 사업영위내용을 입증할 수 있는 서류(외국법인만 해당하며, 담당 공무원 확인사항에 의하여 확인할 수 없는 경우만 해당함) 1부

(2) 직권등록

사업자가 등록하지 않은 경우 관할 세무서장이 조사를 거쳐 직접 등록시킬 수 있습니다.

(3) 미등록 시 불이익

사업자등록을 신청기한 내에 하지 않거나 사업자등록 없이 사업을 하는 경우에는 다음과 같은 불이익이 따릅니다.

① 사업자등록을 신청기한 내에 신청하지 않은 경우에는 사업개시일부터 등록을 신청한 날의 직전일까지의 공급가액의 합계액에 1%가 가산세로 부과됩니다.

② 사업자 등록을 하지 않으면 등록 전의 매입세액은 공제를 받을 수 없습니다. 다만, 공급시기가 속하는 과세기간이 끝난 후 20일 이내에 등록을 신청한 경우 등록신청일부터 공급시기가 속하는 과세기간 기산일까지 역산한 기간 이내의 매입세액은 공제받을 수 있습니다.

(4) 사업자등록증 교부

사업자등록 신청을 받은 세무서장은 사업자의 인적사항과 그 밖에 필요한 사항을 기재한 사업자등록증을 신청일부터 2일(토요일, 공휴일 또는 근로자의 날은 제외함) 이내에 신청자에게 발급해야 합니다.

접수번호	[　] 법인설립신고 및 사업자등록신청서 [　] 국내사업장설치신고서 (외국법인)	처리기간	3일 (보정기간은 불산입)

귀 법인의 사업자등록신청서상의 내용은 사업내용을 정확하게 파악하여 근거과세의 실현 및 사업자등록 관리업무의 효율화를 위한 자료로 활용됩니다. 아래의 사항에 대하여 사실대로 작성하시기 바라며 신청서에 서명 또는 인감(직인)날인하시기 바랍니다

1. 인적사항

법 인 명(단체명)		승인법인고유번호 (폐업당시 사업자등록번호)	
대 표 자		주민등록번호	－
사업장(단체)소재지		층　　　호	
전 화 번 호	(사업장)	(휴대전화)	

2. 법인현황

법인등록번호	－	자본금	원	사업연도	월 일 ~ 월 일

법 인 성 격 (해당란에 ○표)

내 국 법 인						외 국 법 인			지점(내국법인의 경우)		분할신설법인
영리일반	영리외투	신탁재산	비영리	국가지방자치	법인으로 보는 단체	지점(국내사업장)	연락사무소	기타	여	부	본점사업자등록번호 / 분할전사업자등록번호 / 분할연월일
					승인법인 / 기타						

조합법인해당여부		사업자단위과세여부		법인과세신탁재산		공 익 법 인				외국·외투법인	국 적	투자비율
여	부	여	부	여	부	해당여부	사업유형	주무부처명	출연자산여부			
						여 부			여 부			

3. 법인과세 신탁재산의 수탁자(법인과세 신탁재산의 설립에 한함)

법 인 명(상호)		사 업 자 등 록 번 호	
대 표 자		주 민 등 록 번 호	

사업장소재지	

4. 외국법인 내용 및 관리책임지 (외국법인에 한함)

외 국 법 인 내 용

본점	상 호	대 표 자	설 치 년 월일	소 재 지

관 리 책 임 자

성 명 (상 호)	주민등록번호 (사업자등록번호)	주 소 (사업장소재지)	전 화 번 호

5. 사업장현황

사 업 의 종 류							사업(수익사업) 개 시 일
주업태	주 종 목	주업종코드	부업태	부 종 목	부업종코드		
							년 월 일

사이버몰 명칭		사이버몰 도메인	

사업장 구분 및 면적		도면 첨부		사업장을 빌려준 사람(임대인)			
자가	타가	여	부	성 명(법인명)	사업자등록번호	주민(법인)등록번호	전화번호
m²	m²						

임 대 차 계 약 기 간	(전세)보증금	월 세(부가세 포함)
20 . . . ~ 20	원	원

개 별 소 비 세				주 류 면 허		부가가치세 과세사업		인·허가 사업 여부			
제조	판매	장소	유흥	면 허 번 호	면 허 신 청	여	부	신고	등록	인·허가	기타
					여 부						

설립등기일 현재 기본 재무상황 등

자산 계	유동자산	비유동자산	부채 계	유동부채	비유동부채	종업원수
천원	천원	천원	천원	천원	천원	명

전자우편주소		국세청이 제공하는 국세정보 수신동의 여부	[ ] 문자(SMS) 수신에 동의함(선택)
			[ ] 이메일 수신에 동의함(선택)

210mm×297mm[백상지 80g/m² 또는 중질지 80g/m²]

(뒤쪽)

6. 사업자등록신청 및 사업시 유의사항(아래 사항을 반드시 읽고 확인하시기 바랍니다)

가. 사업자등록 상에 자신의 **명의를 빌려주는 경우** 해당 법인에게 부과되는 각종 세금과 과세자료에 대하여 소명 등을 해야 하며, 부과된 세금의 체납시 **소유재산의 압류·공매처분, 체납내역 금융회사 통보, 여권발급제한, 출국규제 등**의 불이익을 받을 수 있습니다.

나. 내국법인은 주주(사원)명부를 작성하여 비치해야 합니다. 주주(사원)명부는 사업자등록신청 및 법인세 신고시 제출되어 지속적으로 관리되므로 사실대로 작성해야 하며, 주주명의 대여시는 **양도소득세 또는 증여세**가 과세될 수 있습니다.

다. 사업자등록 후 정당한 사유 없이 6개월이 경과할 때까지 사업을 개시하지 아니하거나 **부가가치세 및 법인세를 신고하지 아니하거나 사업장을 무단 이전**하여 실지사업여부의 확인이 어려울 경우에는 **사업자등록이 직권으로 말소될 수 있습니다.**

라. **실물거래 없이 세금계산서 또는 계산서를 발급하거나 수취하는 경우** 「조세범처벌법」 제10조제3항 또는 제4항에 따라 해당 법인 및 대표자 또는 관련인은 3년 이하의 징역 또는 공급가액 및 그 부가가치세액의 3배 이하에 상당하는 벌금에 처하는 처벌을 받을 수 있습니다.

마. 신용카드 가맹 및 이용은 반드시 사업자 본인 명의로 해야 하며 **사업상 결제목적 이외의 용도로 신용카드를 이용할 경우** 「여신전문금융업법」 제70조제2항에 따라 3년 이하의 징역 또는 2천만원 이하의 벌금에 처하는 처벌을 받을 수 있습니다.

바. 공익법인의 경우 공익법인에 해당하게 된 날부터 **3개월 이내**에 **전용계좌를 개설하여 신고**해야 하며, 공익목적사업과 관련한 수입과 **지출금액**은 반드시 신고한 **전용계좌를** 사용해야 합니다.(미이행시 가산세가 부과될 수 있습니다.)

신청인의 위임을 받아 대리인이 사업자등록신청을 하는 경우 아래 사항을 적어 주시기 바랍니다.

대 리 인 인적사항	성 명		주민등록번호	
	주 소 지			
	전화 번호		신청인과의 관계	

신청 구분	[ ] 사업자등록만 신청 [ ] 사업자등록신청과 확정일자를 동시에 신청 [ ] 확정일자를 이미 받은 자로서 사업자등록신청 (확정일자 번호:)

신청서에 적은 내용과 실제 사업내용이 일치함을 확인하고, 「법인세법」 제75조의12제3항·세109소·제111조, 같은 법 시행령 제152조부터 제154조까지, 같은 법 시행규칙 제82조제7항제11호 및 「상가건물 임대차보호법」 제5조제2항에 따라 법인설립 및 국내사업장설치 신고와 사업자등록 및 확정일자를 신청합니다.

년   월   일

신 청 인
(인)

위 대 리 인
(서 명 또는 인)

세무서장 귀하

첨부 서류	1. 정관 1부(외국법인만 해당합니다) 2. 임대차계약서 사본(사업장을 임차한 경우만 해당합니다) 1부 3. 「상가건물 임대차보호법」의 적용을 받는 상가건물의 일부를 임차한 경우에는 해당 부분의 도면 1부 4. 주주 또는 출자자명세서 1부 5. 사업허가·등록·신고필증 사본(해당 법인만 해당합니다) 또는 설립허가증사본(비영리법인만 해당합니다) 1부 6. 현물출자명세서(현물출자법인의 경우만 해당합니다) 1부 7. 자금출처명세서(금지금 도·소매업, 액체·기체연료 도·소매업, 재생용 재료 수집 및 판매업, 과세유흥장소에서 영업을 하려는 경우에만 제출합니다) 1부 8. 본점 등의 등기에 관한 서류(외국법인만 해당합니다) 1부 9. 국내사업장의 사업영위내용을 입증할 수 있는 서류(외국법인만 해당하며, 담당 공무원 확인사항에 의하여 확인할 수 없는 경우만 해당합니다) 1부 10. 신탁 계약서(법인과세 신탁재산의 경우만 해당합니다) 1부 11. 사업자단위과세 적용 신고자의 종된 사업장 명세서(법인사업자용)(사업자단위 과세 적용을 신청한 경우만 해당합니다) 1부

작성방법
사업장을 임차한 경우 「상가건물 임대차보호법」의 적용을 받기 위해서는 사업장 소재지를 임대차계약서 및 건축물관리대장 등 공부상의 소재지와 일치되도록 구체적으로 적어야 합니다. (작성 예) ○○동 ○○○○번지 ○○호 ○○상가(빌딩) ○○동 ○○층 ○○ ○○호

210mm×297mm[백상지 80g/㎡ 또는 중질지 80g/㎡]

제3절 공장설립, 지식산업센터 입주 등

1. 공장설립 개요

1) 공장 및 공장설립의 개념
- "공장"이란 건축물 또는 공작물, 물품제조공정을 형성하는 기계·장치 등 제조시설과 그 부대시설을 갖추고 규제「통계법」 제22조에 따라 통계청장이 고시하는 표준산업분류에 따른 제조업을 하기 위한 사업장을 말합니다.
- "공장설립"이란 공장을 신설 또는 증설하는 것을 의미합니다.

2) 공장의 범위
- 공장의 범위에는 다음이 포함됩니다.
① 제조업을 하기 위하여 필요한 제조시설(물품의 가공·조립·수리시설을 포함) 및 시험생산시설
② 제조업을 하는 경우 그 제조시설의 관리·지원, 종업원의 복지후생을 위하여 해당 공장부지 안에 설치하는 부대시설로서 사무실·창고·경비실·전망대·주차장 등 「산업집적활성화 및 공장설립에 관한 법률 시행규칙」 제2조에 따른 시설
③ 제조업을 하는 경우 관계 법령에 따라 설치가 의무화된 시설
④ 위의 ①부터 ③까지의 시설이 설치된 공장부지

3) 공장설립의 절차
공장설립은 보통 ① 공장설립 승인, ② 공장건축, ③ 공장등록의 순으로 이루어집니다.

2. 공장설립 승인

1) 공장설립 승인절차 개요
공장을 설립하려는 사람은 아래의 절차에 따라 공장설립 가능 여부를 검토할 수 있으며, 승인절차를 파악할 수 있습니다.

〈공장설립 승인 절차〉

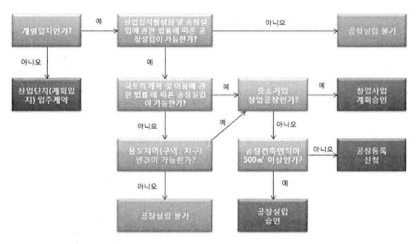

2) 공장입지 유형에 따른 구분

- 공장입지는 크게 산업단지 내의 공장입지(계획입지)와 산업단지
  외의 공장입지(개별입지)로 구분됩니다.

공장입지에 따른 구분	산업단지 내에서 공장설립을 하는 경우(계획입지)	산업단지 외에서 공장설립을 하는 경우(개별입지)	
설립승인 유형	–	공장설립승인	창업사업계획승인
대상	산업단지 입주업체 관리기관과 입주계약을 체결해야 함	모든 공장설립자 –건축면적 500㎡ 이상인 모든 공장에 적용 –500㎡ 미만도 승인신청 가능	창업자 –창업 후 7년 이내의 창업공장에 적용
근거법률	「산업집적활성화 및 공장설립에 관한 법률」 제38조 등	「산업집적활성화 및 공장설립에 관한 법률」 제13조 등	「중소기업창업 지원법」 제33조

- 산업단지 내의 공장입지(계획입지)는 국가나 공공단체, 민간기업이 공장을 집단적으로 설치·육성하기 위해 일정지역을 산정해서 포괄적인 계획에 따라 개발한 일단의 산업용지 내의 공장입지를 말합니다. 산업단지 안에서 제조업을 영위하려는 자는 관리기관과 입주계약을 체결하면 됩니다.
- 산업단지 외의 지역에서 공장을 설립하는 경우(개별입지)에 공장의 입지는 수도권과 그 외의 지역으로 구분되어 그에 따라 공장의 입지를 제한하는 내용이 달라지며, 공장설립에 관한 수많은 인·허가를 개별적으로 얻어야 합니다. 개별입지에서 공장을 설립하는 경우에는 일반적인 공장설립승인을 받아야 합니다.
- 다만, 산업단지 외의 지역에서 공장을 설립하는 경우에도 「중소기업창업 지원법」에 따른 사업계획의 승인(이하 "창업사업승인계획"이라 함)을 받은 경우에는 공장설립승인을 얻은 것으로 의제됩니다.

3) 중소기업 창업사업계획승인에 따른 공장설립 승인
- 창업사업계획승인의 개념
  창업사업계획승인제도는 창업자가 개별 자유입지에 공장을 설립할 경우, 창업사업계획승인을 받으면 농지, 산림, 환경, 국토계획법 등 여러 법률에 의해 개별적으로 인·허가를 받아야 하는 복잡한 절차를 일괄적으로 처리하여 공장설립을 간소화 하는 제도를 말합니다.
- 창업사업계획승인에 대한 사전 협의
① 창업자는 창업사업계획의 승인을 신청하기 전에 시장·군수 또는 구청장에게 사업계획의 승인 가능성 등에 관하여 사전 협의를 요청할 수 있습니다.
② 사전협의를 신청하려는 창업자는 다음의 서류를 공장설립 예정지를 관할하는 시장·군수·구청장에게 제출해야 합니다.
  ㉮ 사업계획 사전협의신청서
  ㉯ 사업계획서 1부
  ㉰ 환경 관련 법령에 따른 검토가 필요한 경우에는 기계 기구류,

규모, 마력 수 등을 적은 서류 1부
  ㉣ 「중소기업창업 지원법」 제35조제1항 각 호의 사항에 관한 서류(필요한 경우만 첨부함)
③ 시장·군수·구청장은 위 사전협의 신청을 받은 날부터 7일 이내에 사업계획의 승인 가능성 등에 관하여 알려야 합니다.
- 창업사업계획승인의 신청
  중소기업 창업사업계획의 승인을 받으려는 창업자는 다음의 서류를 공장설립 예정지를 관할하는 시장·군수·구청장(자치구의 구청장을 말함)에게 제출해야 합니다.
  ㉮ 사업계획승인신청서(「중소기업창업 지원법 시행규칙」 별지 제7호서식)
  ㉯ 부동산권리자의 사용동의서(임대차계약서 등의 서류)
  ㉰ 공장설립사업계획신청서
  ㉱ 공동사업계획신청서
  ㉲ 사업계획서
- 사업계획 승인의 공장설립 승인 의제
  중소기업을 창업하는 자가 위의 절차에 따라 창업사업계획의 승인 등을 받은 경우에는 공장설립의 승인을 얻은 것으로 봅니다.
- 창업사업계획승인이 취소된 토지에 대한 공장설립 승인의 특례
① 시장·군수 또는 구청장이 중소기업 창업 사업계획의 승인을 얻은 자에 대해 그 사업계획승인 또는 공장건축허가를 취소하는 경우에는 중소기업 창업사업계획의 승인 취소 및 원상회복에 관한 규정에도 불구하고 그 토지의 원상회복을 명하지 않고 해당 창업자 또는 제3자에게 그 토지에의 공장설립의 승인을 할 수 있습니다.
② 창업사업계획의 승인 또는 공장건축의 허가가 취소된 부지 또는 공장을 이용하여 공장설립을 하기 위하여 그 승인을 얻으려는 자는 다음의 서류를 시장·군수 또는 구청장에게 제출해야 합니다.
  ㉮ 공장설립의 승인신청서
  ㉯ 사업계획서

㉰ 인·허가명세서 및 첨부서류

③ 시장·군수 또는 구청장은 그 신청이 「산업집적활성화 및 공장설립에 관한 법률」, 「산업집적활성화 및 공장설립에 관한 법률 시행령」, 그 밖의 관계 법령에 적합한지를 검토하여 승인 여부를 결정합니다.

3. 공장건축

1) 건축허가 및 신고 등

① 건축허가

공장용도의 건축물을 건축 또는 대수선하려는 자는 특별자치시장·특별자치도지사 또는 시장·군수·구청장의 허가를 받아야 합니다.

② 건축신고

허가 대상 건축물이라 하더라도 다음 어느 하나에 해당하는 경우에는 미리 특별자치시장·특별자치도지사 또는 시장·군수·구청장에게 「건축법 시행규칙」 제12조에 따라 신고를 하면 건축허가를 받은 것으로 의제됩니다.

㉮ 바닥면적의 합계가 85제곱미터 이내의 증축·개축 또는 재축. 다만, 3층 이상 건축물인 경우에는 증축·개축 또는 재축하려는 부분의 바닥면적의 합계가 건축물 연면적의 10분의 1 이내인 경우로 한정합니다.

㉯ 「국토의 계획 및 이용에 관한 법률」에 따른 관리지역, 농림지역 또는 자연환경보전지역에서 연면적이 200제곱미터 미만이고 3층 미만인 건축물의 건축(다만, 제2종 지구단위계획구역에서의 건축은 제외)

㉰ 연면적이 200제곱미터 미만이고 3층 미만인 건축물의 대수선

㉱ 내력벽의 면적을 30제곱미터 이상 수선하거나 기둥을 세 개 이상 수선하는 등 주요구조부의 해체가 없는 「건축법 시행령」 제11조제1항에 따른 대수선

㉲ 연면적의 합계가 100제곱미터 이하인 건축물, 건축물의 높이를 3미터 이하의 범위에서 증축하는 건축물 등 소규모 건축물로서 「건축법 시행령」 제11조제2항에 따른 건축물의 건축

③ 공장설립 등의 승인을 통한 공장건축물에 대한 각종 인·허가 등의 의제

㉮ 공장설립 등의 승인을 얻은 자에게 건축허가를 하거나 건축신고를 수리(공장설립의 승인 시에 건축허가 및 건축신고가 의제되는 경우를 포함)함에 있어서 해당 시장·군수 또는 구청장이 다음의 허가·인가·승인·동의·심사 또는 신고에 관해 관계행정기관의 장과 협의한 사항에 대해서는 해당 허가 등을 받은 것으로 의제됩니다.

- 도로점용의 허가
- 시설 또는 공작물 설치의 허가, 배수설비 설치의 신고 및 개인하수처리시설의 설치 신고
- 전용상수도 설치의 인가
- 자가용 전기설비공사계획의 인가 및 신고
- 건축허가 등의 동의, 소방시설공사의 신고 및 제조소 등의 설치허가
- 개발행위(건축물의 건축 또는 공작물의 설치에 한함)의 허가, 도시계획시설사업의 시행자의 지정 및 실시계획의 인가
- 가설건축물 건축의 허가 또는 신고 및 공작물축조의 신고
- 폐기물처리시설의 설치승인 또는 신고
- 배출시설의 설치허가 또는 신고
- 배출시설설치의 허가 또는 신고
- 특정토양오염관리대상시설 설치의 신고
- 화약류저장소 설치의 허가
- 액화석유가스저장소 설치의 허가
- 고압가스저장소 설치의 허가
- 유해·위험방지계획서의 심사, 공정안전보고서의 심사
- 「환경오염시설의 통합관리에 관한 법률」 제6조에 따른 허가

㉯ 공장의 건축허가 또는 건축신고를 통해 위와 같은 허가 등의 의제를 받으려는 자는 해당 공장의 건축허가신청 또는 건축신고 시에 해당 법령에서 정하는 관련 서류를 함께 제출해야 합니다.

4. 공장설립완료신고 및 공장등록

1) 공장설립완료 신고

- 공장설립 등의 승인을 얻은 자가 공장건설을 완료하거나 제조시설 설치승인을 얻은 자(제조시설설치승인을 얻은 것으로 의제되는 자를 포함)가 제조시설 등의 설치를 완료한 때에는 2월 이내에 시장·군수 또는 구청장에게 공장설립 등의 완료신고를 해야 합니다.
- 산업단지 내에서 입주계약을 맺은 입주기업체의 경우에는 관리기관에 완료신고를 해야 합니다.

2) 공장등록

- 시장·군수·구청장 또는 관리기관은 공장설립 등의 완료신고를 받은 때에는 이를 공장등록대장에 등록해야 합니다.
- 공장설립의 승인대상 및 승인대상 외의 공장의 소유자 또는 점유자는 공장등록을 신청할 수 있습니다.
- 공장설립 등의 승인을 얻은 자가 공장건설을 완료하기 전에 공장을 부분 가동하려는 경우에는 공장등록을 신청해야 합니다.

5. 벤처기업의 실험실공장 특례

1) 실험실공장 설치 대상자

- 다음의 어느 하나에 해당하는 자는 「건축법」 제19조제1항, 「국토의 계획 및 이용에 관한 법률」 제76조제1항, 「연구개발특구 등의 육성에 관한 특별법」 제36조제1항에도 불구하고 그 소속 기관의 장(아래의 5.의 경우에는 실험실공장을 설치하게 되는 기관의 장을 말함)의 승인을 받아 실험실공장을 설치할 수 있습니다. 승인받은 사항을 변경하는 경우에도 또한 같습니다.
  ① 「고등교육법」에 따른 대학의 교원 및 학생
  ② 국공립연구기관이나 정부출연연구기관의 연구원
  ③ 전문생산기술연구소
  ④ 「연구개발특구 등의 육성에 관한 특별법」 제2조제1호에 따른 연구개발특구에 입주한 기관

⑤ 벤처기업의 창업자

- 위에 따라 실험실공장의 승인(변경승인을 포함함)을 받으면 「산업집적활성화 및 공장설립에 관한 법률」 제13조에 따른 공장설립등의 승인 또는 「산업집적활성화 및 공장설립에 관한 법률」 제14조의3에 따른 제조시설설치승인을 받은 것으로 봅니다.

2) 공장의 신청 및 등록

- 실험실공장을 설치하려는 자는 「벤처기업육성에 관한 특별조치법 시행령」 별지 제8호서식의 신청서에 다음의 서류를 갖추어 그 소속 기관의 장에게 제출하여 승인신청을 해야 합니다. 승인받은 사항을 변경하려는 경우에도 같습니다.
① 사업계획서
② 제조시설 배치도
③ 실험실공장이 설치될 장소를 관리할 책임이 있는 자의 설치동의서

- 시장·군수 또는 구청장(자치구의 구청장을 말함. 이하 같음)은 실험실공장에 대한 공장등록신청을 받으면 「산업집적활성화 및 공장설립에 관한 법률」 제16조에 따른 공장의 등록을 해야 합니다.

3) 실험실 공장의 면적 제한

- 실험실공장은 생산시설용으로 쓰이는 바닥면적의 합계가 3천 제곱미터를 초과할 수 없습니다. 다만, 「국토의 계획 및 이용에 관한 법률」 제76조제1항에 따른 용도지역별 건축물 등의 건축 기준을 갖춘 경우에는 그렇지 않습니다.
- 실험실공장의 총면적(실험실공장이 둘 이상인 경우에는 그 면적을 합한 것을 말함)은 해당 대학이나 연구기관의 건축물 연면적의 2분의 1을 초과할 수 없습니다.

4) 퇴직(졸업) 후 공장의 계속적 사용

대학이나 연구기관의 장은 실험실공장을 설치한 자가 퇴직(졸업)하더라도 퇴직(졸업)일부터 2년을 초과하지 않는 범위에서 실험실공장을 사용하게 할 수 있습니다.

6. 지식산업센터(아파트형 공장) 입주

1) 지식산업센터의 개념

"지식산업센터"란 동일건축물에 제조업, 지식산업 및 정보통신산업을 영위하는 자와 지원시설이 복합적으로 입주할 수 있는 다음의 요건을 모두 갖춘 건축물을 말합니다.

① 지상 3층 이상의 집합건축물일 것

② 공장, 지식산업의 사업장 또는 정보통신산업의 사업장이 6개 이상 입주할 수 있을 것

③ 바닥면적(지상층만 해당함)의 합계가 건축면적의 300퍼센트 이상일 것(다만, 용적률을 특별시·광역시·특별자치시·특별자치도·시 또는 군의 조례로 따로 정한 경우나 「산업기술단지 지원에 관한 특례법」 제8조에 따른 면적을 준수하기 위한 경우에 해당하여 바닥면적의 합계가 건축면적의 300퍼센트 이상이 되기 어려운 경우에는 해당 법령이 허용하는 최대 비율로 함)

2) 입주자격

지식산업센터에 입주할 수 있는 시설은 다음과 같습니다.

① 제조업, 「산업집적활성화 및 공장설립에 관한 법률 시행령」 제6조제2항에 따른 지식기반산업, 「산업집적활성화 및 공장설립에 관한 법률 시행령」 제6조제3항에 따른 정보통신산업, 그 밖에 특정 산업의 집단화와 지역경제의 발전을 위하여 지식산업센터에의 입주가 필요하다고 인정하는 다음의 사업을 운영하기 위한 시설

㉮ 산업단지 안의 지식산업센터의 경우: 「산업집적활성화 및 공장
  실립에 괸한 법률」 제2조제18호에 따른 산업에 해당하는 사업
  으로서 관리기관이 인정하는 사업

㉯ 산업단지 밖의 지식산업센터의 경우: 시장·군수 또는 구청장이
  인정하는 사업

② 「벤처기업육성에 관한 특별조치법」 제2조제1항에 따른 벤처기
  업을 운영하기 위한 시설

③ 그 밖에 입주업체의 생산 활동을 지원하기 위한 시설로서 다음
  에 해당하는 시설. 다만, 시장·군수 또는 구청장이나 관리기관
  이 해당 지식산업센터의 입주자의 생산 활동에 지장을 줄 수
  있다고 인정하는 시설은 제외합니다.

㉮ 금융·보험·교육·의료·무역·판매업(해당 지식산업센터에 입주한
  자가 생산한 제품을 판매하는 경우만 해당)을 하기 위한 시설

㉯ 물류시설, 그 밖에 입주기업의 사업을 지원하거나 어린이집·기
  숙사 등 종업원의 복지증진을 위하여 필요한 시설

㉰ 「건축법 시행령」 별표 1 제3호 및 제4호에 따른 근린생활시설
  (면적제한이 있는 경우에는 그 제한면적범위 이내의 시설만
  해당).

㉱ 「건축법 시행령」 별표 1 제5호에 따른 문화 및 집회시설 또는
  제13호에 따른 운동시설로서 「산업집적활성화 및 공장설립에
  관한 법률 시행규칙」 제26조의2에서 정하는 시설

㉲ 「건축법 시행령」 별표 1 제7호다목에 따른 상점(음·식료품을
  제외한 일용품을 취급하는 상점만 해당)으로서 다음의 기준
  에 적합한 시설

- 산업단지 안의 지식산업센터에 설치하는 경우: 보육정원이 50
  명 이상인 어린이집(「영유아보육법」 제10조제1호에 따른 국공
  립어린이집은 제외)이 해당 지식산업센터에 설치(「영유아보육

법」제13조에 따라 어린이집의 설치인가를 받은 경우를 포함)
되어 그 용도로 유지되고 있고 해당 상점의 건축연면적이 3천
제곱미터(보육정원이 60명 이상인 경우에는 4천제곱미터) 이하
인 시설
- 산업단지 밖의 지식산업센터에 설치하는 경우: 해당 상점의 건
축연면적이 해당 지식산업센터에 설치되는 지원시설의 바닥면
적 총합계의 100분의 10 이하인 시설
㉺ 「건축법 시행령」 별표 1 제14호나목2)에 따른 오피스텔(산업단
지 안의 지식산업센터에 설치하는 경우로서 해당 산업단지의
관리기본계획에 따라 허용되는 경우만 해당)

공장설립, 등록 등의 온라인지원시스템

Q. 중소기업 창업을 위해 공장을 설립하려고 하는데, 공장설립 절차가 매우 복잡하고 까다로워서 힘듭니다. 공장설립 절차나 서류, 상담 등 제반 절차에 대한 정보를 알 수 있거나, 설립을 대행해주는 곳은 없나요?

A. 공장설립절차의 간편화를 위해 한국산업단지공단에서는 공장설립지원센터(팩토리온, www.factoryon.go.kr)를 설립하여 운영하고 있습니다. 공장설립지원센터에서는 중소기업의 공장설립 관련 정보제공뿐만 아니라 설립절차를 센터가 일괄 무료 대행함으로써 기업의 창업과 공장설립을 돕고 있습니다.

지식산업센터(아파트형공장) 관련 Q & A

Q. 지식산업센터(아파트형공장)의 일부를 택시 차고지 등 본래의 목적과는 다른 용도로 사용하는 것이 가능한가요?

A. 지식산업센터는 「산업집적활성화 및 공장설립에 관한 법률」, 「건축법」, 「수도권정비계획법」 등에서 다른 공장 또는 다른 건축물과 허가(승인)등의 기준이 다르고, 「산업집적활성화 및 공장설립에 관한 법률」 제28조의5에서 입주대상시설을 제한하고 있는 규정 취지상 입주대상이 아닌 시설을 지식산업센터에 설치하는 것은 허용되지 않는다고 보아야 합니다.

지식산업센터(아파트형공장) 관련 Q & A

Q. 지식산업센터에 인쇄·출판업종만 집단으로 유치하기 위하여 사전에 입주예정자와 협의하여 착공하는 경우 비공개 모집이 가능한지 여부와 특정업종의 유치에 해당되는지 여부

A. 「산업집적활성화 및 공장설립에 관한 법률」 제28조의4제2항 및 동법 시행령 제36조의3에서 지식산업센터의 입주자를 비공개로 모집할 수 있는 범위를 정하고 있는 바, 공장의 집단화 또는 특정업종의 유치를 위하여 미리 입주할 대상자를 정할 필요가 있다고 승인권자가 인정하는 경우에는 입주자를 비공개로 모집할 수 있으며, 인쇄·출판업도 동조에서 정하는 특정 업종에 해당됩니다.

창업사업계획승인

Q. 벤처기업 창업을 위해 공장설립을 준비하고 있습니다. 창입자는 창업사업계획승인을 통해 공장설립 승인을 받을 수 있다고 하는데, "창업사업계획승인"이란 무엇인가요?

A. "창업사업계획승인제도"란 산업단지 외의 지역에서 공장을 설립하는 경우, 「중소기업창업 지원법」에 따라 창업사업계획승인을 받으면, 공장설립승인을 받은 것으로 의제하여 공장설립을 간소화 하는 제도를 말합니다.

◇ 창업사업계획승인 제도

☞ 창업사업계획승인제도는 창업자가 개별 자유입지에 공장을 설립할 경우, 창업사업계획승인을 받으면 농지, 산림, 환경, 국토계획법 등 여러 법률에 의해 개별적으로 인·허가를 받아야 하는 복잡한 절차를 일괄적으로 처리하여 공장설립을 간소화 하는 제도를 말합니다.

◇ 창업사업계획승인 신청

☞ 중소기업 창업사업계획의 승인을 받으려는 창업자는 다음의 서류를 공장설립 예정지를 관할하는 시장·군수·구청장에게 제출하면 됩니다.

√ 사업계획승인신청서

√ 부동산권리자의 사용동의서(임대차계약서 등의 서류)

√ 공장설립사업계획신청서

√ 공동사업계획신청서

√ 사업계획서

◇ 사업계획 승인의 공장설립 승인 의제

☞ 중소기업을 창업하는 자가 창업사업계획의 승인 등을 받은 경우에는 공장설립의 승인을 얻은 것으로 봅니다.

사업계획 사전협의신청서

※ 색상이 어두운 란은 신청인이 적지 않습니다.

접 수 번 호	접수일		처리기간	7일
신청인	회사명		사업자등록번호	
	대표자 성명		대표자 생년월일	
	회사형태		설립연월일	
	주소			
	전화번호		휴대전화	
사업계획	공장예정소재지		부 지 면적 m²	
	지목		용도지역	
	업종(분류번호)		생산품	
	공사착공 예정일		공사준공 예정일	
인허가 사항	[ ]건축 [ ]농지전용 [ ]산지전용 [ ]토지형질변경 [ ]주거목적외사용 [ ]하천점용 [ ]도로점용			

「중소기업창업 지원법」 제34조제1항, 같은 법 시행령 제25조제1항 및 같은 법 시행규칙 제16조에 따라 위와 같이 신청합니다.

년   월   일

신청인 (서명 또는 인)

시장 · 군수 · 구청장 귀하

첨부서류	1. 사업계획서 1부, 2. 환경 관련 법령에 따른 검토가 필요한 경우에는 기계 기구류, 규모, 마력 수 등을 적은 서류 1부 3. 「중소기업창업 지원법」 제35조제1항 각 호의 사항에 관한 서류(필요한 경우만 첨부합니다)	수수료 없음

처 리 절 차

신청서 작성	→	접수	→	검토	→	처리	→	통보
신청인		처 리 기 관 (시·군·구)		처 리 기 관 (시·군·구)		처 리 기 관 (시·군·구)		

210mm×297mm[백상지 80g/㎡]

■ 중소기업창업 지원법 시행규칙 [별지 제7호서식] <개정 2012.11.30>

사업계획 [ ] 승인 [ ] 변경승인 신청서

※ 색상이 어두운 란은 신청인이 적지 않습니다.

접수번호	접수일	처리기간	20일

신청인	회사명		사업자등록번호	
	대표자 성명		대표자 생년월일	
	회사형태		설립연월일	
	주소			회사자산
	대행상담 회사명		(전화번호) (등록번호)	

사업계획	공장소재지			전화번호
	규모	(대지: m²)		(건물: m²)
	업종(분류번호)		종업원 수	
	공사착공 예정일		공사준공 예정일	

「중소기업창업 지원법」 제33조제1항, 같은 법 시행령 제22조 및 같은 법 시행규칙 제14조에 따라 위와 같이 신청합니다.

년   월   일

<table>
<tr><td></td><td>신청인</td><td>(서명 또는 인)</td></tr>
</table>

시장·군수·구청장 귀하

첨부서류	1. 사업계획서(승인신청의 경우만 해당합니다) 1부 2. 변경계획서 및 변경사유서(변경승인신청의 경우만 해당합니다) 1부 3. 변경내용의 신·구대비표(변경승인신청의 경우만 해당합니다) 1부 4. 부동산권리자의 사용동의서 1부 5. 「중소기업창업 지원법」 제33조제4항에 따른 지침에서 정하는 서류 1부	수수료 없음

처 리 절 차

신청서 작성	→	접수	→	검토	→	승인	→	통보
신청인		처리기관 (시·군·구)		처리기관 (시·군·구)		처리기관 (시·군·구)		

210mm×297mm[백상지 80g/㎡]

1. 4대 사회보험 신고

1) 4대 사회보험 개요

"4대 사회보험"이란 국민연금, 국민건강보험, 산업재해보상보험, 고용보험을 말하며, 근로자를 사용하는 모든 사업장은 반드시 가입해야 하는 보험을 말합니다.

2) 국민연금

(1) 국민연금의 개념

국민연금은 소득활동을 할 때 일정액의 보험료를 납부해서 모아 두었다가 노령, 장애 또는 사망 등으로 소득활동이 중단된 경우 본인이나 유족에게 연금을 지급함으로써 장기적인 소득보장이 가능하도록 정부가 보험의 원리에 따라 만든 사회보험의 일종입니다.

(2) 가입대상

- 국내에 거주하는 국민으로서 18세 이상 60세 미만인 자는 「국민연금법」 제6조에 따라 국민연금 가입대상이 되고, 국민연금 가입자는 ① 사업장가입자, ② 지역가입자, ③ 임의가입자 및 ④ 임의계속가입자로 분류됩니다.
- "사업장"은 근로자를 사용하는 사업소 및 사무소를 말하는 데, 사업소·영업소·사무소·점포·공장 등 근로자를 사용하고 있는 곳은 모두 사업장에 해당되며, 나아가 사업장 상호간에 본점과 지점, 대리점 또는 출장소 등의 관계에 있고 그 사업경영이 일체로 되어 있는 경우에는 이를 하나의 사업장으로 봅니다.

(3) 신고의무자 및 신고

국민연금의 신고의무자, 신고기한 등은 다음과 같습니다.

구분	내용
신고대상 사용자 및 근로자	당연적용사업장의 사용자와 근로자는 성별, 국적과 관계 없이 모두 국민연금에 가입해야 합니다. 따라서, 외국인 근로자도 가입요건에 해당될 경우 가입신고를 해야 합니다. 다만, 다음의 어느 하나의 경우에는 가입대상에서 제외됩니다. ① 18세 미만이거나 60세 이상인 사용자 및 근로자. 다만, 18세 미만의 근로자로서 본인이 희망하는 경우 사용자의 동의를 얻어 가입할 수 있음 ② 「공무원연금법」, 「공무원 재해보상법」, 「사립학교교직원 연금법」 또는 「별정우체국법」에 따른 퇴직연금·장해연금 또는 퇴직연금일시금의 수급권을 취득하거나 「군인연금법」에 의한 퇴역연금, 「군인 재해보상법」에 따른 상이연금 또는 퇴역연금일시금의 수급권을 취득한 자. 다만, 「국민기초생활 보장법」제7조제1항제1호에 따른 생계급여 수급자 또는 같은 항 제3호에 따른 의료급여 수급자는 본인의 희망에 따라 사업장가입자가 되지 않을 수 있습니다. ③ 일용근로자 또는 1월 미만의 기한부로 사용되는 근로자 ④ 소재지가 일정하지 않은 사업장에 종사하는 근로자 ⑤ 비상임이사 또는 1개월간의 근로시간이 80시간 미만인 시간제근로자 등 사업장에서 상시 근로에 종사할 목적으로 사용되는 자가 아닌 자 ⑥ 외국인으로서 다음의 어느 하나에 해당하는 자 ㉮ 「출입국관리법」제25조에 따라 체류기간연장허가를 받지 않고 체류하는 자 ㉯ 「출입국관리법」제31조에 따른 외국인등록을 하지 않거나 「출입국관리법」제59조제2항에 따라 강제퇴거명령서가 발급된 자 ㉰ 문화예술(D-1), 유학(D-2), 기술연수(D-3), 일반연수(D-4), 종교(D-6), 방문동거(F-1), 동반(F-3) 및 기타(G-1)에 해당하는 외국인의 체류자격을 가진 자
신고의무자	사업장 사용인 또는 지역가입자가 신고의무자가 됩니다
신고기한	- 당연적용사업장이 된 날이 속하는 달의 다음 달 15일까지 당연적용사업장해당신고서 및 통장 사본 1부(자동이체를 신청하는 경우만 해당)를 첨부하여 국민연금공단에 신고를 해야 합니다. - 지역가입자의 자격을 취득하는 경우에는 그 사유가 발생한 날이 속하는 달의 다음 달 15일까지 지역가입자자격취득신고서를 국민연금공단에 제출해야 합니다.

3) 국민건강보험

(1) 국민건강보험의 개념

국민건강보험은 국민이 질병·부상 등 건강에 문제가 생겼을 때 또는
출산·사망할 때 진료비의 혜택을 받을 수 있는 제도입니다.

(2) 가입자의 종류 및 범위

국민건강보험 가입자의 종류와 그 범위는 다음과 같습니다.

종류	범위
직장가입자	1명 이상의 근로자를 사용하는 모든 사업장의 근로자 및 사용자와 공무원 및 교직원(「국민건강보험법」 제6조제2항 본문). 다만, 다음의 어느 하나에 해당하는 경우에는 제외됩니다. ① 고용기간이 1개월 미만인 일용근로자 ② 「병역법」에 따른 현역병(지원에 의하지 않고 임용된 하사를 포함), 전환복무된 사람 및 군간부후보생 ③ 선거에 당선되어 취임하는 공무원으로서 매월 보수 또는 보수에 준하는 급료를 받지 않는 사람 ④ 비상근 근로자 또는 1개월간의 소정근로시간이 60시간 미만인 단시간근로자 ⑤ 비상근 교직원 또는 1개월간의 소정근로시간이 60시간 미만인 시간제공무원 및 교직원 ⑥ 소재지가 일정하지 않은 사업자의 근로자 및 사용자 ⑦ 근로자가 없거나 위의 ④에 따른 사람만을 고용하고 있는 사업장의 사업주
지역가입자	직장가입자와 그 피부양자를 제외한 자(「국민건강보험법」 제6조제3항). 여기서 피부양자란 다음의 어느 하나에 해당하는 자중 직장가입자에 의해 주로 생계를 유지하는 사람으로서 소득 및 재산이 「국민건강보험법 시행규칙」 제2조로 정하는 기준 이하에 해당하는 사람을 말합니다. ① 직장가입자의 배우자 ② 직장가입자의 직계존속(배우자의 직계존속을 포함) ③ 직장가입자의 직계비속(배우자의 직계비속을 포함) 및 그 배우자 ④ 직장가입자의 형제·자매

(3)사업장 최초 가입(신고)

사업장의 사용자는 직장가입자가 되는 근로자를 사용하는 적용대상 사업장이 된 경우 그 때부터 14일 이내에 국민건강보험공단에 직장 가입자격취득 신고를 해야 합니다.

구분	국민건강보험
처리기관	국민건강보험공단 관할지사
신고의무자	사용자
신고기한	적용일로부터 14일 이내
신고서류	①사업장(기관) 적용신고서 ②통장 사본 1부(자동이체를 신청하는 경우만 해당함) ③직장가입자격취득신고서
신고처	4대 사회보험 각 기관 지사 및 인터넷(http://www.4insure.or.kr/) [전자민원] 신고

4) 산업재해보상보험

(1) 산업재해보상보험의 개념

산업재해보상보험은 근로자의 업무상의 재해를 신속하고 공정하게 보상하고, 재해근로자의 재활 및 사회 복귀를 촉진하며, 재해 예방과 그 밖에 근로자의 복지 증진을 위한 사회보험을 말합니다.

(2) 산업재해보상보험의 종류 및 내용

 - 산업재해보상 보험급여에는 요양급여, 휴업급여, 장해급여, 간병급여, 유족급여, 상병보상연금, 장의비, 직업재활급여의 8종류가 있습니다.
 - 보험급여의 종류 및 내용은 다음과 같습니다.

종류	요건
요양급여	- 근로자가 업무상 사유로 부상을 당하거나 질병에 걸린 경우에 지급되는 급여 - 원칙적으로 현물급여이며 예외적으로 요양비 지급
휴업급여	- 업무상 사유로 부상을 당하거나 질병에 걸린 근로자에게 요양으로 취업하지 못한 기간에 대해 지급되는 급여 - 1일당 지급액은 평균임금의 100분의 70에 상당하는 금액
장해급여	근로자가 업무상 사유로 부상을 당하거나 질병에 걸려 치유된 후 신체 등에 장해가 있는 경우에 지급되는 급여
간병급여	요양급여를 받은 사람 중 치유 후 의학적으로 상시 또는 수시로 간병이 필요하여 실제로 간병을 받는 자에게 지급
유족급여	근로자가 업무상 사유로 사망한 경우에 유족에게 지급되는 급여
상병보상연금	요양급여를 받는 근로자가 요양을 시작한 지 2년이 지난 날 이후에 일정 요건에 해당하는 상태가 계속되면 휴업급여 대신 그 근로자에게 지급되는 급여
장의비	- 근로자가 업무상 사유로 사망한 경우에 그 장제(葬祭)를 지낸 유족에게 지급되는 급여 - 장의비는 평균임금의 120일분에 상당하는 금액
직업재활급여	- 장해급여 또는 진폐보상연금을 받은 사람 중 취업을 위해 직업훈련이 필요한 자에게 실시하는 직업훈련에 드는 비용 및 직업훈련수당 - 업무상 재해가 발생할 당시의 사업장에 복귀한 장해급여자에 대해 사업주가 고용을 유지하거나 직장적응훈련 또는 재활운동을 실시하는 경우(직장적응훈련의 경우에는 직장 복귀 전에 실시한 경우도 포함함)에 사업주에게 각각 지급되는 직장복귀지원금, 직장적응훈련비 및 재활운동비

(3) 사업장 최초 가입(신고)

산업재해보상보험에 가입할 의무가 있는 사업주는 사업을 개시할 경우 14일 이내에 근로복지공단의 관할지사에 보험관계 성립신고를 해야 합니다.

구분	산업재해보상보험
처리기관	근로복지공단 관할지사
신고의무자	사업주
신고기한	보험관계가 성립된 날부터 14일 이내
신고서류	①보험관계성립신고서(보험가입신청서) ②근로자 고용신고서
신고처	4대 사회보험 각 기관 지사 및 인터넷(www.4insure.or.kr) [전자민원] 신고

5) 고용보험

(1) 고용보험의 개념

고용보험은 고용안정, 직업능력개발사업 등을 통해 실업의 예방, 고용의 촉진 및 근로자의 직업능력 개발과 향상을 꾀하고, 근로자가 실업한 경우에 생활에 필요한 급여를 지급함으로써 근로자의 생활안정과 구직활동을 촉진하려는 사회보장보험입니다.

(2) 고용보험 적용대상 사업 또는 사업장

「고용보험법」은 1명 이상의 근로자를 사용하는 모든 사업 또는 사업장(이하 "사업"이라 함)에 적용됩니다. 다만, 다음의 어느 하나에 해당하는 사업 또는 사업장은 고용보험 적용대상이 아닙니다.

① 농업·임업 및 어업 중 법인이 아닌 자가 상시 4명 이하의 근로자를 사용하는 사업

② 다음의 어느 하나에 해당하는 공사(다만, 「건설산업기본법」 제2조제7호에 따른 건설사업자, 「주택법」 제4조에 따른 주택건설사업자, 「전기공사업법」 제2조제3호에 따른 공사업자, 「정보통신공사업법」 제2조제4호에 따른 정보통신공사업자, 「소방시설공사업법」 제2조제1항제2호에 따른 소방시설업자, 「문화재수리 등에 관한 법률」 제14조에 따른 문화재수리업자는 제외함))

㉮ 「고용보험 및 산업재해보상보험의 보험료징수 등에 관한 법률
시행령」 제2조제1항제2호에 따른 총공사금액이 2천만원 미만
인 공사

㉯ 연면적이 100제곱미터 이하인 건축물의 건축 또는 연면적이
200제곱미터 이하인 건축물의 대수선에 관한 공사

③ 가구 내 고용활동 및 달리 분류되지 않은 자가소비 생산활동
사업

(3) 고용보험 적용 제외 근로자

다음의 어느 하나에 해당하는 근로자는 고용보험의 적용대상이 아닙
니다. 소정근로시간이 1개월간 60시간 미만인 자(1주간의 소정근로
시간이 15시간 미만인 자를 포함함. 다만,3개월 이상 계속하여 근로
를 제공하는 자와 1개월 미만 동안 고용되는 일용근로자는 적용대상
근로자에 해당함)

(4) 사업장 최초 가입(신고)

1인 이상의 근로자를 고용한 모든 사업 및 사업장은 근로자 1인을
채용한 날부터 14일 이내에 근로복지공단에 고용보험가입신고를 해
야 합니다.

구분	고용보험
처리기관	근로복지공단 관할지사
신고의무자	사업주
신고기한	보험관계가 성립된 날부터 14일 이내
신고서류	① 보험관계성립신고서(보험가입신청서) ②피보험자격취득신고서
신고처	4대 사회보험 각 기관 지사 및 인터넷(www.4insure.or.kr) [전자민원] 신고

(5) 자영업자 및 개인사업자 등의 적용특례

자영업자는 경제활동 형태 및 종사자 지위는 근로자와 유사하나 취업상태가 안정적이지 못하고 노동관계법의 적용제외로 사회안정망의 보호가 취약한 실정이므로 자영업자가 고용안정·직업능력개발사업에 임의 가입토록 함으로써 한계상황에 처한 자영업주에게 지원시스템 편입 기회를 제공할 필요가 있습니다.

2. 취업규칙 신고

1) 취업규칙의 개념

"취업규칙"이란 근로계약관계에 적용되는 근로조건이나 복무규율 등에 대하여 사용자가 일방적으로 작성하여 자신의 근로자들에게 공통적으로 적용하는 규칙을 말합니다.

2) 취업규칙 신고

(1) 취업규칙 작성 및 신고

- 상시 10명 이상의 근로자를 사용하는 사용자는 다음의 사항에 관한 취업규칙을 작성하여 고용노동부장관에게 신고해야 합니다. 이를 변경하는 경우에도 또한 같습니다.
① 업무의 시작과 종료 시각, 휴게시간, 휴일, 휴가 및 교대 근로에 관한 사항
② 임금의 결정·계산·지급 방법, 임금의 산정기간·지급시기 및 승급(昇給)에 관한 사항
③ 가족수당의 계산·지급 방법에 관한 사항
④ 퇴직에 관한 사항
⑤ 「근로자퇴직급여 보장법」 제4조에 따른 퇴직금, 상여 및 최저임금에 관한 사항
⑥ 근로자의 식비, 작업 용품 등의 부담에 관한 사항
⑦ 근로자를 위한 교육시설에 관한 사항

⑧ 출산전후휴가·육아휴직 등 근로자의 모성 보호 및 일·가정 양
  립 지원에 관한 사항

⑨ 안전과 보건에 관한 사항

⑩ 근로자의 성별·연령 또는 신체적 조건 등의 특성에 따른 사업
  장 환경의 개선에 관한 사항

⑪ 업무상과 업무 외의 재해부조(災害扶助)에 관한 사항

⑫ 직장 내 괴롭힘의 예방 및 발생 시 조치 등에 관한 사항

⑬ 표창과 제재에 관한 사항

⑭ 그 밖에 해당 사업 또는 사업장의 근로자 전체에 적용될 사항

- 사용자는 위에 따라 취업규칙을 신고하거나 변경신고하려면 취
  업규칙 신고 또는 변경신고서에 다음의 서류를 첨부하여 관할
  지방고용노동관서의 장에게 제출해야 합니다.

① 취업규칙(변경신고하는 경우에는 변경 전과 변경 후의 내용을
  비교한 서류)

② 근로자의 과반수를 대표하는 노동조합 또는 근로자 과반수의
  의견을 들었음을 증명하는 자료

③ 근로자의 과반수를 대표하는 노동조합 또는 근로자 과반수의
  동의를 받았음을 증명하는 자료(근로자에게 불리하게 변경하는
  경우에만 첨부함)

3) 취업규칙 작성 시 의견청취 의무

- 사용자는 취업규칙의 작성 또는 변경에 관하여 해당 사업 또는 사
  업장에 근로자의 과반수로 조직된 노동조합이 있는 경우에는 그
  노동조합, 근로자의 과반수로 조직된 노동조합이 없는 경우에는
  근로자의 과반수의 의견을 들어야 합니다. 다만, 취업규칙을 근로
  자에게 불리하게 변경하는 경우에는 그 동의를 받아야 합니다.

- 사용자는 취업규칙을 신고할 때에는 위의 의견을 적은 서면을
  첨부해야 합니다.

4) 단체협약의 준수

취업규칙은 법령이나 해당 사업 또는 사업장에 대하여 적용되는 단체협약과 어긋나서는 안 됩니다.

5) 취업규칙 위반의 효력

취업규칙에서 정한 기준에 미달하는 근로조건을 정한 근로계약은 그 부분에 관하여는 무효입니다. 이 경우 무효로 된 부분은 취업규칙에 정한 기준에 따릅니다.

제4장

창업 지원

1. 중소기업 상담회사를 통한 창업지원

1) 중소기업상담회사를 통한 창업 상담

(1) 중소기업상담회사의 개념

- "중소기업상담회사"란 중소기업의 사업성 평가, 경영 및 기술향상을 위한 용역수행 사업, 자금조달·운용에 대한 자문 및 대행과 창업절차의 대행 등의 사업을 영위하기 위해 「중소기업창업지원법」 제31조에 따라 등록한 회사를 말합니다.
- 중소기업상담회사로 등록하려면 「상법」에 따른 회사로서 납입자본금이 5천만원 이상이거나 「협동조합 기본법」에 따른 협동조합등 및 사회적협동조합등, 「중소기업협동조합법」에 따른 중소기업협동조합으로 조합원이 납입한 출자금 총액이 5천만원 이상이어야 하고, 일정한 전문인력 및 시설을 보유해야 하므로, 보다 전문적인 상담이 가능합니다.

(2) 중소기업상담회사의 업무

중소기업을 창업하려는 자는 중소기업상담회사로부터 다음과 같은 창업상담 및 창업지원을 받을 수 있습니다.

① 중소기업의 사업성 평가

② 중소기업의 경영 및 기술 향상을 위한 용역

③ 중소기업에 대한 사업의 알선

④ 중소기업의 자금 조달·운용에 대한 자문 및 대행

⑤ 창업 절차의 대행

⑥ 창업보육센터의 설립·운영에 대한 자문

⑦ 위 ①부터 ⑥까지의 사업에 딸린 사업으로서 중소벤처기업부장관이 정하는 사업

(3) 중소기업상담회사와의 용역계약체결 및 용역비 지원

- 중소기업상담회사가 창업자와 용역계약을 체결할 때에는 서면
  으로 해야 하며, 용역계약서에는 다음의 내용이 포함되어야 합
  니다.

① 고객의 성명 또는 회사명과 대표자, 주소, 업종 및 품목

② 계약일 및 용역수행기간

③ 용역의 내용·범위·방법 및 조건

④ 용역비 및 그 징수방법

⑤ 계약의 변경 및 해지에 관한 사항 등

- 중소기업 창업자가 중소기업상담회사와 다음의 어느 하나에 해
  당하는 용역계약을 체결하면 중소벤처기업부장관으로부터 용역
  대금의 100분의 80의 범위에서 지원받을 수 있습니다.

① 창업예비자에 대한 사업타당성 검토용역

② 창업자에 대한 경영·기술지도 용역

③ 창업자에 대한 절차대행용역

④ 사전환경성검토서 작성대행용역

각 지역별 중소기업상담회사 현황 및 정보를 알 수 있는 곳은?

Q. 중소기업을 창업할 때 중소기업상담회사로부터 상담, 용역수행 및 각종 지원을 받을 수 있는 걸로 알고 있는데요, 중소기업상담회사와 관련한 정보는 어디에서 확인할 수 있나요?

A. 현재 중소기업상담회사의 현황은 한국창업경영컨설팅협회 홈페이지 (http://www.kmcca.net/)에서 관리하고 있습니다. 해당 홈페이지의 회원사정보란에서 각 중소기업상담회사 목록을 확인할 수 있습니다.

중소 · 벤처기업 창업: 중소기업상담회사

Q. 중소기업 창업을 위한 절차나 사업성 평가, 경영상담 등의 지원을 받을 수 있는 곳은 없나요?

A. 중소기업을 창업하려는 자는 중소기업상담회사로부터 중소기업의 사업성 평가, 경영 및 기술향상을 위한 용역수행 사업, 자금알선과 창업절차의 대행 등의 상담 등을 받을 수 있습니다.

◇ 중소기업상담회사의 개념

☞ "중소기업상담회사"란 중소기업의 사업성 평가, 경영 및 기술향상을 위한 용역수행 사업, 자금조달·운용에 대한 자문 및 대행과 창업절차의 대행 등의 사업을 영위하기 위해 「중소기업창업 지원법」 제31조에 따라 등록한 회사를 말합니다.

◇ 중소기업상담회사의 업무

☞ 중소기업을 창업하려는 자는 중소기업상담회사로부터 다음과 같은 창업상담 및 창업지원을 받을 수 있습니다.

1. 중소기업의 사업성 평가
2. 중소기업의 경영 및 기술 향상을 위한 용역
3. 중소기업에 대한 사업의 알선
4. 중소기업의 자금 조달·운용에 대한 자문 및 대행
5. 창업 절차의 대행
6. 창업보육센터의 설립·운영에 대한 자문
7. 위 1.부터 6.까지의 사업에 딸린 사업으로서 중소벤처기업부장관이 정하는 사업

중소기업 지원 정보를 쉽게 확인할 수 있는 방법이 없을까요?

Q. 중소기업 지원제도는 많은데 필요한 정보를 쉽게 확인할 수 있는 방법을 알고 싶습니다.

A. 중소기업의 애로를 해소하기 위해 중소기업청에서는 기업인들이 손쉽게 정책정보를 찾고 확인할 수 있도록 온라인, 모바일(스마트폰), 전화, 방문상담 등 다양한 방법을 통해 정책정보를 제공하고 있습니다.

우선 인터넷 상으로 중소기업 종합정보서비스망인 비즈인포(www.bizinfo.go.kr)를 운영하고 있습니다. 동 사이트에 접속하시면 403개 중소기업 지원기관의 약 1만2천여개 정책정보와 행사 및 경영정보 등을 분야별로 체계적으로 검색하고 확인하실 수 있습니다.

또한 비즈인포에 회원가입 후 신청만 하면 관심분야 정책정보를 메일링, 뉴스레터, 문자(SMS, MMS)로 적시에 제공 받으실 수 있습니다.

아울러 스마트폰(아이폰, 안드로이드폰) 앱 "기업마을"을 통한 중소기업지원정보, 입찰정보, 채용정보 등을 상세하게 제공하고 실시간 질의답변을 지원하며, 모바일 웹(m.bizinfo.go.kr)을 통해서도 중소기업 지원정보를 제공합니다.

전국 어디서나 국번없이 ☎1357 전화를 통해 중소기업 종합상담 고객지원센터에 연결하면 정책정보에 대한 궁금증을 해소할 수 있고 각종 애로사항에 대한 상담서비스를 받으실 수 있습니다.

전국 11개 지방중소기업청(비즈니스지원단)을 방문하시면 분야별 전문상담사가 배치되어 있어 기술, 마케팅 등 각종 경영애로를 상담해 주고, 필요할 경우 상담사가 직접 현장에 방문하여 해결하고 있습니다.

창업을 하고 싶지만 어떻게 진행해야 하지 모르겠습니다.

Q. 창업을 하고 싶지만 어떻게 진행해야 하지 모르겠습니다.창업자를 위한 교육이나 지원이 있을까요?

A. 중소기업청에서는 이론교육, 현장실습 등을 통해 창업을 철저히 준비할 수 있도록 지원하는 소상공인 창업·직업교육을 운영하고 있습니다.
업종전환자·폐업자를 대상으로 부가가치가 높은 업종으로의 전환 및 재창업을 위한 업종전환교육(8시간)과,
폐업 후 재창업이 어려운 소상공인의 기능습득을 위한 교육을 제공하여 취업을 지원하는 직업전환교육(30~50시간)이 있으며,
예비창업자를 대상으로 창업 전 과정을 6단계로 나누어 창업 준비에 필요한 기본적인 내용을 종합적으로 교육 및 지원하는 실전창업교육(80시간)이 있습니다.

2. 창업 보육센터를 통한 창업지원

1) 창업보육센터의 개념

"창업보육센터"란 창업의 성공 가능성을 높이기 위하여 창업기업 및 예비창업자를 대상으로 시설과 장소를 제공하고, 기술의 공동 연구·개발 및 지도·자문, 자금의 지원·알선, 경영·회계·세무 및 법률에 관한 상담 등 창업 및 성장에 필요한 각종 지원을 수행하는 조직 또는 시설을 말합니다.

2) 창업보육센터 입주자

(1) 입주대상자

보육센터에 새로이 입주할 수 있는 자는 예비창업자이거나 입주 신청일 현재 중소기업을 창업하여 사업을 개시한 날로부터 3년이 경과되지 않은 기업으로 합니다.

(2) 입주자 선정기준

- 보육센터가 특화분야를 육성하고자 할 때에는 동 분야의 입주신청자를 우대할 수 있습니다.
- 보육센터 입주 신청자가 다른 사업자가 운영 중인 보육센터에 입주경력이 있을 경우 입주가 거부될 수 있습니다.
- 보육센터는 장기복무 제대군인, 교수·연구원 창업기업, 대학(원)생 및 정부에서 실시하는 창업지원사업에 참여한 (예비)창업자, 숙련기술인 등 체계적인 창업보육이 필요하다고 인정되는 대상에 대해 입주자 선정 시 우대할 수 있습니다.

(3) 입주기간 및 입주연장

보육센터 입주기간은 입주개시일부터 6개월 이상 3년 이내로 합니다. 다만, 생명공학, 나노공학 등 장기보육이 필요한 첨단기술업종을 영위하는 입주자 또는 생산형 입주자에 대하여는 7년을 초과하지 않는 범위 내에서 최대 2년간 입주기간을 연장할 수 있습니다.

(4) 창업보육부담금

- 보육센터는 입주자에게 입주보증금, 관리비, 시설 및 장비 사용
  료 등 실비를 부담시킬 수 있습니다.
- 보육센터가 입주자와 계약에 의해 보육에 대한 보상으로 주식
  또는 매출액의 일정부분 등을 수취하려고 할 때에는 다음의 경
  우에 한합니다. 이 경우 계약조건은 입주자와 사전협의를 거쳐
  결정해야 합니다.
① 관리비의 면제 또는 시가 보다 저렴하게 수취한 경우
② 보유 기술을 입주기업에게 이전한 경우
③ 기술 개발 및 경영 관련 자금을 지원한 경우
④ 경영, 기술, 판로 지원 등 보육서비스를 제공한 경우

(5) 입주기업에 대한 지원

- 보육센터는 입주자의 경영능력 및 기술수준을 향상시키기 위해
  입주자에게 세무, 회계, 마케팅, 기술 등에 대한 지도 및 연수
  를 실시해야 합니다.
- 보육센터는 입주자에 대하여 기술개발 및 시제품 제작에 필요
  한 자금 등을 지원할 수 있습니다.
- 국가는 「국유재산법」 및 그 밖의 다른 법령에도 불구하고 창업
  의 성공가능성을 높이기 위하여 필요한 경우 창업보육센터에
  입주한 자에 대하여 국유재산의 사용료를 감면할 수 있습니다.
① 국가가 위에 따라 국유재산의 사용료를 감면하는 경우 입주자
  에 대한 국유재산의 연간 사용료는 해당 재산가액에 100분의
  1 이상을 곱한 금액을 말하며, 월 단위로 나누어 계산할 수
  있습니다.
② 국유재산을 사용허가하는 경우 그 기간은 「국유재산법」 제35
  조에서 정하는 바에 따릅니다.
③ 지방자치단체는 「공유재산 및 물품 관리법」 및 그 밖의 다른
  법령에도 불구하고 입주자에게 공유재산의 사용료를 감면할
  수 있습니다.

3) 입주기업의 퇴거 및 사후관리

(1) 입주기업의 퇴거

보육센터는 입주자가 다음의 어느 하나에 해당하는 경우에는 입주계약기간 만료일 이전이라도 입주계약을 해지하고 퇴거시킬 수 있습니다.

① 창업전망이 불투명하거나 사업계획서상의 사업을 이행하지 않는 경우

② 국세체납, 부도 등으로 인한 강제집행, 파산, 화의개시, 회사정리개시 또는 경매절차개시 통지를 받은 경우

③ 보육센터의 창업보육 관련 제반 규정을 위반하는 경우

④ 그 밖에 창업보육 목적에 부합되지 않거나 사업의 추진이 불가능하다고 인정되는 경우

(2) 졸업기업에 대한 사후관리

보육센터는 졸업기업에 대해 3년간(졸업연도 포함) 사업의 계속 여부 등을 관리해야 합니다.

각 지역별 창업보육센터의 현황 및 정보를 알 수 있는 곳은?

Q. 중소기업을 창업할 때 창업보육센터에 입주하여 작업장과 기술제공, 경영지도 등 창업에 필요한 지원을 받을 수 있는 것으로 알고 있는데요, 창업보육센터와 관련한 정보는 어디에서 확인할 수 있나요?

A. 창업보육센터(business incubator)는 기술과 아이디어는 있으나, 제반 창업여건이 취약하여 사업화에 어려움을 겪고 있는 창업초기기업(예비창업자)을 일정기간 입주시켜 기술개발에 필요한 범용기기 및 작업장제공, 기술 및 경영지도, 자금지원 등 창업에 필요한 종합적인 지원을 하는 사업을 말합니다. 현재 창업보육센터네트워크시스템(www.smes.go.kr/binet-dev/)에서는 이러한 창업보육 관련하여 기술개발부문, 경영부문, 행정부문, 자금부문 등의 지원 프로그램을 제공하고 있습니다.

중소 · 벤처기업 창업: 창업보육센터

Q. 창업보육센터란 무엇이며, 창업보육센터에 입주하게 되면 어떠한 지원을 받을 수 있나요?

A. "창업보육센터"란 창업의 성공 가능성을 높이기 위하여 창업자에게 시설·장소를 제공하고 경영·기술 분야에 대하여 지원하는 것을 주된 목적으로 하는 사업장을 말합니다. 창업기업은 창업보육센터에서 일정한 시설과 장소를 제공받을 수 있으며, 기술의 공동연구·개발 및 지도·자문, 자금의 지원·알선, 경영·회계·세무 및 법률에 관한 상담 등 창업 및 성장에 필요한 각종 지원을 받을 수 있습니다.

◇ 창업보육센터 입주대상자

☞ 보육센터에 입주할 수 있는 창업기업 또는 예비창업자는 새로이 중소기업을 설립하려는 자이거나 입주 신청일 현재 중소기업을 창업하여 사업을 개시한 날로 부터 3년이 경과되지 않은 기업입니다.

◇ 입주자 선정기준

☞ 보육센터가 특화분야를 육성하려는 경우에는 해당 분야의 입주신청자를 우대할 수 있습니다.

☞ 보육센터 입주 신청자가 다른 보육센터에 입주한 경력이 있을 경우에는 입주가 거부될 수 있습니다.

☞ 보육센터는 장기복무 제대군인, 교수·연구원 창업기업, 대학(원)생 및 정부에서 실시하는 창업지원사업에 참여한 (예비)창업자, 숙련기술인 등 체계적인 창업보육이 필요하다고 인정되는 대상에 대해 입주자 선정 시 우대할 수 있습니다.

3. 그 밖의 창업지원

1) 대학창업 교육체제 구축

(1) 창업교육 인프라 조성

- 중소기업창업자는 창업분야 전문인력 양성을 위해 지정된 창업 대학원에서 창업교육 프로그램을 활용한 창업지원을 받을 수 있습니다.
- 전국 대학이 창업 친화적인 제도 및 교육과정을 구축·운영함으로써 창업을 희망하는 학내 구성원을 효과적으로 지원할 수 있도록, 우수대학(권역별 거점대학)의 교육자원 및 전문성을 공유·확산을 도모합니다.

(2) 지원내용

권역별 수행대학을 선정하여 대학별 컨설팅, 교·직원 지도역량 강화 연수, 창업교육 콘텐츠 개발 등의 지원을 합니다.

2) 창업동아리 활동비 지원

(1) 창업동아리 지원

중소벤처기업부장관은 대학(원)생 및 고등학생의 창업연구와 창업아이템개발 등 구체적인 창업활동을 지원하기 위하여 대학(원)교 및 고등학교의 창업동아리를 지정하여 창업지원자금을 지원할 수 있습니다.

(2) 활동비 지원 신청

중소벤처기업부장관은 창업활동 촉진 및 정보교류를 위하여 창업동아리 간에 구성된 동아리연합회에 대하여 그 활동에 필요한 비용을 지원할 수 있으며, 지정된 창업동아리는 창업아이템개발 등 창업활동에 필요한 창업지원자금을 중소벤처기업부장관에게 신청할 수 있습니다.

3) 그 밖의 창업지원 사업

(1) 창업지원사업계획

 - 중소기업벤처부는 창업을 돕고 창업초기의 성공률제고를 위해 창업지원사업계획을 3년마다 중소기업정책심의회의 심의를 거쳐 공고하고 있습니다.

 - 중소벤처기업부장관은 창업지원계획에 따라 연도별로 창업을 촉진하고, 창업자의 성장·발전을 위한 시행계획을 수립·시행해야 합니다.

제2절 창업자금 및 보증 지원

1. 창업지원 자금

1) 중소기업 창업기업지원자금

(1) 창업 중소기업에 대한 자금 지원

중소벤처기업부 등 정부에서는 성공적인 창업과 지속적인 성장을 지원하기 위하여 매년 정부창업지원사업을 공고하고 있습니다.

(2)중소벤처기업부 소관 중소기업 정책자금 융자계획의 공고

「중소기업진흥에 관한 법률」 제67조 및 「중소기업창업 지원법」 제4조에 따라 중소벤처기업부에서는 중소기업 창업 관련 자금지원을 위해 매년 중소벤처기업부 소관 『 중소기업 정책자금 융자계획』을 공고하고 있습니다.

2) 2021년 중소기업 정책자금 융자대상 및 조건

(1) 융자대상

「중소기업기본법」 제2조에 따른 중소기업으로 합니다.

(2) 융자범위

시설자금과 운전자금으로 구분하여 융자합니다.

(3) 융자한도 및 금리
- 개별기업당 융자한도는 중소벤처기업부 소관 정책자금의 융자 잔액 기준으로 60억원(수도권을 제외한 지방소재기업은 70억원) 까지이며, 예외적으로 최대 100억원 이내에서 지원됩니다.
- 정책자금 기준금리[분기별 변동금리, 중소벤처기업진흥공단 홈페이지(http://www.kosmes.or.kr)에 공지]에 자금종류, 기업별 신용위험등급, 담보종류, 우대조건 등에 따라 금리를 차등 적용할 수 있습니다.

(4) 융자방식

중소벤치기업진흥공단(이하 "중진공"이라 함)에서 융자신청 및 접수
하여 융자대상 결정 후 중진공(직접대출) 또는 금융회사(대리대출)
에서 신용, 담보부 대출합니다.

(5) 융자절차

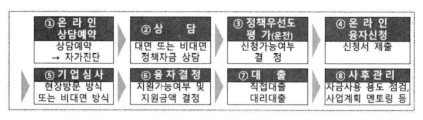

창업지원자금

Q. 중소 · 벤처기업 창업 시 지원받을 수 있는 창업지원자금에는 무엇이 있나요?

A. 중소·벤처기업을 창업하려는 자는 정책자금을 지원받을 수 있습니다. 이를 위해 중소벤처기업부에서는 중소기업 창업 관련 자금지원을 위해 매년 『중소벤처기업부 소관 중소기업 정책자금 융자계획』을 공고하고 있습니다.

◇ 2021년도 중소기업 정책자금 융자

☞ 「중소기업기본법」 상의 중소기업에게 시설자금과 운전자금으로 구분하여 융자합니다.

☞ 개별기업당 융자한도는 중소벤처기업부 소관 정책자금의 융자잔액 기준으로 60억원(수도권을 제외한 지방소재기업은 70억원) 까지이며, 예외적으로 최대 100억원 이내에서 지원됩니다.

창업시 자금지원을 받고 싶습니다.

Q. 창업하려 하는데 자금이 부족합니다.자금지원을 받으려면 어떻게 해야하나요?

A. 정부의 정책자금 및 보증기관의 보증의 경우 예비창업자도 최종 대출 및 보증심사시 사업자등록이 필요하므로 사업자 등록을 먼저 하셔야 합니다.

아울러 창업자금이 필요할 경우 보통 정책자금(중소기업진흥공단) 및 신용보증기금을 일반적으로 이용할 수 있으나, 음식점업은 대출 및 보증대상 업종이 아니라 지원을 받을 수 없습니다. 따라서 지원을 받으실 수 있는 자금이 제한적입니다. ○ 지원제도 : 소상공인정책자금(중소기업청 소관) ○ 지원자격 : 중소기업청장이 정한 교육 이수 또는 자영업 컨설팅을 받은 후 6개월이 경과한 소상공인 - 교육이수 방법 : 가까운 소상공인지원센터에서 교육 이수(20시간 이상) * 소상공인센터 찾는 법: 소상공인진흥원(콜센터 전화 ☎1588-5302), 거주지인 종로구는 중부센터(☎02-720-4711) ○ 지원절차 : 소상공인지원센터 교육 이수 → 소상공인지원센터 상담후 추천서 발급→ 서울신용보증재단(1577-6119)에서 심사후 보증서 발급 → 취급은행(19개)에서 대출 ○ 대출한도 : 5천만원 이내(지역신용보증재단 심사결과에 따라 한도 금액이 다름) ○ 대출금리 : 변동금리 ('12.1분기 3.55%) ○ 대출기간 : 5년 이내(1년 거치 후 4년간 대출금액의 70%는 3개월(또는 1개월)마다 균등 분할 상환하고, 30%는 상환기간 만료시에 일시 상환 다른 궁금하신 사항이 있으시면 언제든지 연락(☎ 042-481-4454, jsy@smba.go.kr)을 주시기 바랍니다. 귀하의 무궁한 발전을 기원합니다.

중소기업 자금지원관련 문의

Q. 저는 영세기업을 운영하고 있는 자영업자입니다...신용보증 한도를 늘리고 중소기업을 지원한다는 내용은 너무나 좋은 내용이지만 10억미만의 영세 자영업자들은 대출받기가 하늘의 별따기입니다...신용자료부터 이것저것 요구사항이 너무나 많고 신보나 기보에서 보증을 받고자 하면 꼭 하나씩은 결격사유에 걸리고 맙니다.

A. O 신용보증기관은 신용보증기금(주요대상 : 제조업 등 일반 중소기업), 기술신용기금(주요대상 : 기술력 우수기업), 신용보증재단(주요대상 : 소기업,소상공인) 이 있습니다.

* 소기업 : 종업수 10인 미만 업체 (제조·건설·운송·광업 : 50인 미만)

소상공인 : 종업원수 5인 미만 업체 (제조·건설·운송·광업 : 10인 미만)

- 참고로 지역신용보증재단(이하 '지역신보')의 보증서 발급은 담보력이 미약한 소기업,소상공인 등에 대한 보증지원을 하는 제도입니다. 한정된 재원이 효율적으로 활용하기위해 기본적인 사항(금융기관 연체여부, 신용정보 파악 등)을 파악한 후 보증 지원을 결정하고 있습니다. 이와 같은 절차는 보증인 만큼 반드시 거쳐야하는 기본 절차임을 양지하여 주시면 감사하겠습니다.

O 귀하와 통화한 결과 중소기업진흥공단 창업자금이 필요할것으로 보여 설명드리겠습니다.

- 중소기업진흥공단 창업자금은 업력이 3년미만인 업체의 비재무적인 평가를 통해 지원되며 매달 1일부터 10일까지 중소기업진흥공단 지역본부에서 접수를 받습니다.

귀 업체의 경우 중소기업진흥공단 경기지역본부(tel : 031-259-7993)에 문의하시기 바랍니다.

*홈페이지 : http://www.sbc.or.kr/fund/venture_01.jsp

그 외 궁금하신 사항이 있으시면 중소기업청 콜센터(국번없이 1357)로 문의하시면 친절한 답변을 받으실 수 있습니다.

신용 대출

Q. 전문 건설업을 하고 있습니다. 수익률은 없지만 꾸준하게 일을 하고 있습니다. 새로운 공사도 있고 또한 대통령이 조그만 도우면 잘 살수있는 기업, 비가 올 때 우산을 뺏앗지 말아야지 란 희망 섞인 말을 가지고 많지 않는 자금(소상공인 한도내 자금)이 필요해서 신용 보증기금 문을 두드렸습니다. 필요한 서류 모든 것을 다 갔다 주고~ 현장실사를 한다 해서 요구한 서류 다 준비해서 보여 주고 무엇 보다도 통장 거래 내역을 확인 한다해서 통장까지 보여 주면서 T.V에서 보던 것같이 수사관 형식으로 자금 거래 내역에 대하여 확인~ 대출 받을수 있는 기관은 없는지요?

A. ○ 중소기업청 기업금융과입니다, 귀하께서 질의 하신 민원에 대하여 답변드리겠습니다.

○ 신용보증기관은 신용보증기금(주요대상 : 제조업 등 일반 중소기업), 기술신용기금(주요대상 : 기술력 우수기업), 신용보증재단(주요대상 : 소기업,소상공인) 이 있습니다.

* 소기업 : 종업수 10인 미만 업체 (제조·건설·운송·광업 : 50인 미만)

소상공인 : 종업원수 5인 미만 업체 (제조·건설·운송·광업 : 10인 미만)

○ 귀하의 질문내용인 소상공인지원자금에 대하여 말씀드리겠습니다.

○ 지역신용보증재단(이하 '지역신보')의 보증서 발급은 담보력이 미약한 소기업,소상공인 등에 대한 보증지원을 하는 제도입니다. 그리고 현재 지역신보에서는 특례신용보증을 실시중에 있습니다.특례신용보증은 한정된 재원이 효율적으로 활용되고, 비정상적인 손실이 발생되지 않도록 기본적인 사항(금융기관 연체여부, 신용정보 파악, 재무상태 등)을 파악한 후 보증 지원을 결정하고 있습니다. 이와 같은 절차는 담보없이 시행하는 보증인 만큼 반드시 거쳐야하는 기본 절차임을 양지하여 주시면 감사하겠습니다.

참고로 자세한 상담은 경기신용보증재단 (031)259-7700 을 이용하시기 바랍니다.

그 외 궁금하신 사항이 있으시면 중소기업청 콜센터(국번없이 1357)로 문의하시면 친절한 답변을 받으실 수 있습니다.

정책자금 지원의견

Q. 신용재단에 보증서를 발급 받기위해 갔으나 신용등급이 낮다는 이유로 거절당하였습니다. 신용등급이 높은 사람에게만 지원하는 것은 불합리하다고 생각됩니다. 힘들게 개발이 완료되어 완성단계에 있는데, 자금부족으로 보증서를 발급받으려다 거절당하였습니다. 다른 방법이 없을까요?

A. O 신용보증기관은 신용보증기금(주요대상 : 제조업 등 일반 중소기업), 기술신용기금(주요대상 : 기술력 우수기업), 신용보증재단(주요대상 : 소기업,소상공인) 이 있습니다.

* 소기업 : 종업수 10인 미만 업체 (제조·건설·운송·광업 : 50인 미만)

소상공인 : 종업원수 5인 미만 업체 (제조·건설·운송·광업 : 10인 미만)

- 참고로 지역신용보증재단(이하 '지역신보')의 보증서 발급은 담보력이 미약한 소기업,소상공인 등에 대한 보증지원을 하는 제도입니다. 한정된 재원이 효율적으로 활용하기위해 기본적인 사항(금융기관 연체여부, 신용정보 파악 등)을 파악한 후 보증 지원을 결정하고 있습니다. 이와 같은 절차는 보증인 만큼 반드시 거쳐야하는 기본 절차임을 양지하여 주시면 감사하겠습니다.

O 귀하가 문의하신 민원 검토결과 중소기업진흥공단 창업자금에 해당되시는것 같습니다.

- 중소기업진흥공단 창업자금은 업력이 3년미만인 업체의 비재무적인 평가를 통해 진행되며 매달 1일부터 10일까지 중소기업진흥공단 지역본부에서 접수를 받습니다.

귀 업체의 경우 중소기업진흥공단 인천지역본부(tel : 032-450-0500)에 창업자금에 대한 상담을 받으신후 진행하시길 바랍니다.

*홈페이지 : http://www.sbc.or.kr/fund/venture_01.jsp

그 외 궁금하신 사항이 있으시면 중소기업청 콜센터(국번없이 1357)로 문의하시면 친절한 답변을 받으실 수 있습니다.

소상공인 대출 문의

Q. 소상공인대출을 한다기에 신청을 하게되었습니다.작입예약이늘어남
에따라 장비와 차량구입목적으로 대출을 신청하게되었습니다.허나 공교
롭게도 사업자등록이 어머님앞으로 되어있어 부득이 어머님앞으로 신청
을 하였습니다.제가 신청할수없었던사유는 지난번사업실패로인하여 신용
이불량한관계입니다.어머님께서 비록연세높으시지만 사업자등록을가지고
계시니 지원해주실줄알았습니다.저희같은 신용불량자들은 재기의 희망
도 가질수없는건가요?너무나 답답하여 하소연해봅니다..

A. 지역신용보증재단은 담보력이 미약한 소기업·소상공인 등에 대한 보
증지원을 위해 설립되었으며 그 보증재원은 정부 및 지방자치단체의 출
연금으로 구성됩니다.

지역신보는 신용보증시 부동산담보취득 등 실익있는 물적담보나 인적담
보를 취득치 아니하고 있습니다.

따라서 보증신청기업의 신용위험파악은 보증지원 의사결정의 가장 주요
한 판단요소로서, 신용상태가 극히 악화되었다고 판단되거나 신용불량
자료 보유자에 대하여는 보증이 제한되고 있으며, 귀하처럼 모친 명의
로 사업자 등록을 하였더라도 상황은 같다고 할 수 있습니다.

지역신보가 한정된 보증재원을 효율적 안정적으로 운용하기 위해서 불
가피 한 것으로 판단됩니다.

요청을 해결해 드리지 못해서 안타깝게 생각합니다.

자금지원 요청

Q. 안녕하세요. 저는 함안군 에서 OO산업을 운영하는 사업자입니다저희 업체는 일군 업체에서 수주하여 하청받아서 생산하는 하도급 업체 입니다생산 품목은 산업용 보일러 건축용철골 조선기자재 등의 item을 생산합니다요즘 원자재비 120%인상 유료비 기타잡자재비 등의 인상으로 너무 힘들고자금난에 어려움을 겪고있습니다은행 기술및신용보증기금 등은 기업을이용 투기나 타용도로 사용자기배를채우는 기업에게 지원을 아끼지않고 정말자금이 꼭 필요한 업체에게는칼날의 잣대로 평가하여 지원하지않는 현실이 정말로 야속합니다대통령님 모든 백성이 골고루 잘먹고 잘살아야하는게 우리의 꿈인지는 모르지만20명의 직원이 자금 1억 2억을 못구하여 공장을할것인가 말것인가를 고민하고위와 같은 현실을보면서 직원에게 사장으로 미안하고 가슴아파 미치겠습니다대통령님 쫌 도와주십시요 열심히 일하는 우리직원 살려주십시요 눈물로 호소합니다

A. 원자재값 상승 등으로 중소기업 자금 사정이 급격히 어려워지는 경제환경 속에서

회사 운영에 노고가 많으십니다.

사장님께서 "국민 신문고"를 통해 제기한 민원에 대하여 아래와 같이 답변 드립니다.

귀사는 산업용 보일러, 건축용 철골 등을 생산하는 업체로서 원자재 가격 급등에 따른

자금난 해소를 요청 하셨습니다.

정부에서는 중소기업의 창업 및 경쟁력 강화를 지원하기 위해 정책자금 융자지원 제도을

운영하고 있습니다. 동 제도를 활용하고자 하는 기업은 자금신청→1차평가→2차평가→

지원여부결정→채권보전→대출이라는 일련의 정책자금 지원절차를 거치

도록 제도화

되어 있습니다.

귀사는 '06. 4월에 회사를 설립해 공장등록이 돼 있고, 융자제한 (세금체납, 연체 등)에

해당하지 않으면 정책자금 중 '중소·벤처창업자금' 신청 대상에 해당되리라 생각 됩니다.

(금년 창업자금은 다 소진되어 지금은 신청할 수 없지만, 향후 추가 자금 조성을 위해 협의 중)

o 중소·벤처창업자금 : 업력 5년 미만의 제조업 등을 영위하는 기업에 지원

- 시설자금 : 시설구입 및 사업장 확보자금(임차, 건축, 매입) 등

- 운전자금 : 기술개발비용, 제품생산 등에 소요되는 비용

- 대출 기준금리는 5.10%(변동금리), 운전자금의 경우 대출기간은 5년 이내

(거치기간 2년 포함), 대출한도는 5억원 이내

- 융자지원방식 : 창원 소재 중소기업진흥공단 경남지역본부

(055-212-1379)의 상담→신청·접수→평가 등을 통하여 대출결정

따라서 상위 자금에 대해 상담을 권해 드리며, 귀사가 빠른 시일내에 자금 애로가

원만히 해결되시기를 기원 합니다.

소상공인창업 대출

Q. 청주에서 작은 식당하나도 개업을 하는 것은 너무나 힘에 부치도록 힘들었습니다. 어렵사리 개업을하고 지인에게서 대출받은것은 소상공인 창업대출이 있다고 해서 그것으로 빚을 갚으려고 했느데 한달에 두번 밖에 없는 휴일에 찾아간 신용보증센터에서 들은이야기는 청천벽력이었습니다. 가게 사업자는 남편인데 배우자인 저의 주민번호를 확인하더니 대출 심사기준조차 안된다는 것이었습니다.저는 지금의 남편과 는 재혼한지 불과 4년 밖에 안되는데 ....전남편때문에 신용이 안좋은것도 아직까지 제가 책임을 져야 하나요?...........

A. ㅁ 각 지역신용보증재단에서는 평가업무시 사업자등록증상 배우자로 되있다하더라도 부부가 같이 공동운영하는것으로 보고있는것으로 알고 있습니다. 우리청에서는 각 지역신용보증재단에 가급적 연대보증하지않도록 요청하고 있으나 지역신보측에서는 한정된 보증재원을 안정적으로 사용하기 위해서 어쩔수 없는 상황이라합니다. 그리고 중소기업청에서는 신용불량자는 아니지만 신용불량위기에 몰려있는 자영업자(노점상 포함)를 위해 배우자신용과 관계없는 '금융소외 자영업자 특례보증'을 1.12 부터 한시적으로 시행하고 있으며 지원대상은 아래와 같습니다.

* 또한 중소기업청에선 각 신용보증재단에 보증지원자격을 지속적으로 완화할것을 요청하고 있으며 이를 감안하여 향후 보증지원정책수립을 위해 노력하고 있습니다

'금융소외자영업자 특례보증'(300~500한도) 지원자격이 되시면 새마을금고 콜센터(tel : 1599-9000 --> 0 --> 주민번호 --> 5)에 문의하시어 접수받는 새마을금고를 안내받아 진행하시기 바랍니다.

ㅇ 무등록 사업자 (사업자등록증없는경우)

(제출서류 : 신청서(새마을금고 방문 작성), 무등록소상공인 확인서, 주민등록등본, 금융거

래확인서, 거주주택임차계약서 사본(임차인 경우만))

* 금융거래확인서 : 보증신청일 현재 대출잔액이 가장 많은 금융기관에 방문하여 확인서

신청, 단 대출잔액이 금융기관별 10백만원 미만인 경우 생략(예: A은행 대출잔액 5백만

원, B은행 대출잔액 7백만원인 경우에는 금융거래확인서 생략)

○ 저신용 사업자 : 신용등급이 9등급 이하인 등록 사업자 (사업자등록증 있는경우)

(제출서류 : 신청서(새마을금고 방문 작성), 사업자등록증 사본, 주민등록등본, 금융거래확

인서, 사업장임차계약서 사본(임차인 경우만), 거주주택임차계약서 사본(임차인 경우만))

* 금융거래확인서 : 보증신청일 현재 대출잔액이 가장 많은 금융기관에 방문하여 확인서

신청, 단 대출잔액이 금융기관별 10백만원 미만인 경우 생략(예: A은행 대출잔액 5백만

원, B은행 대출잔액 7백만원인 경우에는 금융거래확인서 생략)

□ 보증제한 대상

① 신용불량자, 금융기관 연체자 등 재보증업무방법서 제12조의 재보증제한 대상자

② 본건 특례보증을 받은 자의 배우자 또는 보증잔액이 있는자

③ 무점포 사업자로의 사업사실 확인이 불가능한 자

④ 가로정비구역등 지자체에서 노점영업행위에 대한 규제를 강화하는 구역내의 무점포사업자

2. 신용보증 및 지급보증

1) 신용보증기금의 신용보증

(1) 개요

신용보증은 담보 능력이 부족한 기업에 대하여 KODIT 신용보증기금이 기업의 신용도를 심사하여 신용보증서를 제공함으로써 금융회사로부터 대출을 받을 수 있도록 하는 제도입니다.

(2) 중소기업 등에 대한 우선적 신용보증

신용보증기금은 담보력이 미약한 중소기업과 수출지원금융자금, 기업의 생산성 향상에 기여하는 등 국민경제상 특히 필요한 자금에 대해 우선적으로 신용보증을 해줍니다.

(3) 창업기업 대상 보증상품

신용보증기금에서는 창업초기기업의 성장단계별로 "예비창업보증→신생기업보증→창업초기보증→창업성장보증"으로 구분하여 지원하는 맞춤형 보증 프로그램인 ① 유망창업 성장지원프로그램과 창업 후 5년 이내의 창조적 아이디어와 기술력을 보유한 유망창업기업 중 미래 성장성이 기대되는 핵심 창업기업을 별도로 발굴·선정하여 최대 30억까지 보증을 지원하고 각종 우대도 최고 수준으로 지원하는 제도인 ② 퍼스트펭귄형 창업기업 보증 상품을 두고 있습니다.

　－ 유망창업 성장지원프로그램

※ [유망창업기업 성장지원 프로그램 구성체계]

구분	예비창업보증	신생기업보증	창업초기보증	창업성장보증
지원대상	창업전 6개월	창업후 3년내	창업후 3~5년	창업후 5~7년
보증한도	10억원(시설포함)	10~20억원	30억원	30억원
보증료	0.7%p 차감	0.4%p 차감	0.3%p 차감	0.3%p 차감
보증비율	100%	95~100%	95%	90%
비금융지원	경영컨설팅 필요시 지원			

- 퍼스트펭귄형 창업기업 보증

구분		1차년도	2차년도	3차년도
업력		창업 후 5년내		
대상기업		제조업 또는 신성장동력산업 영위기업, 유망서비스 부문 대상 업종 중 신보의 "퍼스트펭귄기업 창업유형별 평가"결과 80점 이상		
보증한도	총한도	총지원 가능한도 30억원		
	Credit Line 신규설정	3년간 지원한도 → Min(30억원, 3년차 추정매출액×1/2)		
	Credit Line 연차별 한도	Min(20억원, 1년차 추정매출액, 소요자금)	Min(25억원, 2년차 추정매출액)	Min(30억원, 3년차 추정매출액×1/2)
보증료율		0.7% 고정보증료율		
보증비율		100%	95%	90%
비금융지원		- 투자옵션부브증, 보증연계투자 요청시 우선 지원 - 유동화회사보증 취급시 편입·금리 우대 - 전문 경영컨설팅 및 Job-Matching 서비스 제공		

(4) 보증절차

신용보증기금으로부터 보증을 받으려는 중소·벤처기업 창업자는 다음의 절차에 따라 보증을 받을 수 있습니다.

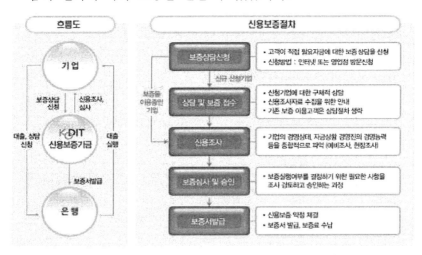

2) 지역신용보증재단의 신용보증

(1) 개요

지역신용보증재단 신용보증은 물적 담보력은 미약하나 사업성, 성장 잠재력, 신용 상태가 양호한 지역의 소기업이 금융기관으로부터 원활하게 자금조달을 받을 수 있도록 지역신용보증재단이 보증해 줌으로써 경영안정을 도모하고 지역경제 활성화에 기여하는 제도입니다.

(2) 소기업 및 특정 중소기업에 대한 우선적 신용보증

지역신용보증재단은 「중소기업기본법」 제2조제2항에 따른 소기업과 중소벤처기업부장관 또는 시·도지사가 지역경제의 활성화 또는 지역특화산업의 육성을 위해 필요하다고 인정하는 자금의 추천을 받은 중소기업에 대해서는 우선적으로 신용보증을 해줍니다.

(3) 신용보증 대상 및 채무의 범위

「중소기업진흥에 관한 법률」 제62조의15에 따른 지방중소기업육성계획에 해당되는 중소기업, 소기업, 소상공인 및 개인(이하 "소기업 등"이라 함)은 다음의 어느 하나에 해당하는 채무에 대해 지역신용보증재단 신용보증을 받을 수 있습니다.

① 소기업 등이 금융기관으로부터 자금의 대출·급부(給付) 등을 받음으로써 금융회사 등에 대해 부담하는 금전채무

② 소기업 등의 채무를 금융회사 등이 보증하는 경우 그 보증채무를 이행한 금융회사 등으로부터의 구상(求償)에 응해야 할 금전채무

③ 소기업 등이 부담해야 하는 국세 및 지방세

④ 소기업 등이 상거래에 수반하여 발행[인수 및 배서(背書)를 포함함]한 어음상의 채무와 상거래에 수반하여 취득한 어음에 자금융통 등을 위해 배서한 어음상의 채무

⑤ 소기업 등이 시설대여를 받음으로써 부담하는 채무

⑥ 소기업 등이 공사, 물품의 공급, 용역의 제공 등을 위한 계약

(입찰을 포함함)의 체결에 수반하여 부담하는 각종 보증금의 지급채무

⑦ 그 밖의 금전채무로서 중소벤처기업부장관이 정하여 고시하는 채무

(4) 보증절차

지역신용보증재단의 신용보증 이용 절차는 다음과 같습니다.

보증신청	가까운 지역신용보증재단을 방문합니다
신용조사	보증신청서가 접수되면 지역신용보증재단에서는 신청 기업에 대한 신용조사 자료를 수집하고 제출서류 진위 및 사업자 영업 현황을 확인합니다.
보증심사	기업의 신용도, 사업전망, 보증신청액수의 타당성 등을 종합적으로 검토합니다.
보증서발급	보증서가 발급되면 지역신용보증재단에서 개별적으로 연락을 해 줍니다. 이 보증서를 가지고 가까운 은행에 방문하면 담보가 없어도 쉽고 저렴하게 대출을 받는 것이 가능합니다.

3) 기술신용보증

(1) 개요

기술신용보증은 담보능력은 미약하나 우수한 기술력을 바탕으로 성실하게 노력하는 기업에게 기술보증기금이 기술보증서 또는 신용보증서를 발급해 줌으로써 해당 기업이 금융기관으로부터 손쉽게 자금을 지원받을 수 있도록 하는 제도입니다.

(2) 보증대상

"기술신용보증"이란 기술보증기금이 신기술사업자를 위해 다음의 금전채무를 보증하는 것을 말합니다.

① 「여신전문금융업법」에 따라 신기술사업금융업의 등록을 한 여신전문금융회사 또는 금융기관(이하 "금융회사 등"이라 함)으로부터 자금의 대출·급부 등을 받음으로써 금융회사 등에 대하여 부담하는 금전채무

② 「자본시장과 금융투자업에 관한 법률」 제119조에 따라 모집하는 사채

③ 기업의 채무를 금융기관이 보증하는 경우에 그 보증채무의 이행으로 인하여 구상에 응해야 할 금전채무

④ 납세, 어음의 발행 또는 유통, 공사·용역제공 등의 의무이행, 시설대여 등과 관련된 금전채무, 그 밖에 기업의 금전채무로서 중소벤처기업부장관이 정하는 것

※ "신기술사업자"란 다음의 어느 하나에 해당하는 사업(이하 '신기술사업'이라 함)을 영위하는 중소기업 및 신기술사업을 영위하는 기업으로서 상시 사용하는 종업원이 1천명 이하이고, 총 자산액이 1천억원 이하인 기업과 「산업기술연구조합 육성법」에 따른 산업기술연구조합을 말합니다.

① 제품개발 및 공정개발을 위한 연구사업

② 연구개발의 성과를 기업화·제품화하는 사업

③ 기술도입 및 도입기술의 소화개량사업

④ 다른 법령에 규정된 기술개발사업으로서 「기술보증기금법 시행령」 별표 1에서 정하는 사업

⑤ 그 밖에 생산성향상·품질향상·제조원가절감·에너지절약 등 현저한 경제적 성과를 올릴 수 있는 기술을 개발 또는 응용하여 기업화·제품화하는 사업

※ "금융회사"란 다음의 어느 하나에 해당하는 것을 말합니다.

① 「은행법」 제2조제1항제2호에 따른 은행

② 한국산업은행

③ 중소기업은행

④ 한국수출입은행

⑤ 「자본시장과 금융투자업에 관한 법률」에 따른 신탁업자

⑥ 농협은행

⑦ 수협은행

(3) 창업기업 대상 보증상품

창업기업을 대상으로 하는 보증상품에는 맞춤형 창업성장 프로그램, 기술창업기업 특례보증, 청년창업 특례보증이 있습니다.

창업기업 대상 보증상품				
구분	예비창업자 사전보증	맞춤형 창업성장 프로그램	마이스터 기술창업보증	청년창업기업 우대 프로그램
대상기업	창업준비단계에서기술평가를실시하여창업자금지원가능금액을제시, 창업즉시당초제시한창업자금보증지원. 창업정보를제공하는창업멘토링지원병행	창업후7년이내기업으로서맞춤형창업성장분야(지식문화산업, 이공계챌린저창업, 기술경력·뿌리창업, 첨단·성장연계창업)해당기업	경영주가신청기술분야5년이상의대·중견기업기술경력(연구기술또는기술생산분야)보유중이거나, 대·중견기업스핀오프창업기업으로우수기술(예비)창업기업추천받은기업중아래해당기업 재직중이거나퇴직한자로서, 창업예정인	창업후5년이내로, 경영주가만17~39세이하인기술창업기업

			예비창업자	
			대·중견기업 퇴직한자인 기업	
			6개월이내상 시근로자를 신규고용한 신기술사업 자인중소기 업	
보증대상 채무	창업초기소 요되는운전 자금(창업자 금등) 및시설자금(사업장임차 자금등)	창업 및 운영을 위한 운전자금, 사업장 임차자금 및 시설자금	창업 및 운영을 위한 운전자금, 사업장 임차자금 및 시설자금	창업 및 운영을 위한 운전자금, 사업장 임차자금 및 시설자금
보증지원 한도	−일반창업 CCC등급:1 억원, B,BB등급:3 억원, BBB등급·A등 급이상: 5억원 −전문가창업 CCC등급:1 억원, B,BB등급:3 억원, BBB등급: 7억원, A등급이상: 10억원	상담및기술 평가를통해 보증한도가 정해짐	같은기업당 기금보증금 액5억원이내. 다만, 창업후3년이 하인경우운 전자금3억원 이내, 시설자금포 함시5억원	보증금액3억 원이내
우대지원 사항	−100% 전액보증 −0.7%p	창업 후 1년 이내 100%)	90% 적용(창업후 1년 이내인	: 연0.3% 고정요율 적용

보증료감면	-보증료 창업 후 3년 이내: 0.4%p 감면(1억원까지 1.0% 고정 보증료율) 창업 후 7년 이내: 0.3%p 감면(1억원까지 1.0% 고정 보증료율)	경우 전액보증 운용가능) 항목 검토 완화 0.3% 감면 등	(창업후 5년 초과 및 경영주 나이 만 39세 초과시 산출 보증료율 적용) : 95% 적용 (창업후 1년 이내 기업 또는 보증금액 1억원이하는 100% 적용 가능)

(4) 보증절차

기술보증의 전반적인 보증절차 및 업무흐름은 다음과 같습니다.

단계별	취급자	주요내용
보증신청	신청기업	인터넷(홈페이지내 사이버영업점)에서 신청 (영업점 방문 신청도 가능)
예비검토	영업점 평가담당자	고객과의 면담결과에 따라 보증금지·제한 해당여부, 기보증액, 기술사업내용 등을 검토하여 계속진행 여부결정, 절차안내
접수/조사자료 수집	영업점 평가담당자	기술사업계획서 등 제출 (여타 필요서류는 고객의 동의를 받아 기금직원이 직접 수집)
기술평가	영업점 평가 담당자	신청기업으로부터 수집한 자료 등을 예비검토 후 현장평가를 실시하여 기술개발능력, 제품화 능력, 생산능력 등을 확인
심사·승인	영업점 심사 및 평가담당자	기업의 기술력, 사업전망, 경영능력, 신용상태 등을 종합적으로 검토 후 승인
보증서발급	영업점 평가담당자	보증약정후 전자보증서를 채권기관에 전자발송

신용보증 및 지급보증

Q. 중소·벤처기업 창업 시 담보능력이 부족하여 금융기관으로부터 대출을 받기가 힘듭니다. 국가에서 이를 보증해 주는 제도는 없나요?

A. 담보능력이 부족한 중소·벤처기업 창업자는 신용보증기금이 기업의 신용도를 심사하여 신용보증서를 제공함으로써 금융회사로부터 대출을 받을 수 있습니다.

자금지원 제도 안내요청

Q. 저희 회사는 중소기업으로서 지금 자금난으로 어려움을 겪고 있습니다. 중소기업 대출제도를 들은적이 있는데, 정확히 어떤 건지 잘모르겠습니다. 나라에서 해주는 대출제도로 알고 있습니다. 저희로선 매우 소중한 시기이므로 긍정적인 답변 부탁드리겠습니다.

A. 문의하신 내용과 관련하여, 정부에서는 담보력 부족 등으로 시중은행권 이용이 곤란하나 기술사업성이 우수한 중소기업에 대한 자금지원을 위해 정책자금 및 신용보증제도를 운용중에 있습니다.
정책자금의 경우 중소기업진흥공단으로 자금융자를 신청하시면 일정기준에 따른 평가 후 지원여부 결정이 이루어지며, 시설자금의 경우 통상 3년거치 5년이내 상환, 운전자금은 2년거치 3년이내 상환이며 금리는 평가등급 및 업력 등에 따라 차이가 있으나 통상 4%내외 수준이오니 참고하시기 바랍니다. 신용보증의 경우 신용보증기금, 기술보증기금 및 지역신용보증재단을 통해 심사 후 보증서를 발급해드리는 제도로 이 보증서를 통해 은행권에서 자금대출을 받으실 수 있으며, 은행 대출금리 외 보증요율 부담이 추가로 있음을 참고하시기 바랍니다.
또한 중소기업청 홈페이지 -> 지원사업 -> 융자/자금 페이지에서 자금 및 보증관련 제도가 안내되어 있사오니 참고하시기 바랍니다.

신용보증

Q. 소기업·소상공인 신용보증의 종류 및 보증심사 방법에 대해 간단하게 알려주세요

A. □ 제도개요
○ 지역신용보증재단을 통하여 신용상태가 양호하지만 담보력이 취약한 지역내 소기업 및 소상공인에 대한 신용보증 지원으로 창업 및 경영안정 지원
○ 지역재단 현황 : 16개 시도에 16개 재단
- 경기(수원), 경남(창원), 광주(광주), 대구(대구), 대전(대전), 부산(부산), 인천(인천)
- 충남(아산), 충북(청주), 강원(춘천), 서울(서울), 경북(대구), 울산(울산), 전남(순천)
- 전북(전주), 제주(제주)

□ 보증의 종류
○ 대출보증, 지급보증의 보증, 어음보증, 제2금융보증, 무역어음 인수담보보증, 수출지원자금대출보증, 시설대여보증, 이행보증 등
※ 신용보증재단에 따라 다소 차이가 있음
□ 보증 한도
○ 동일 기업당 최고 8억원
□ 보증료 : 보증금액의 0.5%~2%(재단 및 보증의 종류에 따라 다소 차이가 있음)
□ 보증심사 방법 : 사업성, 경영능력, 경쟁력, 금융거래상황, 재무상태 및 지급능력 등
□ 신청시 구비서류 : 신용보증신청서, 재무제표, 금융거래확인서 등
□ 신청,접수 : 전국 각 지역신용보증재단(문의:국번없이 1588-7365)

신용보증제도에 관하여 질문

Q. 소상공인 @@가방 제조업 을 운영하면서 이번 정부 정책에 대하여 신용보증제도에 관하여 질문드립니다 저는 세금이 체납된 상태에서 분납하면서 운영하고 있습니다 기존에 신보 자금을 쓰고 있읍니다만 조금더 쓰고 십으나 체납이 있으니 정리하고 추가 증액을 하라고 합니다 열심히 장사하면서 갚아 가면서 사업을 할수있도록 도와주시면 감사하겠읍니다

A. ㅇ 귀하의 질의에 대해서 답변드리겠습니다.
- 지역신용보증재단의 보증서 발급은 담보력이 미약한 소기업,소상공인 등에 대한 보증지원을 하는 제도입니다. 한정된 재원을 효율적으로 활용하기위해 기본적인 사항(금융기관 연체여부, 신용정보 파악 등)을 파악한 후 보증지원을 결정하고 있어 모든분들에게 혜택이 돌아가지는 않습니다. 이와 같은 절차는 보증인 만큼 반드시 거쳐야하는 기본 절차임을 양지하여 주시면 감사하겠습니다.
- 보증재원은 세금으로 운영되는것이므로 귀하의 경우처럼 세금이 체납된 상태에서는 보증지원을 받으실수 없으십니다.
ㅇ 귀 업체의 번창을 기원합니다. 실질적인 도움을 주지못하여 미안합니다.

소상공인 대출 문의

Q. 저는 경제적인 불황 가운데 어렵게 살아가고 있는 소상공인 입니다. 어려운 사업에 대출을 부탁드립니다.

A. 자영업자 특례보증을 취급하는 지역신용보증재단은 지방자치단체에서 중소기업청의 허가를 받아 설립한 법인으로서 16개 시도별로 약간씩 다른 기준으로 운영되고 있으며 중소기업청에서 세부 업무처리 사안에 대한 지시`감독권은 갖고 있지 아니합니다.

귀하와 같은 경우도 타 지역 신용보증재단에서는 수용이 가능한 곳도 있습니다만 강원신용보증재단의 운용방침상 지원이 곤란하다는 답변을 들었습니다.

귀하의 요청을 해결해 드리지 못해 안타까운 마음입니다.

중소기업청에서는 강원신용보증재단에 귀하와 같은 경우에 대한 보증기준의 완화를 재차 요청할 계획입니다.

귀하의 건승을 기원합니다.

1. 창업기업에 대한 세금혜택 등

1) 중소기업 등에 대한 세액 감면

(1) 소득세 및 법인세의 감면

- 2021년 12월 31일 이전에 수도권과밀억제권역 외의 지역에서 창업한 중소기업(이하 "창업중소기업"이라 함)과 창업보육센터사업자로 지정받은 내국인에 대해서는 해당 사업에서 최초로 소득이 발생한 과세연도(사업 개시일부터 5년이 되는 날이 속하는 과세연도까지 해당 사업에서 소득이 발생하지 않는 경우에는 5년이 되는 날이 속하는 과세연도를 말함)와 그 다음 과세연도의 개시일부터 4년 이내에 끝나는 과세연도까지 해당 사업에서 발생한 소득에 대한 소득세 또는법인세에 다음의 구분에 따른 비율을 곱한 금액에 상당하는 세액을 감면합니다.

① 수도권과밀억제권역 외의 지역에서 창업한 「조세특례제한법 시행령」으로 정하는 청년창업중소기업의 경우: 100분의 100

② 수도권과밀억제권역에서 창업한 청년창업중소기업 및 수도권과밀억제권역 외의 지역에서 창업한 창업중소기업의 경우: 100분의 50

③ 창업보육센터사업자의 경우: 100분의 50

- 벤처기업 중 「조세특례제한법 시행령」 제5조제4항에 따른 기업으로서 창업 후 3년 이내에 2021년 12월 31일까지 벤처기업으로 확인받은 기업(이하 "창업벤처중소기업"이라 함)의 경우에는 그 확인받은 날 이후 최초로 소득이 발생한 과세연도(벤처기업으로 확인받은 날부터 5년이 되는 날이 속하는 과세연도까지 해당 사업에서 소득이 발생하지 않는 경우에는 5년이 되는 날이 속하는 과세연도)와 그 다음 과세연도의 개시일부터 4년 이내에 끝나는 과세연도까지 해당 사업에서 발생한 소득에 대한 소득세 또는 법인세의 100분의 50에 상당하는 세액을 감면합니다.

(2) 인지세 면제

「중소기입창입 지원법」에 따른 창입자(「중소기입창입 지원법」 제3 조의 업종을 창업한 자만 해당함)가 창업일부터 2년 이내에 해당 사업과 관련하여 「금융실명거래 및 비밀보장에 관한 법률」 제2조 제1호에 기재된 은행 등의 금융기관으로부터 융자를 받기 위하여 작성하는 증서, 통장, 계약서 등에 대해서 인지세를 면제합니다. 이 러한 인지세의 면제는 2021년 12월 31일까지 작성하는 과세문서 에만 적용됩니다.

(3) 농어촌특별세 면제

「조세특례제한법」에 따라 창업중소기업에 대하여 소득세, 법인세를 감면하는 경우에는 농어촌특별세가 부과되지 아니합니다.

(4) 대체산림자원조성비 감면

「중소기업기본법」 제2조에 따른 중소기업이 그 창업일부터 5년 이 내에 「중소기업창업 지원법」 제33조에 따라 사업계획의 승인을 받 아 설립하는 공장에 대해서는 대체산림자원조성비가 감면될 수 있 습니다.

2) 중소기업 등에 대한 각종 부담금의 면제
(1) 부담금 면제제도

「통계법」 제22조제1항에 따라 통계청장이 작성·고시하는 「한국표준 산업분류」(통계청 고시 제2017-13호, 2017. 1. 13. 발령 2017. 7. 1. 시행)상의 제조업을 영위하기 위하여 중소기업을 창업하는 자는 사업을 개시한 날부터 3년 동안 다음의 부담금을 면제받습니다.

① 지방자치단체 공공 시설수익자 분담금: 지방자치단체의 재산 또 는 공공시설의 설치로 이익을 받는 자에게 부과되는 부담금
② 농지보전부담금: 사업자가 농지를 농지 외의 용도로 전용 시 부 과되는 부담금
③ 대체초지조성비: 중소기업이 창업을 위해 초지를 전용하는 경우

부과되는 부담금

④ 전력산업기반부담금: 중소기업에게 사용하는 전기요금의 37/1,000
에 해당하는 금액이 부과되는 부담금

⑤ 대기배출 기본부과금: 대기오염물질을 배출하는 사업자에게 배
출허용기준 이하로 배출하는 오염물질에 부과되는 부과금(대기
오염물질배출량의 합계가 연간 10톤 미만인 사업장에 한함)

⑥ 수질오염물질배출 기본부과금: 중소기업이 배출하는 폐수 중 수
질오염물질이 배출허용기준 이하로 배출되나, 방류수 수질기준
을 초과하는 경우 부과되는 부과금(1일 폐수배출량이 200㎥ 미
만인 사업장에 한함)

⑦ 폐기물부담금: 폐기물 관리상의 문제를 초래할 가능성이 있는
제품·재료·용기의 제조업자 또는 수입업자에게 부과되는 부담금
(연간 매출액이 20억원 미만인 제조업자에 한함)

⑧ 물이용부담금: 4대강 수계(한강, 금강, 낙동강, 영산강·섬진강
수계) 상수원의 용수를 공급받는 사업자에게 부과되는 부담금

⑨ 대체산림자원조성비: 산지전용과 산지일시사용에 따른 대체산림
자원 조성에 드는 비용

⑩ 교통유발부담금: 교통혼잡의 원인이 되는 시설물의 소유자로부
터 매년 부과·징수되는 부담금

⑪ 지하수이용부담금: 지하수를 개발·이용하는 자에게 지하수이용
부담금을 부과·징수되는 부담금

⑫ 특정물질 제조·수입 부담금: 제조업자와 수입업자에게 특정물질
제조·수입 부담금을 부과·징수되는 부담금

⑬ 해양심층수이용부담금: 해양심층수를 구입하는 자에 대하여 해
양심층수이용부담금을 부과·징수되는 부담금

창업 시 세금혜택

Q. 중소기업을 창업할 때 어떤 세금혜택을 받을 수 있나요?

A. 중소기업 창업을 하는 경우 일정한 조건을 충족하면 소득세, 법인세, 인지세, 농어촌특별세 등을 감면받을 수 있습니다.

◇ 중소기업 등에 대한 세액 감면

☞ 2021년 12월 31일 이전에 수도권과밀억제권역 외의 지역에서 창업한 중소기업(이하 "창업중소기업"이라 함)과 창업보육센터사업자로 지정받은 내국인에 대해서는 해당 사업에서 최초로 소득이 발생한 과세연도(사업 개시일부터 5년이 되는 날이 속하는 과세연도까지 해당 사업에서 소득이 발생하지 않는 경우에는 5년이 되는 날이 속하는 과세연도를 말함)와 그 다음 과세연도의 개시일부터 4년 이내에 끝나는 과세연도까지 해당 사업에서 발생한 소득에 대한 소득세 또는법인세에 다음의 구분에 따른 비율을 곱한 금액에 상당하는 세액을 감면합니다.

· 수도권과밀억제권역 외의 지역에서 창업한 「조세특례제한법 시행령」으로 정하는 청년창업중소기업의 경우: 100분의 100

· 수도권과밀억제권역에서 창업한 청년창업중소기업 및 수도권과밀억제권역 외의 지역에서 창업한 창업중소기업의 경우: 100분의 50

· 창업보육센터사업자의 경우: 100분의 50

☞ 「중소기업창업 지원법」에 따른 창업자(「중소기업창업 지원법」 제3조의 업종을 창업한 자만 해당함)가 창업일부터 2년 이내에 해당 사업과 관련하여 「금융실명거래 및 비밀보장에 관한 법률」 제2조제1호에 기재된 은행 등의 금융기관으로부터 융자를 받기 위하여 작성하는 증서, 통장, 계약서 등에 대해서 인지세를 면제합니다.

· 이러한 인지세의 면제는 2021년 12월 31일까지 작성하는 과세문서에만 적용됩니다.

☞ 「조세특례제한법」에 따라 창업중소기업에 대하여 소득세, 법인세를 감면하는 경우에는 농어촌특별세가 부과되지 아니합니다.

공장공장설립시 부담금 면제 대상 문의입니다.

Q. 상시종업원수가 50인 이하이며 소기업입니다.기존공장의 건축 면적이 728제곱미터이며, 수도권 외의 지역에 270제곱미터의 공장을 증축하는 경우 부담금 면제 대상이 되나요?

A. 상시종업원수가 50인 이하인 제조업을 영위하는 소기업으로써 공장의 건축 면적이 728제곱미터인 기존공장에 수도권 외의 지역에서 270제곱미터의 공장을 증축하는 경우 "소기업 및 소상공인을 위한 특별조치법" 제4조의 공장설립에 관한 특례 대상에 해당되어 부담금을 면제 받을 수 있습니다.
무궁한 발전을 기원합니다.

2. 창업자금 사전상속 과세특례

1) 창업자금 사전상속 개요

"창업자금 사전상속제도"란 18세 이상인 자가 중소기업을 창업할 목적으로 60세 이상의 부모로부터 토지·건물 등의 재산을 제외한 재산을 증여받는 경우 증여세 등을 감면해 주는 제도를 말합니다.

2) 특례적용 대상자 및 창업중소기업의 범위

(1) 특례적용 대상자

창업자금 사전상속제도에 따라 과세특례를 적용받으려면 18세 이상인 자가 중소기업을 창업할 목적으로 60세 이상의 부모(증여 당시 아버지나 어머니가 사망한 경우에는 그 사망한 아버지나 어머니의 부모를 포함함. 이하 같음)로부터 재산을 증여를 받아야 합니다.

(2) 창업중소기업의 범위

위 창업중소기업은 「조세특례제한법」 제6조제3항 각 호에 따른 업종을 영위하는 중소기업을 말합니다.

(3) 창업의 범위

창업은 새롭게 사업을 시작하는 것을 말합니다. 이 경우 사업을 확장하는 경우로서 사업용자산을 취득하거나 확장한 사업장의 임차보증금 및 임차료를 지급하는 경우는 창업으로 보며, 다음의 어느 하나에 해당하는 경우에는 실질적인 창업으로 보기 어려워 이를 증여특례규정이 적용되는 창업으로 보지 않습니다.

① 창업자금을 증여받은 후 2년 이내에 창업을 하지 않은 경우
② 합병·분할·현물출자 또는 사업의 양수를 통하여 종전의 사업을 승계하거나 종전의 사업에 사용되는 자산을 인수 또는 매입하여 동종의 사업을 영위하는 경우
③ 거주자가 하던 사업을 법인으로 전환하여 새로운 법인을 설립하는 경우

④ 폐업 후 사업을 다시 개시하여 폐업전의 사업과 같은 종류의 사업을 하는 경우

⑤ 다른 업종을 추가하는 등 새로운 사업을 최초로 개시하는 것으로 보기 곤란한 경우

⑥ 창업자금을 증여받기 이전부터 영위한 사업의 운용자금과 대체 설비자금 등으로 사용하는 경우

※ 창업자금을 증여받아 위에 따라 창업을 한 자가 새로 창업자금을 증여받아 당초 창업한 사업과 관련하여 사용하는 경우에는 위 ④, ⑤, ⑥을 적용하지 않습니다.

(4) 창업자금의 사용기한

창업자금을 증여받은 자는 증여받은 날부터 4년이 되는 날까지 창업자금을 모두 해당 목적에 사용해야 합니다.

3) 증여가능 재산의 범위 및 공제액

(1) 증여재산의 범위

창업자금에 해당하는 재산의 범위는 다음과 같습니다.

① 사업용자산의 취득자금

② 사업장의 임차보증금(전세금 포함) 및 임차료 지급액

(2) 공제액 및 감세 범위

- 창업을 목적으로 위 재산을 증여 받는 경우에는 「상속세 및 증여세법」 제53조 및 제56조에도 불구하고 해당 증여받은 재산의 가액 중 「조세특례제한법」 제30조의5제2항에 따른 창업에 직접 적용되는 다음의 창업자금[증여세 과세가액 30억원(창업을 통하여 10명 이상을 신규 고용한 경우에는 50억원)을 한도로 함]에 대해서는 증여세 과세가액에서 5억원을 공제하고 세율을 100분의 10으로 하여 증여세를 부과합니다.

① 「조세특례제한법 시행령」 제5조제19항에 따른 사업용재산의 취득자금

② 사업장의 임차보증금(전세금 포함) 및 임차료 지급액

– 이 경우 창업자금을 2회 이상 증여받거나 부모로부터 각각 증여 받는 경우에는 각각의 증여세 과세가액을 합산하여 적용합니다.

4) 창업자금 증여세 과세특례신청

(1) 특례신청

위 특례를 적용받으려는 자는 증여세 과세표준 신고기한까지 증여 세과세표준신고와 함께 창업자금 특례신청서 및 사용내역서를 납세 지 관할 세무서장에게 제출해야 합니다.

(2) 창업 시 사용명세 제출

– 창업자금을 증여받은 자가 창업하는 경우에는 다음에 해당하는 날에 창업자금 사용명세(증여받은 창업자금이 30억원을 초과하 는 경우에는 고용명세를 포함함)를 증여세 납세지 관할 세무서 장에게 제출해야 합니다.

① 창업일이 속하는 달의 다음 달 말일

② 창업일이 속하는 과세연도부터 4년 이내의 과세연도(창업자금 을 모두 사용한 경우에는 그 날이 속하는 과세연도)까지 매 과 세연도의 과세표준신고기한

– 이 경우 창업자금 사용명세를 제출하지 않거나 제출된 창업자 금 사용명세가 분명하지 않은 경우에는 그 미제출분 또는 불분 명한 부분의 금액에 1천분의 3을 곱하여 산출한 금액을 창업자 금 사용명세서 미제출 가산세로 부과합니다.

5) 특례가 배제되는 경우

(1) 특례배제 사유

창업자금에 대한 증여세 관세특례를 적용받은 경우로서 다음의 어 느 하나에 해당하는 경우에는 각각의 구분에 따른 금액에 대하여 「상속세 및 증여세법」에 따라 증여세와 상속세를 각각 부과합니다.

부과 사유	부과 대상 재산
「조세특례제한법」 제30조의5제2항에 따라 창업하지 않은 경우	창업자금
창업자금으로 「조세특례제한법」 제6조제3항 각 호에 따른 업종 외의 업종을 경영하는 경우	「조세특례제한법」 제6조제3항 각 호에 따른 업종 외의 업종에 사용된 창업자금
새로 증여받은 창업자금을 「조세특례제한법」 제30조의5제3항에 따라 사용하지 않은 경우	해당 목적에 사용되지 않은 창업자금
창업자금을 「조세특례제한법」 제30조의5제4항에 따라 증여받은 날부터 4년이 되는 날까지 모두 해당 목적에 사용하지 않은 경우	해당 목적에 사용되지 않은 창업자금
증여받은 후 10년 이내에 창업자금(창업으로 인한 「조세특례제한법 시행령」으로 정하는 바에 따라 계산한 가치증가분을 포함함. 이하 같음)을 해당 사업용도 외의 용도로 사용한 경우	해당 사업용도 외의 용도로 사용된 창업자금등
창업 후 10년 이내에 해당 사업을 폐업하는 경우 등 「조세특례제한법 시행령」 제27조의5제8항의 사유가 있는 경우	창업자금등과 그 밖에 「조세특례제한법 시행령」 제27조의5제9항으로 정하는 금액
증여받은 창업자금이 30억원을 초과하는 경우로서 창업한 날이 속하는 과세연도의 종료일부터 5년 이내에 각 과세연도의 근로자 수가 다음 계산식에 따라 계산한 수보다 적은 경우 * 창업한 날의 근로자 수 (창업을 통해 신규 고용한 인원 수 10명)	30억원을 초과하는 창업자금

(2) 증여세 가산이자

위에 따라 특례를 배제하여 증여세에 가산하여 부과하는 이자상당액은 다음 ①에 따른 금액에 ②에 따른 기간과 ③에 따른 율을 곱하여 계산한 이자상당액을 그 부과하는 증여세에 가산하여 부과합니다.

① 위 표에 따라 결정한 증여세액

② 당초 증여받은 창업자금에 대한 증여세의 과세표준신고기한의 다음날부터 추징사유가 발생한 날까지의 기간

③ 1일 1만분의 25

제2부

1인 창조기업

제1장

창조기업 알아보기

1. 1인 창조기업의 의미 및 현황

1) 1인 창조기업의 의미

(1) "1인 창조기업"이란

- "1인 창조기업"이란 창의성과 전문성을 갖춘 1명 또는 5명 미만의 공동사업자로서 상시근로자 없이 사업을 영위하는 자를 말합니다. 다만, 도매 및 상품중개업, 숙박업·음식점업, 부동산업 등은 1인 창조기업에서 제외되는 업종입니다.
- 1인 창조기업은 자유롭고 창의적으로 창업하고 제품 및 지식서비스 등을 활발하게 판매할 수 있도록 사무공간 및 시설 등의 인프라뿐만 아니라 경영 및 사업화 등 판로개척을 지원받을 수 있습니다.
- 정부는 1인 창조기업에 대한 국민의 인식을 높이고 1인 창조기업을 육성하기 위해 1인 창조기업의 성공사례 홍보사업 및 세미나 개최 등의 사업을 추진할 수 있습니다.

(2) 스타트업과 1인 창조기업

- "스타트업(Startup)"이란
  "스타트업(Startup)"이란 혁신적인 기술이나 새로운 비즈니스 아이디어를 보유해 고위험·고성장이 기대되는 신생기업을 말합니다[국토연구원, "국토" 제456호(2019. 10.) p. 7 참조]. 1인 창조기업도 스타트업의 일종이라고 볼 수 있습니다.
- 스타트업의 특성
  최근 우리나라는 물론 세계 각국에서 스타트업 창업 정책 붐이 나타나고 있는데, 이는 소위 액셀러레이터에 의해 발굴된 '고성장 창업기업' 즉, '유니콘 기업'의 성공 사례 덕분입니다. 액셀러레이터는 창업공간이나 설비, 업무보조 등 하드웨어 제공 위주의 '인큐베이터'와 달리 창업지식과 경험, 노하우 등을 전달하는 소프트웨어 중심 지원방식을 표방합니다. 우리나라에서도 정부 또는 지자체 지원으로 각종 액셀러레이팅 프로그램이 도입되고 있습니다. 특히 스마트폰 확산 등 정보통신기술(ICT) 분야의 혁신으로 큰 비용 없이 창업이 가능한 1인 기업 등 새로운 비즈니스 기회가 늘어나는 환경이 조성되고 있습니다.

2) 1인 창조기업의 현황
(1) 실태조사
창업진흥원은 1인 창조기업을 체계적으로 육성하고 육성계획을 효율적으로 수립·추진하기 위하여 매년 1인 창조기업의 활동현황 및 실태 등에 대한 조사를 하고 그 결과를 공표해야 합니다.

(2) 2020년 실태조사 결과
2020년 1인 창조기업에 대한 실태조사 결과 약 42만개 기업이 제조업을 중심으로 연간 약 2억원 이상의 매출을 올리고 있는 것으로 나타나고 있습니다. 또한 기업당 평균 고용 인원은 2.29명이고, 소비자를 주요 거래대상으로 하며, 매장에서 직접 판매하는 방식이 주를 이루고 있습니다.

항목	주요 내용
기업 수	42만7,367개
업종	제조업(40.9%), 교육 서비스업(25%), 개인 및 소비용품 수리업(10.1%), 전문·과학·기술서비스업(8.7%) 등
기업 당 평균 매출	2억 4300만원
기업 당 평균 고용	2.29명
주요 거래처	소비자(B2C) 55.0%, 기업(B2B) 40.6%, 공공기관(B2G) 4.4% 등
판매방식	매장 직접 판매 59.8%, 방문 판매 12.7%, 지인 소개 11.5% 등
창업 준비기간	7.8개월
코로나19 대응 방안	신규 판로 개척(45%), 비대면 서비스 강화(20%), 제품·서비스 변경(11.5%) 등

제2장

1인 창조기업의 창업

1. 1인 창조기업의 요건 및 인정범위

1) 1인 창조기업의 요건

(1) 1인 창조기업의 요건

- "1인 창조기업"은 다음의 요건을 갖추어야 합니다.

① 창의성과 전문성을 갖추었을 것

"창의성"이란 새로운 아이디어를 활용하여 독창적인 산물이나 서비스를 창출할 수 있는 것을 말합니다. "전문성"이란 해당 분야의 교육·연수를 이수하였거나 전문자격을 취득한 경우 또는 경력이나 프로젝트 수행능력 및 그 밖의 직무수행에 필요한 지식·기술·소양 등을 갖추었다고 인정되는 것을 말합니다.

② 상시근로자 없이 사업을 영위할 것

③ 1명 또는 5명 미만의 공동 사업자일 것

"공동사업자"란 공동창업자, 공동대표, 공동사업자 등 공동으로 사업을 영위하는 자를 말합니다.

④ 부동산업 등 특정 업종을 영위하지 않을 것

- 중소벤처기업부장관은 "1인 창조기업의 요건"을 충족하는지 판단하기 위해 필요하다고 인정하는 경우에는 다음의 증빙서류를 요청할 수 있으며, 이 때 요청을 받은 자는 해당 증빙서류를 중소벤처기업부장관에게 제출해야 합니다.

① 사업자등록증 또는 법인설립허가증 사본(해당자에 한함)

② 건강보험자격득실확인서, 국민연금사업장가입자명부 또는 건강보험사업장가입자명부

③ 부동산업 등 특정 업종에 해당하는 사업을 수행했던 계약서 또는 실적을 증빙할 수 있는 자료(해당자에 한함)

2) 1인 창조기업의 인정범위

(1) 1인 창조기업 범위에서 제외되는 업종

주된 사업이 다음에 해당하는 업종인 경우 1인 창조기업의 범위에서 제외됩니다.

구분	해당 업종	한국표준산업 분류번호
1. 광업	가. 석탄, 원유 및 천연가스 광업	05
	나. 금속광업	06
	다. 비금속광물 광업; 연료용 제외	07
	라. 광업지원서비스업	08
2. 제조업	가. 담배제조업	12
	나. 코크스, 연탄 및 석유정제품 제조업	19
	다. 1차 금속 제조업	24
3. 전기, 가스, 증기 및 수도사업	가. 전기, 가스, 증기 및 공기조절 공급업	35
	나. 수도사업	36
4. 하수·폐기물처리, 원료재생 및 환경복원업	가. 하수, 폐수 및 분뇨 처리업	37
	나. 폐기물 수집운반, 처리 및 원료재생업	38
	다. 환경 정화 및 복원업	39
5. 건설업	가. 종합건설업	41
	나. 전문직별 공사업	42
6. 도매 및 소매업	가. 자동차 및 부품 판매업	45
	나. 도매 및 상품중개업	46
	다. 소매업; 자동차 제외(전자상거래업은 제외)	47
7. 운수업	가. 육상운송 및 파이프라인 운송업	49
	나. 수상 운송업	50
	다. 항공 운송업	51

	라. 창고 및 운송관련 서비스업	52
8. 숙박 및 음식점업	가. 숙박업	55
	나. 음식점 및 주점업	56
9. 금융 및 보험업	가. 금융업	64
	나. 보험 및 연금업	65
	다. 금융 및 보험 관련 서비스업(그 밖의 금융지원 서비스업은 제외)	66
10. 부동산업 및 임대업	가. 부동산업	68
	나. 임대업; 부동산 제외	69
11. 보건업 및 사회복지 서비스업	가. 보건업	86
	나. 사회복지 서비스업	87
12. 예술, 스포츠 및 여가관련 서비스업	스포츠 및 오락관련 서비스업	91
13. 협회 및 단체, 수리 및 그 밖의 개인서비스업	그 밖의 개인 서비스업	96

(2) 1인 창조기업 인정의 특례

1인 창조기업이 규모 확대의 이유로 1인 창조기업에 해당하지 않게 된 경우에는 그 사유가 발생한 연도의 다음 연도부터 3년간은 1인 창조기업으로 봅니다. 다만, 다음과 같은 사유로 1인 창조기업에 해당하지 않게 된 경우에는 1인 창조기업으로 인정되지 않습니다.

① 1인 창조기업 외의 기업과 합병한 경우

② 1인 창조기업 인정의 특례에 따른 3년의 유예기간 중에 있는 기업이 중소기업과 합병하는 경우

③ 창업한 1인 창조기업이 창업일이 속하는 달부터 12개월이 되는 달 말일 이전에 그 규모의 확대 등으로 중소기업에 해당하지 않게 된 경우

1인 창조기업 범위에서 제외되는 업종

Q. 부동산에 관한 창의적인 아이디어가 있어 사업을 하려고 하는데, 1인 창조기업으로 지원받을 수 있나요?

A. 아니오. 주된 사업이 부동산업인 경우에는 1인 창조기업으로 인정되지 않습니다.

◇ 1인 창조기업의 의미

☞ "1인 창조기업"이란 창의성과 전문성을 갖춘 1명 또는 5명 미만의 공동사업자로서 상시근로자 없이 사업을 영위하는 자를 말하는 것으로서 자유롭고 창의적으로 창업할 수 있는 것이 특징입니다.

◇ 1인 창조기업 범위에서 제외되는 업종

☞특정 업종이 1인 창조기업에 해당하는 것은 아니지만, 주된 사업이 도매 및 상품중개업, 숙박업·음식점업, 부동산업 등인 경우 1인 창조기업의 범위에서 제외됩니다.

- 1인 창조기업 범위에서 제외되는 업종은 광업, 담배제조업, 전기·가스·증기·수도 사업, 하수·폐기물처리·환경복원업, 종합건설업, 자동차·부품판매업, 육상운송업, 숙박업, 금융업, 부동산업, 임대업, 사회복지 서비스업, 스포츠 서비스업 및 기타 개인 서비스업 등이 포함됩니다.

※ 구체적인 업종은 「1인 창조기업 육성에 관한 법률 시행령」 별표 1에서 확인할 수 있습니다.

1인 창조기업의 인정범위

Q. 종업원을 사용한 적이 있는데 현재는 1인 창조기업의 요건을 갖추고 있는 경우, 1인 창조기업 지원을 받을 수 있나요?

A. 상시근로자를 사용하지 않고 있는 기간이 연속으로 1개월 이상이었다면 1인 창조기업 지원을 받을 수 있습니다.

◇ 1인 창조기업의 요건

☞1인 창조기업은 창의성과 전문성을 갖춘 1명 또는 5명 미만의 공동사업자로서 상시근로자 없이 사업을 영위하는 것을 요건으로 합니다.

- 따라서 상시근로자를 사용하면 1인 창조기업으로 인정되지 않습니다.

◇ 1인 창조기업 인정의 특례

☞1인 창조기업이 규모가 확대되어 상시근로자를 고용하는 등의 이유로 1인 창조기업에 해당하지 않게 된 경우 그 사유가 발생한 연도의 다음 연도부터 3년의 유예기간 동안은 1인 창조기업으로 인정됩니다.

☞다만, 상시근로자를 사용한 적이 있거나 유예기간 중에 있는 경우에는 상시근로자를 사용하지 않고 있는 기간이 연속으로 1개월 이상이었어야 1인 창조기업 지원을 받을 수 있습니다.

1. 1인 창조기업의 창업 지원

1) 1인 창조기업 지원센터 이용

(1) 1인 창조기업 지원센터란

- 정부는 1인 창조기업 및 1인 창조기업을 하려는 자(이하 "예비
  창업자"라고 함)를 지원하기 위해 필요한 전문인력과 시설을 갖
  춘 기관 또는 단체를 1인 창조기업 지원센터(이하 "지원센터"
  라 함)로 지정할 수 있습니다.
- 지원센터는 다음의 사업을 합니다.
  ① 작업공간 및 회의장 제공
  ② 경영·법률·세무 등의 상담
  ③ 그 밖에 중소벤처기업부장관이 위탁하는 사업

(2) 지원센터의 이용방법

지원센터를 이용하려면 k-startup 홈페이지(www.k-startup.go.kr)
에 회원가입을 한 후 지원센터 정회원 신청·승인을 거쳐 입주신청
을 하고 입주기업으로 선정되어 지원센터에 입주해야 합니다. 지원
센터 정회원 신청이 승인되면 신청 시 지정한 지원센터에서 패밀리
카드를 수령할 수 있고 이후 전국 어느 지원센터에서나 입주신청을
할 수 있습니다.

(3) 지원센터의 입주대상

- 지원센터 입주대상은 정회원 중 다른 직장에 재직 중이지 않은
  1인 창조기업 및 예비창업자로 합니다. 다만, 직장에 재직 중이
  라도 6개월 이상 장기 휴직 중인 자는 지원센터에 입주할 수
  있습니다.
- 외국인의 경우 만료일자가 입주기간을 초과하지 않는 외국인등록
  증을 보유하거나, 재외국민 국내거소신고증 또는 외국국적동포 국
  내거소신고증을 보유하고 있는 경우 센터에 입주할 수 있습니다.

- 예비창업자의 경우 입주 계약체결일로부터 3개월 이내에 사업자 등록을 해야 합니다. 입주 계약체결 후 3개월 이내에 사업자등 록을 하지 않는 예비창업자는 강제 퇴거 조치 될 수 있습니다.

(4) 지원센터의 입주기간

- 지원센터 입주기간은 1년 이내로 하되, 필요시 1년에 한해 입 주기간을 연장할 수 있습니다. 다만, 지원센터에 입주한 이후 사업성과가 우수한 입주기업의 경우 기술창업 스카우트 제도를 활용해 입주기간을 추가로 1년 연장할 수 있습니다.
- 입주기업의 안정적인 창업활동을 위하여 입주계약 체결단위는 6개월 이상으로 합니다.

(5) 지원센터 입주 방법

- 1인 창조기업 및 예비창업자는 지원센터에 입주함으로써 작업 공간을 제공받을 수 있고, 입주한 지원센터에서 진행하는 창업 상담 또는 교육훈련 프로그램에 참여를 신청할 수 있습니다.
- 지원센터 입주 신청방법은 다음과 같습니다.

① 입주 신청기간

㉮ 지정석: 지원센터 별 별도 입주기업 모집공고를 통해 입주가능

㉯ 자유석 : 지원센터 별 자유석이 있을 경우 상시 사용가능

② 입주 신청서류

㉮ 예비창업자: 건강보험 자격득실 확인서

㉯ 사업자: 사업자등록증, 건강보험 자격득실 확인서, 국민연금 또 는 건강보험 사업장 가입자 명부(건강보험 자격득실 확인서 상 사업자 명의의 "직장가입자"로 구분되어 있는 경우에만 제출)

2)지원센터의 지원 내용

(1) 작업공간 및 상담 등 지원

1인 창조기업 및 예비창업자는 지원센터에서 작업공간 및 회의실, 상담실, 휴게실 등의 공간을 제공받을 수 있고, 창업에 관한 전문 가의 상담을 받을 수 있습니다.

(2) 교육훈련 지원

 - 1인 창조기업 및 예비창업자는 인력 및 시설 등을 갖춘 정부
   지정 교육기관(지원센터 포함)에서 전문성과 역량을 강화하기
   위한 교육훈련을 지원받을 수 있습니다. 지원센터에 입주한 예
   비창업자는 기술창업 및 기업경영 등에 필요한 교육 또는 해당
   센터의 특화분야와 관련된 교육을 지원받을 수 있습니다.
 - 지원센터에서 공통교육을 운영하는 경우에는, 지원센터에 입주
   하지 않은 1인 창조기업도 교육에 참여할 수 있습니다.

1인 창조기업 지원센터의 입주

Q. 1인 창조기업이라면 누구나 1인 창조기업 지원센터에 입주할 수 있나요?

A. 아닙니다. 1인 창조기업이 1인 창조기업 지원센터(이하 "지원센터"라고 함)에 입주하려면 지원센터 정회원이면서 다른 직장에 재직 중이지 않아야 합니다.

◇ 지원센터의 입주대상

☞지원센터 입주대상은 정회원 중 다른 직장에 재직 중이지 않은 1인 창조기업 및 예비창업자입니다. 다만, 직장에 재직 중이라도 6개월 이상 장기 휴직 중인 경우에는 지원센터에 입주할 수 있습니다.

- 지원센터 정회원이 되려면 k-startup 홈페이지(www.k-startup.go.kr)에 회원가입을 한 후 지원센터 정회원 신청·승인을 거쳐야 합니다.

◇ 지원센터의 입주방법

☞지원센터 입주 신청방법은 다음과 같습니다.

- 입주 신청기간
· 지정석: 지원센터 별 별도 입주기업 모집공고를 통해 입주가능
· 자유석 : 지원센터 별 자유석이 있을 경우 상시 사용가능
- 입주 신청서류
· 예비창업자: 건강보험 자격득실 확인서
· 사업자: 사업자등록증, 건강보험 자격득실 확인서, 국민연금 또는 건강보험 사업장 가입자 명부(건강보험 자격득실 확인서 상 사업자 명의의 "직장가입자"로 구분되어 있는 경우에만 제출)

1인 창조기업 지원센터의 입주기간

Q. 1인 창조기업 지원센터에 입주하고 있는데, 입주기간을 연장할 수는 없나요?

A. 1인 창조기업 지원센터(이하 "지원센터"라고 함)의 입주기간은 필요 시 1년 연장할 수 있습니다.

◇ 1인 창조기업 지원센터의 입주기간

☞ 지원센터 입주기간은 1년 이내로 하되, 입주기업의 안정적인 창업활동을 위하여 입주계약 체결단위는 6개월 이상으로 합니다.

◇ 1인 창조기업 지원센터의 입주기간 연장

☞ 지원센터 입주기간은 필요시 1년에 한해 연장할 수 있습니다.

- 다만, 지원센터에 입주한 이후 사업성과가 우수한 입주기업의 경우 기술창업 스카우트 제도를 활용해 입주기간을 추가로 1년 연장할 수 있습니다.

1인 창조기업의 사업자등록

Q. 1인 창조기업을 개인이 아닌 법인사업자로 등록하면 지원을 받을 수 없나요?

A. 아니오, 사업자등록의 종류와 관계없이 1인 창조기업으로 지원받을 수 있습니다.

◇ 사업자등록의 종류

☞사업자등록에는 개인사업자 등록과 법인사업자 등록이 있습니다. 1인 창조기업을 창업하고 사업자등록을 하려면 둘 중 어느 하나를 선택하면 됩니다.

- 개인사업자와 법인사업자와의 차이점은 <온라인법인설립시스템 (www.startbiz.go.kr) - 참여마당 - FAQ - 기타 - 개인사업자와 법인사업자와의 차이점>에서 확인할 수 있습니다.

◇ 사업자등록과 1인 창조기업 지원

☞ 사업자등록의 종류에 따라 1인 창조기업의 자격이나 지원 여부가 달라지지 않습니다.

☞ 다만, 1인 창조기업을 하려는 자(이하 "예비창업자"라고 함)가 1인 창조기업 지원센터에 입주한 경우 입주 계약체결일로부터 3개월 이내에 사업자등록을 해야 합니다.

- 입주 계약체결 후 3개월 이내에 사업자등록을 하지 않는 예비창업자는 강제 퇴거 조치 될 수 있습니다.

2. 1인 창조기업의 창업 절차

1) 사업자등록

(1) 사업자등록의 종류

사업자등록에는 개인사업자 등록과 법인사업자 등록이 있습니다. 1 인 창조기업을 창업하고 사업자등록을 하려면 둘 중 어느 하나를 선택해야 합니다. 개인사업자와 법인사업자의 차이점은 다음과 같 습니다.

구분	개인사업자	법인사업자
창업절차와 설립비용	설립절차가 비교적 쉽고 비용이 적게 들어 사업 규모나 자본이 적은 사업을 하기에 적합	법인 설립등기 등 절차 및 비용 필요
자금의 조달과 이익의 분배	창업자 한 사람의 자본과 노동력으로 만들어진 기업이므로 자본조달에 한계. 사업자금이나 사업에서 발생한 이익의 사용에 제약 없음	주주를 통해 자금을 조달하므로 기술개발, 사업확장 시 단기간에 대자본 형성이 가능. 또한 법인은 주주와 별개로 독자적인 경제주체이고 자본금이나 기업경영에서 발생한 이익은 적법한 절차를 통해서만 인출할 수 있으므로 대표자 개인의 충동적인 회사자금 운용을 방지할 수 있어 안정적인 회사 경영이 가능
사업의 책임	경영상 발생하는 모든 문제와 부채, 그리고 손실에 대한 위험은 전적으로 사업주 개인의 책임	주주는 출자한 지분의 한도 내에서만 책임
세법상의 차이	사업주에게 종합소득세 과세. 사업주의 급여는	법인에게 법인세 과세. 대표이사 급여는

	비용으로 인정되지 않으며, 사업용 고정자산 및 유가증권 처분이익에 대하여는 과세를 하지 않음. 종합소득세는 6%부터 33%까지 초과누진세율 적용	비용으로 처리 가능. 고정자산이나 유가증권처분 이익에 대해서는 법인세 과세. 법인세율은 과세표준이 2억원 이하인 경우는 10%, 2억원을 초과하는 경우는 20% ※ 세법상 월 소득 180만원 이하일 경우 개인기업이 유리하고, 그 이상의 소득 발생 시 납부세금은 법인기업이 유리함

(2) 사업자등록의 방법

- 1인 창조기업을 창업한 사업자는 사업장마다 다음의 서류를 사업 개시일부터 20일 이내에 사업장 관할 세무서장이나 그 밖에 신청인의 편의에 따라 선택한 세무서장에게 제출(국세정보통신망에 의한 제출 포함)하여 사업자등록을 신청해야 합니다. 다만, 신규로 사업을 시작하려는 자는 사업개시일 전이라도 사업자등록을 신청할 수 있습니다.

① 사업자등록 신청서(개인사업자용) 또는 사업자등록 신청서(법인사업자용)

② 다음 구분에 따른 서류

구분	첨부서류
1. 법령에 따라 허가를 받거나 등록 또는 신고를 해야 하는 사업의 경우	사업허가증 사본, 사업등록증 사본 또는 신고확인증 사본 ※ 법인설립등기 전인 경우에는 사업허가신청서 사본, 사업등록신청서 사본, 사업신고서 사본 또는 사업계획서로 대신할 수 있음
2. 사업장을 임차한 경우	임대차계약서 사본

3. 「상가건물 임대차보호법」 제2조제1항에 따른 상가건물의 일부분만 임차한 경우	해낭 부분의 도면
4. 「조세특례제한법」 제106조의3제1항에 따른 금지금 도매 및 소매업	사업자금 명세 또는 재무상황 등을 확인할 수 있는 자금출처 명세서
5. 「개별소비세법」 제1조제4항에 따른 과세유흥장소에서 영업을 경영하는 경우	사업자금 명세 또는 재무상황 등을 확인할 수 있는 자금출처 명세서
6. 「부가가치세법」 제8조제3항부터 제5항까지에 따라 사업자 단위로 등록하려는 사업자	사업자 단위 과세 적용 사업장 외의 사업장에 대한 위의 서류 및 소재지·업태·종목 등이 적힌 사업자등록증
7. 액체연료 및 관련제품 도매업, 기체연료 및 관련제품 도매업, 차량용 주유소 운영업, 차량용 가스 충전업, 가정용 액체연료 소매업과 가정용 가스연료 소매업	사업자금 명세 또는 재무상황 등을 확인할 수 있는 자금출처명세서
8. 재생용 재료 수집 및 판매업	사업자금 명세 또는 재무상황 등을 확인할 수 있는 자금출처명세서

- 개인사업자는 연간 매출액(공급대가, 이하 같음)에 따라 간이과 세자와 일반과세자로 구분되므로 자기에게 맞는 올바른 과세 유형을 선택하여야 합니다. 일반과세자와 간이과세자의 차이점 은 다음과 같습니다.

구분	일반과세자	간이과세자
적용 대상	연간 매출액이 8천만원을 초과할 것으로 예상되거나 간이과세자가 배제되는 업종 또는 지역에서 사업을 하려는 경우	주로 소비자를 상대하는 업종으로서 연간 매출액이 8천만원에 미달할 것으로 예상되는 소규모 사업자인 경우
부가가치세 납부세액	연간 매출액 × 부가가치세율(10%) 매입세액	연간 매출액 × 업종별 부가가치율(5~30%) × 부가가치세율(10%) 공제세액(세금계산서상 매입세액 × 업종별 부가가치율)
특징	물건 등을 구입하면서 받은 매입세금계산서상의 부가가치세액을 전액 공제받을 수 있고, 세금계산서를 발행할 수 있음	매입세액의 20~40%만을 공제받을 수 있으며, 세금계산서를 발행할 수 없음

- 법인사업자의 경우 사업자등록 외에 법인 설립신고를 해야 합니다. 다만 사업자등록을 한 때에는 법인 설립신고를 한 것으로 보고, 법인 설립신고를 한 경우에는 사업자등록신청을 한 것으로 봅니다.
- 국세청 홈택스에 가입하고 공인인증서가 있으면 세무서에 방문하지 않고 인터넷을 통해 사업자등록 신청 및 구비서류 전자제출이 가능하며 사업자등록이 완료되면 사업자등록증 발급도 가능합니다.

1인 창조기업의 사업자등록

Q. 1인 창조기업을 개인이 아닌 법인사업자로 등록하면 지원을 받을 수 없나요?

A. 아니오, 사업자등록의 종류와 관계없이 1인 창조기업으로 지원받을 수 있습니다.

◇ 사업자등록의 종류

☞사업자등록에는 개인사업자 등록과 법인사업자 등록이 있습니다. 1인 창조기업을 창업하고 사업자등록을 하려면 둘 중 어느 하나를 선택하면 됩니다.

- 개인사업자와 법인사업자와의 차이점은 <온라인법인설립시스템(www.startbiz.go.kr) - 참여마당 - FAQ - 기타 - 개인사업자와 법인사업자와의 차이점>에서 확인할 수 있습니다.

◇ 사업자등록과 1인 창조기업 지원

☞ 사업자등록의 종류에 따라 1인 창조기업의 자격이나 지원 여부가 달라지지 않습니다.

☞ 다만, 1인 창조기업을 하려는 자(이하 "예비창업자"라고 함)가 1인 창조기업 지원센터에 입주한 경우 입주 계약체결일로부터 3개월 이내에 사업자등록을 해야 합니다.

- 입주 계약체결 후 3개월 이내에 사업자등록을 하지 않는 예비창업자는 강제 퇴거 조치 될 수 있습니다.

제3장

1인 창조기업의 운영

1. 기술개발 등 지원

 1) 기술개발 지원

 (1) 기술개발지원의 내용

우수한 아이디어와 기술을 보유한 1인 창조기업은 다음과 같은 지원을 받을 수 있습니다.
① 1인 창조기업의 단독 또는 공동 기술개발
② 1인 창조기업과 중소기업 간의 공동 기술개발
③ 그 밖에 1인 창조기업의 기술개발을 촉진하기 위하여 필요한 사항

 (2) 기술개발지원의 범위

1인 창조기업의 아이디어·기술개발에 대한 지원의 범위는 다음과 같습니다.
① 기술혁신 촉진 및 기술력 향상을 위한 기술개발 지원
② 개발된 기술의 평가, 이전 및 활용에 관한 지원
③ 그 밖에 창업진흥원이 1인 창조기업과 중소기업의 기술개발을 촉진하기 위하여 필요하다고 인정하는 사항

 (3) 기술개발지원의 절차

기술개발에 대한 지원을 받으려는 1인 창조기업은 다음의 서류를 창업진흥원에 제출해야 합니다.
① 기술개발사업 신청서
②기술개발계획서
③그 밖에 중소벤처기업부장관이 필요하다고 인정하는 서류

2) 지식서비스 거래지원

(1) 지식서비스 거래지원의 내용

1인 창조기업의 지식서비스 거래를 활성화하기 위해 지식서비스를 제공하는 1인 창조기업 및 1인 창조기업으로부터 지식서비스를 제공받는 자 등은 지식서비스 거래지원을 받을 수 있습니다.

※ "지식서비스"란 지식을 집약적으로 생산·가공·활용하고, 다른 산업과 융합해 높은 부가가치를 창출하는 서비스를 말합니다.

(2) 지식서비스 거래지원의 대상

지식서비스 거래지원을 받을 수 있는 자는 「1인 창조기업 육성에 관한 법률」 제7조에 따른 종합관리시스템을 통하여 1인 창조기업으로부터 재화 또는 용역을 제공받는 중소기업 또는 비영리법인입니다.

(3) 지식서비스 거래지원의 신청방법

지식서비스 거래를 위한 지원을 받으려는 자는 다음의 서류를 창업진흥원에 제출해야 합니다.
① 지식서비스 거래지원사업 신청서
② 해당 1인 창조기업과 체결한 계약서 사본
③ 해당 1인 창조기업으로부터 제공받은 지식서비스의 결과를 확인할 수 있는 자료
④ 그 밖에 해당 1인 창조기업과의 계약 내용 및 이행 내용을 확인하기 위하여 필요한 서류

(4) 지식서비스 거래지원의 범위

지식서비스 거래지원사업의 범위는 1인 창조기업으로부터 재화 또는 용역을 제공받는 중소기업 또는 비영리법인에 대한 지원금 및 그 밖에 지식서비스 거래지원을 완료했다고 인정되는 자에 대한 지원금입니다.

※ 지식서비스 거래에 대한 지원을 받는 대상자는 협약기간 종료일로부터 2개월 이내에 아이디어 사업화 최종보고서를 중소벤처기업부장관에게 제출해야 합니다.

3) 해외진출 등 지원

(1) 해외진출 등 네트워크 프로그램 지원

1인 창조기업은 해외시장 진출의 촉진뿐만 아니라 지역별·업종별, 1인 창조기업과 우수 창업기업 간 또는 1인 창조기업 지원센터 입주기업과 졸업기업 간 기술 및 인력 교류의 강화를 위해 투자유치, 제품 전시회, 전문가 세미나, 워크숍 등 네트워크 프로그램에 참여할 수 있습니다.

1인 창조기업의 해외진출 지원

Q. 1인 창조기업 지원센터에 입주해 제품을 개발했는데 해외진출을 계획중입니다. 제품 관련 전문가 또는 바이어와 교류할 기회를 가질 수 있을까요?

A. 네. 1인 창조기업은 해외시장 진출의 촉진을 위해 투자유치, 제품 전시회, 전문가 세미나, 워크숍 등 네트워크 프로그램에 참여할 수 있습니다.

◇ 해외진출 등 네트워크 프로그램 지원

☞1인 창조기업은 해외시장 진출을 촉진하기 위한 관련 기술 및 인력의 국제교류, 국제행사 참가 및 네트워크 프로그램 등 지원사업에 참여할 수 있습니다.

☞이에 따라 1인 창조기업 지원센터가 개최하는 투자유치, 제품 전시회, 전문가 세미나, 워크숍 등에 참여할 수 있고, 1인 창조기업이 개발한 제품 또는 서비스와 관련된 전시회 등에 참가하는 비용을 지원받을 수도 있습니다.

※ 해외전시회에 참가하는 경우 항공료의 50%(이코노미 좌석 기준) 이내에서 지원받을 수 있습니다.

※ 지원센터의 네트워크 프로그램은 k-startup 홈페이지(www.k-startup.go.kr) 또는 입주한 지원센터의 홈페이지에서 신청할 수 있습니다.

2. 사업화 지원 등

1) 사업화 지원

(1) 사업화 지원의 내용

사업 성공 가능성이 높은 아이디어를 가진 1인 창조기업으로 선정
되면 아이디어의 사업화를 위한 다음과 같은 지원을 받을 수 있습
니다.
① 아이디어 사업화를 위한 자문
② 시험제품 개발에 필요한 자금의 지원
③ 사업화된 제품의 마케팅 및 판로개척 등의 지원

(2) 사업화 지원의 절차

아이디어의 사업화를 위한 지원을 받으려는 1인 창조기업은 다음
의 서류를 창업진흥원에 제출해야 합니다.
① 아이디어 사업화 지원사업 신청서
② 아이디어 설명서 또는 제품 설명서
③ 실적 및 수상 증명서류(해당자만 첨부)
④ 그 밖에 평가에 필요한 참고자료

2) 경영 지원

(1) 전문가 자문 지원

1인 창조기업 지원센터(이하 "지원센터"라고 함)의 입주기업은 마
케팅, 수출판로, 지식재산권, 제품 및 기업인증 등 다양한 분야의
외부 전문가 자문 프로그램을 통해 자문을 받을 수 있습니다.

3) 금융 지원

(1) 신용보증기금 및 기술보증기금 등의 보증제도

정부는 1인 창조기업에 대하여 필요한 자금을 융자·투자하거나 그
밖에 필요한 지원을 할 수 있고, 설립 및 활동에 필요한 자금의 원
활한 조달을 위해 신용보증기금, 기술보증기금 및 신용보증재단으
로 하여금 1인 창조기업을 대상으로 하는 보증제도를 수립·운용할
수 있습니다.

※ 1인 창조기업에 대한 보증 등 금융 지원은 다음의 신용보증기금, 기술보증기금 및 신용보증재단 홈페이지에서 각각 확인할 수 있습니다.

① 신용보증기금 홈페이지(www.kodit.co.kr)

② 기술보증기금 홈페이지(www.kibo.or.kr)

③ 신용보증재단중앙회 홈페이지(www.koreg.or.kr)

(2) 『만화 및 애니메이션 산업 관련 분야』의 자금 및 융자 지원

문화체육관광부장관은 만화 및 애니메이션 산업 관련 분야 기업(1인 창조기업 포함)의 육성사업에 대해 자금 및 융자 등을 지원할 수 있습니다.

4) 그 밖의 지원

(1) 소득세·법인세 등의 감면

국가와 지방자치단체는 1인 창조기업을 육성하기 위해 1인 창조기업에 대해 소득세·법인세·취득세·재산세 및 등록면허세 등의 조세를 감면할 수 있습니다.

(2) 전통식품 등의 품질인증 기준 완화

전통식품 및 수산전통식품을 제조하는 1인 창조기업에 대해서는 완화된 전통식품 및 수산전통식품 품질인증의 공장심사 심사항목 및 심사기준을 적용합니다.

(3) 특허 우선심사 신청 등

- 기술개발, 사업화 등과 관련해 1천만원 이상 출연·보조받은 창업 후 3년이내의 1인 창조기업이 출원한 특허·실용신안에 대하여는 우선심사를 신청할 수 있습니다.
- 1인 창조기업 기술개발사업의 결과물에 관한 디자인 출원은 우선심사를 신청할 수 있습니다.
- 1인 창조기업 기술개발사업의 결과물에 관한 둘 이상의 심사착

수 전인 특허·실용신안등록·상표등록·디자인등록 출원은 일괄심
사를 신청할 수 있습니다.

- 기술개발지원 또는 아이디어의 사업화 지원, 금융지원을 받은 1
인 창조기업이 당사자인 권리범위 확인심판 또는 무효심판으로
서 당사자로부터 신속심판신청이 있는 사건은 신속심판을 받을
수 있습니다.

1인 창조기업에 대한 지원

Q. 아이디어는 있는데 1인 창조기업이 되면, 어떤 혜택이 있나요?

A. 1인 창조기업은 1인 창조기업 지원센터(이하 "지원센터"라고 함)의 이용, 기술개발 등 지원, 사업화 지원 등의 혜택을 받을 수 있습니다. 다만, 지원센터에 입주하여야 대부분의 지원신청을 할 수 있으며, 입주기업이 아닐 경우 일부 지원사업에 참여할 수 있습니다.

◇ 1인 창조기업에 대한 지원

☞ 지원센터의 이용

- 1인 창조기업은 지원센터의 업무공간 및 시설뿐만 아니라 지원센터의 각종 프로그램 및 지원사업 참여 기회를 지원받을 수 있습니다.

☞ 기술개발 등 지원

- 기술개발 지원, 지식서비스 거래지원, 해외진출 등 네트워크 프로그램 지원 등의 혜택을 받을 수 있습니다.

☞ 사업화 지원 등

- 마케팅, 판로개척 등의 사업화 지원, 경영 지원, 금융 지원, 조세 특례 및 특허 우선심사 신청 등의 혜택을 받을 수 있습니다.

1인 창조기업의 마케팅 보조금 지원

Q. 1인 창조기업 지원센터에 입주하면서 제품을 개발해 온라인으로 판매하려고 합니다. 온라인으로 판매할 홈페이지나 홍보영상 제작을 전문업체에 맡기려고 알아보니 비용이 부담되는데, 이러한 비용도 지원받을 수 있나요?

A. 네. 1인 창조기업 마케팅 보조금을 지원받을 수 있습니다.

◇ 1인 창조기업 마케팅 보조금 지원

☞지원센터 입주기업은 개발한 제품 또는 서비스의 판로개척 및 시장진출에 소요되는 비용에 대해 마케팅 보조금을 지원받을 수 있습니다.

☞ 따라서 제품 또는 서비스의 온라인 판매를 위한 홈페이지 제작, 홍보영상 제작, 소셜네트워크서비스(SNS) 마케팅 등을 전문 업체에 맡기고 부담하는 비용을 마케팅 보조금으로 지원받을 수 있습니다.

◇ 마케팅 보조금 지원 신청방법

☞마케팅 보조금 지원은 k-startup 홈페이지(www.k-startup.go.kr)에서 공고된 지원사업을 선택해 신청할 수 있습니다.

※ 마케팅 보조금 지원의 세부 지원항목은 <창업진흥원 홈페이지(www.kised.or.kr) - 정보공개 - 사전정보공표 - 창업지원사업 - 1인 창조기업 마케팅 지원사업 세부관리기준 -「1인 창조기업 마케팅 지원사업 세부관리기준」별표 1>에서 확인할 수 있습니다.

1인 창조기업의 특허 우선심사 신청 등

Q. 1인 창조기업 기술개발 지원을 받아 제품을 개발했는데 특허출원을 하려니 심사기간이 길어 부담됩니다. 방법이 없을까요?

A. 있습니다. 기술개발 등 지원을 받은 1인 창조기업에 대한 우선심사, 일괄심사 등을 신청하면 빠르게 심사받을 수 있습니다.

◇ 1인 창조기업의 특허 우선심사 신청 등

☞ 1인 창조기업이 출원하는 특허·실용신안·디자인·상표에 대하여는 우선심사 또는 일괄심사를 신청할 수 있습니다.

☞특허·실용신안에 대한 우선심사 신청

- 기술개발, 사업화 등과 관련해 1천만원 이상 출연·보조받은 창업 후 3년 이내의 1인 창조기업이 출원한 특허·실용신안에 대하여는 우선심사를 신청할 수 있습니다.

☞디자인 출원에 대한 우선심사 신청

- 1인 창조기업 기술개발사업의 결과물에 관한 디자인 출원은 우선심사를 신청할 수 있습니다.

☞특허·실용신안등록·상표등록·디자인등록 출원에 대한 일괄심사 신청

- 1인 창조기업 기술개발사업의 결과물에 관한 둘 이상의 심사착수 전인 특허·실용신안등록·상표등록·디자인등록 출원은 일괄심사를 신청할 수 있습니다.

1. 1인 창조기업의 변경

1) 개인사업자의 법인전환

(1) 법인전환의 필요성

개인사업자의 사업 규모가 일정규모 이상으로 성장한 경우에는, 개인사업자의 최대 소득세율이 법인의 최대 법인세율보다 높아 법인사업자로 사업을 운영하는 것이 세(稅) 부담 측면에서 유리하고, 법인사업자가 사업을 더욱 확장시키기에도 적합하므로 법인전환이 필요합니다.

(2) 법인전환의 방법

- 현물출자: 개인사업자가 금전이 아닌 부동산, 채권, 유가증권 등을 출자해 법인사업자 등록을 하는 방법입니다. 양도소득세가 이월과세 되며, 취득세 감면 등의 혜택이 주어져 세금 부담이 적고, 사업용 고정자산을 자본금 대신 현물로 출자해 조세 혜택을 많이 받을 수 있습니다. 하지만 처리기간이 길고 절차가 복잡하며 비용이 많이 듭니다.

※ "이월과세"란 개인사업자가 사업용 고정자산을 법인에게 현물출자 등을 통하여 양도하는 경우 양도하는 개인에 대하여는 양도소득세를 과세하지 않고, 이를 양수한 법인이 이후 해당 사업용 고정자산을 처분할 때 개인이 종전 사업용 고정자산을 같은 법인에게 양도한 날이 속하는 과세기간에 다른 양도자산이 없다고 보아 계산한 양도소득산출세액 상당액을 법인세로 납부하는 것을 말합니다.

- 사업의 양도·양수: 개인사업자가 모든 자산과 부채를 법인에 포괄적으로 양도하는 방법입니다. 자산과 부채 규모가 작을 때 쉽고 간단하게 법인전환할 수 있어 일반적으로 선호되는 방법입니다.

2) 1인 창조기업 자격의 상실

(1) 자격상실 사유

- 1인 창조기업은 규모 확대의 이유로 1인 창조기업에 해당하지 않게 될 수도 있으나, 그 사유가 발생한 연도의 다음 연도부터 3년간(이하 "유예기간"이라 함)은 1인 창조기업의 자격이 유지됩니다. 다만, 다음과 같은 사유로 1인 창조기업에 해당하지 않게 된 경우에는 1인 창조기업 자격이 상실됩니다.

① 1인 창조기업 외의 기업과 합병한 경우

② 1인 창조기업 인정의 특례에 따른 3년의 유예기간 중에 있는 기업이 중소기업과 합병하는 경우

③ 창업한 1인 창조기업이 창업일이 속하는 달부터 12개월이 되는 달 말일 이전에 그 규모의 확대 등으로 중소기업에 해당하지 않게 된 경우

- 상시근로자를 사용한 적이 있거나 유예기간 중에 있는 1인 창조기업이 상시근로자를 사용하지 않고 있는 기간이 연속으로 1개월 이상이었던 자가 아닌 경우에는 1인 창조기업 자격이 상실됩니다.

2. 1인 창조기업의 폐업

1) 폐업 절차

(1) 폐업 신고

사업자등록을 한 사업자가 폐업하려면 사업장 관할 세무서장에게 폐업을 신고해야 합니다.

(2) 제출 서류

사업자등록을 한 사업자가 폐업을 할 때는 지체 없이 다음의 서류를 세무서장(관할 세무서장 또는 그 밖의 세무서장 중 어느 한 세무서장을 말함)에게 제출(국세정보통신망에 의한 제출을 포함)하여야 합니다.

① 휴업(폐업)신고서

② 사업자등록증

③ 폐업신고확인서(법령에 의해 허가를 받거나 등록 또는 신고를 해야 하는 사업에 한하며, 폐업신고를 한 사실을 확인할 수 있는 서류의 사본을 말함)

※ 사업자 폐업신고는 부가가치세 확정신고와 함께 할 수도 있습니다. 부가가치세 확정신고를 할 때 그 부가가치세 확정신고서에 폐업연월일 및 사유를 기재하고 사업자등록증과 폐업신고확인서를 제출하면 폐업신고서를 제출한 것으로 보기 때문에 따로 폐업신고서를 제출하지 않아도 됩니다.

(3) 온라인 폐업 신고

홈택스 가입 사업자의 경우 공인인증서로 로그인하여 인터넷 또는 모바일 홈택스에서 폐업 신고가 가능합니다.

① 홈택스: 신청/제출 – 신청업무 – 휴폐업신고 – 신청업무 – 휴폐업신고

② 모바일: "국세청 홈택스" 앱의 "신청/제출" 또는 "모바일 민원실"

(4) 폐업 전 세금 납부

사업자가 폐업하는 경우에는 사업장 관할 세무서장에게 폐업일이 속하는 부가가치세의 과세기간 개시일부터 폐업일까지의 사업실적에 대해 과세표준과 납부세액(일반과세자인 경우는 납부세액 또는 환급세액)을 신고하고, 그 과세기간에 대한 납부세액을 납부해야 합니다.

① 부가가치세의 과세기간은 다음과 같습니다.

㉮ 간이과세자 : 1월 1일부터 12월 31일까지

㉯ 간이과세자 외의 사업자: 1월 1일부터 6월 30일까지 / 7월 1일부터 12월 31일까지

② 부가가치세 확정신고는 폐업일이 속하는 달의 다음 달 25일 이내에 이루어져야 합니다.

2) 재창업 및 재기교육

(1) 재도전 사업자 시원 프로그램

경영위기 기업과 사업 실패 후 재기를 준비 또는 진행하는 재도전 기업은 중소벤처기업진흥공단 재도전종합지원센터에서 다음과 같은 지원을 받을 수 있습니다.

① 법률, 세무, 회생절차 등 심층 상담

② 재창업자금, 구조개선전용자금 지원 및 교육

③ 자금지원기업 신용회복

④ 진로제시컨설팅, 회생컨설팅

⑤ 1:1 멘토링을 통한 사후관리

(2) 지원받는 방법

- 재도전종합지원센터의 재도전 사업자 지원 프로그램은 온라인 상담 예약 시스템을 통해 전문 분야 별 예약이 가능합니다

- 법률, 회생 등 전문 상담은 서울 재도전종합지원센터에서 일괄 하여 지원받을 수 있습니다.

1인 창조기업 실패 후 재창업

Q. 1인 창조기업을 운영하다 실패하고 새롭게 재창업하려는데, 도움을 받을 수 있을까요?

A. 네, 중소벤처기업진흥공단 재도전종합지원센터(www.rechallenge.or.kr)에서 재도약자금지원, 기술개발 등의 지원을 받을 수 있습니다.

◇ 재도전 사업자 지원사업

☞ 사업 실패 후 재기를 준비 또는 진행하는 1인 창조기업은 중소벤처기업진흥공단 재도전종합지원센터에서 재도전 사업화지원 등의 패키지, 재도전 기술개발, 재도약자금지원 등 지원사업을 신청할 수 있습니다.

◇ 재도전 사업자 지원사업

☞지원받는 방법

- 재도전종합지원센터의 재도전 사업자 지원 프로그램은 <재도전종합지원센터 홈페이지(www.rechallenge.or.kr) - 온라인 예약 시스템>을 통해 전문 분야 별 예약이 가능합니다.

- 법률, 회생 등 전문 상담은 서울 재도전종합지원센터에서 일괄하여 지원받을 수 있습니다.

부 록

- 중소기업창업지원법
- 벤처기업육성에 관한 특별조치법
- 1인 창조기업 육성에 관한 법률

중소기업창업 지원법

(약칭: 중소기업창업법)

[시행 2021. 4. 1] [법률 제17171호, 2020. 3. 31, 타법개정]

제1장 총칙

제1조(목적) 이 법은 중소기업의 설립을 촉진하고 성장 기반을 조성하여 중소기업의 건전한 발전을 통한 건실한 산업구조의 구축에 기여함을 목적으로 한다.

제2조(정의) 이 법에서 사용하는 용어의 뜻은 다음과 같다. <개정 2016. 1. 27., 2016. 5. 29., 2020. 4. 7.>

1. "창업"이란 중소기업을 새로 설립하는 것을 말한다. 이 경우 창업의 범위는 대통령령으로 정한다.

1의2. "재창업"이란 중소기업을 폐업하고 중소기업을 새로 설립하는 것을 말한다. 이 경우 재창업의 범위는 대통령령으로 정한다.

2. "창업자"란 중소기업을 창업하는 자와 중소기업을 창업하여 사업을 개시한 날부터 7년이 지나지 아니한 자를 말한다. 이 경우 사업 개시에 관한 세부 사항은 대통령령으로 정한다.

2의2. "재창업자"란 중소기업을 재창업하는 자와 중소기업을 재창업하여 사업을 개시한 날부터 7년이 지나지 아니한 자를 말한다. 이 경우 사업 개시에 관한 세부 사항은 대통령령으로 정한다.

2의3. "초기창업자"란 창업자 중에서 중소기업을 창업하여 사업을 개시한 날부터 3년이 지나지 아니한 자를 말한다.

3. "중소기업"이란 「중소기업기본법」 제2조에 따른 중소기업을 말한다.

4. 삭제 <2020. 2. 11.>

4의2. 삭제 <2020. 2. 11.>

5. 삭제 <2020. 2. 11.>

6. "중소기업상담회사"란 중소기업의 사업성 평가 등의 업무를 하

는 회사로서 제31조에 따라 등록한 회사를 말한다.

7. "창업보육센터"란 창업의 성공 가능성을 높이기 위하여 창업자에게 시설·장소를 제공하고 경영·기술 분야에 대하여 지원하는 것을 주된 목적으로 하는 사업장을 말한다.

8. "공공기관"이란 「중소기업제품 구매촉진 및 판로지원에 관한 법률」 제2조제2호에 따른 공공기관을 말한다.

제3조(적용 범위) ① 이 법은 창업에 관하여 적용한다. 다만, 사행산업 등 경제질서 및 미풍양속에 현저히 어긋나는 업종의 창업에 관하여는 적용하지 아니한다. <개정 2011. 4. 4., 2016. 5. 29., 2018. 12. 11.>

1. 삭제 <2018. 12. 11.>

2. 삭제 <2018. 12. 11.>

3. 삭제 <2018. 12. 11.>

② 제1항 단서에 따른 업종의 범위는 대통령령으로 정한다. <신설 2018. 12. 11.>

제4조(창업지원계획의 수립 등) ①중소벤처기업부장관은 창업을 촉진하고, 창업자의 성장·발전을 위한 중소기업 창업지원계획을 3년마다 「중소기업기본법」 제20조의4에 따른 중소기업정책심의회의 심의를 거쳐 수립하고 이를 고시하여야 한다. <개정 2017. 7. 26., 2020. 2. 11.>

② 중소벤처기업부장관은 제1항의 창업지원계획에 따라 연도별로 창업을 촉진하고, 창업자의 성장·발전을 위한 시행계획을 수립·시행하여야 한다. <신설 2020. 2. 11.>

③ 정부는 창업자 및 대통령령으로 정하는 창업지원에 관한 사업을 하는 자에 대하여 필요한 자금을 투자·출연·보조·융자하거나 그 밖에 필요한 지원을 할 수 있다. <개정 2020. 2. 11.>

④ 중소벤처기업부장관은 제1항의 창업지원계획 및 제2항의 시행계획을 수립하기 위하여 관계 중앙행정기관의 장 및 지방자치단체의 장에게 관련 자료의 제공을 요청할 수 있다. <신설 2010. 6. 8., 2017. 7. 26., 2020. 2. 11.>

제4조의2(창업촉진사업의 추진 등) ① 중소벤처기업부장관은 중소기업

의 창업을 촉진하고 창업자의 창업 성공률을 향상시키기 위하여 다음 각 호의 사업을 추진하거나 필요한 시책을 수립·시행할 수 있다. <개정 2013. 8. 6., 2015. 2. 3., 2017. 7. 26.>

1. 유망한 예비창업자(중소기업을 창업하려는 자를 말한다. 이하 같다)의 발굴·육성 및 그에 대한 지원
2. 창업자의 우수한 아이디어 사업화에 대한 지원
3. 기업, 창업 관련 단체 등을 통한 예비창업자 또는 창업자의 발굴·육성
4. 예비창업자 또는 창업자의 해외 진출 지원
5. 그 밖에 창업교육 및 창업 기반시설 확충 등 대통령령으로 정하는 사업

② 중소벤처기업부장관은 제1항에 따른 사업을 추진하는 경우에는 대통령령으로 정하는 예비청년창업자 또는 청년창업자를 우대할 수 있다. <신설 2015. 2. 3., 2017. 7. 26.>

③ 중소벤처기업부장관은 제1항에 따른 사업을 추진하기 위하여 필요하다고 인정하는 경우에는 예산의 범위에서 대학, 연구기관, 공공기관, 창업 관련 단체, 중소기업 및 예비창업자에게 해당 사업을 수행하는 데에 드는 비용의 전부 또는 일부를 출연하거나 보조할 수 있다. <개정 2015. 2. 3., 2017. 7. 26.>

④ 제3항에 따른 출연 및 보조의 절차 및 방법 등에 관한 사항은 대통령령으로 정한다. <개정 2015. 2. 3.>

[본조신설 2010. 6. 8.]
[제목개정 2013. 8. 6.]

제4조의3(재창업지원 및 성실경영 평가) ① 중소벤처기업부장관은 재창업을 활성화하고, 재창업자의 사업 성공률을 높이기 위하여 재창업자의 특성을 고려한 중소기업 재창업지원계획을 수립할 수 있다. <개정 2017. 7. 26.>

② 중소벤처기업부장관은 제1항에 따른 계획에 따라 창업 후 폐업 또는 파산 등으로 재창업을 하려는 자에 대하여 재창업지원에 필요한 다음 각 호의 사업을 추진할 수 있다. <개정 2017. 7. 26.>

1. 우수한 기술과 경험을 보유한 재창업희망 중소기업인의 발굴 및

재창업 교육

2. 재창업에 장애가 되는 각종 부담 및 규제 등의 제도개선

3. 조세·법률 상담 등 재창업을 위한 상담 지원

4. 교육센터의 지정·운영 등 재창업지원 시설의 확충

5. 재창업에 필요한 자금 지원 및 금융 정책 관련 정보 제공

6. 재창업 교육 및 상담을 위한 전문가 양성

7. 그 밖에 재창업지원과 관련하여 중소벤처기업부장관이 필요하다고 인정하는 사업

③ 중소벤처기업부장관은 제1항에 따른 계획의 수립을 위하여 필요한 경우에는 관계 중앙행정기관의 장 및 지방자치단체의 장에게 관련 자료의 제공을 요청할 수 있다. <개정 2017. 7. 26.>

④ 중소벤처기업부장관은 재창업을 하려는 자 및 재창업을 한 자가 재창업 전의 기업을 분식회계, 고의부도, 부당해고 등을 하지 아니하고 성실하게 경영하였는지 여부 등을 평가(이하 "성실경영 평가"라 한다)하여 출연, 보조, 융자 등 재정지원을 제한하거나 지원 대상자 선별에 활용할 수 있다. <개정 2017. 7. 26.>

⑤ 중소벤처기업부장관은 성실경영 평가에 필요한 경우 본인의 동의를 받아 관계 행정기관의 장에게 다음 각 호의 자료의 제공을 요청할 수 있다. <개정 2017. 7. 26.>

1. 「형의 실효 등에 관한 법률」 제5조의2제2항에 따른 범죄경력자료 및 수사경력자료(기업경영과 관련된 범죄경력자료 및 수사경력자료에 한정한다)

2. 「근로기준법」 등 노동 관계 법령 위반사실에 관한 자료

3. 그 밖에 심사를 위하여 필요한 자료로서 대통령령으로 정하는 자료

⑥ 중소벤처기업부장관은 성실경영 평가에 필요한 기준을 정하여 고시할 수 있다. <개정 2017. 7. 26.>

[전문개정 2016. 1. 27.]

제4조의4(지역특화산업 창업의 지원) ① 중소벤처기업부장관은 지역의 고용창출 및 지역경제 활성화를 위하여 지역특화산업에 속하는 업종의 창업을 촉진하는 계획을 수립할 수 있다. <개정 2017. 7. 26.>

② 지방자치단체의 장은 제1항에 따른 계획에 따라 해당 지방자치단

체의 지역특화산업의 기술과 경험을 보유한 예비창업자 또는 창업자의 발굴·육성 및 그에 대한 지원 등의 사업을 추진할 수 있다.

③ 중소벤처기업부장관은 제1항에 따른 계획의 수립을 위하여 필요한 경우에는 지방자치단체의 장에게 관련 자료의 제출을 요청할 수 있다. <개정 2017. 7. 26.>

[본조신설 2015. 2. 3.]

제4조의5(실태조사 및 통계작성) ① 중소벤처기업부장관은 중소기업의 설립을 촉진하고 제4조, 제4조의2부터 제4조의4까지의 규정에 따른 계획 및 시책을 효율적으로 수립·추진하기 위하여 매년 중소기업 창업 현황 및 실태 등에 대한 조사를 실시하여야 한다.

② 중소벤처기업부장관은 제1항에 따른 실태조사 등을 참고하여 중소기업 창업에 관한 통계를 작성·관리하고 공표하되, 필요한 경우 통계청장과 협의할 수 있다.

③ 중소벤처기업부장관은 제1항에 따른 실태조사를 하기 위하여 필요한 경우에는 관계 중앙행정기관의 장, 지방자치단체의 장, 공공기관의 장, 창업기업 대표 또는 관련 단체의 장 등에 대하여 자료의 제출이나 의견의 진술 등을 요청할 수 있다. 이 경우 요청을 받은 관계 중앙행정기관의 장 등은 특별한 사정이 없으면 요청에 따라야 한다.

④ 제1항에 따른 실태조사의 범위와 방법 및 그 밖에 필요한 사항은 대통령령으로 정한다.

[본조신설 2019. 4. 23.]

제4조의6(종합관리시스템의 구축·운영) 중소벤처기업부장관은 창업 관련 정보를 종합적으로 관리하고 효과적으로 제공하기 위하여 창업 종합관리시스템을 구축·운영할 수 있다.

[본조신설 2019. 4. 23.]

제4조의7(기술창업 활성화 등) ① 정부는 창의적인 아이디어, 신기술 등에 기반하여 기술창업을 활성화하고, 중소기업의 기술혁신 역량을 강화하기 위하여 필요한 시책을 세우고 추진하여야 한다.

② 중소벤처기업부장관은 제1항에 따른 시책의 수립 및 추진과 관련된 업무를 종합적으로 지원하는 전담기관을 각 지역별로 지정할 수 있다.

③ 제2항에 따른 전담기관은 다음 각 호의 업무를 수행한다.

1. 지역의 기술창업 활성화 및 기업가정신 고취를 위한 추진과제 발굴 및 운영

2. 지역 중소기업의 기술혁신 역량 강화를 위한 지원과 이를 위한 관련 기관·프로그램의 연계 및 총괄

3. 지역 중소기업의 투자 생태계 활성화를 위한 지원과 이를 위한 관련 기관·프로그램의 연계 및 총괄

4. 지역의 예비창업자, 창업자 또는 중소기업과 관련된 법률·금융·고용·특허 등 상담과 관련 사무의 지원

5. 창의적인 아이디어, 신기술 등을 활용한 청년고용 창출 지원 및 교육 프로그램 운영

6. 그 밖에 대통령령으로 정하는 사무

④ 정부와 지방자치단체는 예산의 범위에서 제2항에 따른 전담기관의 운영 및 사업 수행에 필요한 비용의 전부 또는 일부를 출연하거나 보조할 수 있다.

⑤ 제2항에 따른 전담기관의 지정·해지 및 운영에 필요한 사항은 대통령령으로 정한다.

[본조신설 2019. 8. 20.]

제5조(창업 정보의 제공) 정부는 창업자에 대하여 창업 및 중소기업의 성장과 발전에 필요한 자금, 인력, 기술, 판로, 입지 등에 관한 정보를 제공하기 위하여 필요한 시책을 강구하여야 한다.

제5조의2(공공기관의 우선 구매) ① 공공기관의 장은 창업자가 직접 생산하는 물품, 제공하는 용역 및 수행하는 공사(이하 이 조에서 "창업기업제품"이라 한다)의 구매를 촉진하여야 한다.

② 공공기관의 장이 「중소기업제품 구매촉진 및 판로지원에 관한 법률」 제5조제1항에 따라 작성하는 구매계획에는 창업기업제품의 구매계획을 구분하여 포함시켜야 한다.

③ 제2항에 따른 창업기업제품 구매계획에는 대통령령으로 정하는 비율 이상의 구매목표를 포함시켜야 하며, 공공기관의 장은 해당 구매계획 이상을 창업기업제품으로 구매하도록 노력하여야 한다.

④ 중소벤처기업부장관은 제3항에 따른 구매계획을 확인한 결과 개선이 필요하다고 인정되는 사항에 대하여는 해당 공공기관의 장에게 그 개선을 권고할 수 있다. 이 경우 해당 공공기관의 장은 특별한 사정이 없으면 구매계획에 이를 반영하여야 한다.

⑤ 제2항부터 제4항까지의 규정에 따른 구매계획과 그 이행의 점검을 위한 구매실적의 통보에 필요한 사항은 「중소기업제품 구매촉진 및 판로지원에 관한 법률」 제5조제5항을 준용한다.

[본조신설 2020. 4. 7.]

제6조(창업보육센터사업자의 지정 등) ①창업보육센터를 설립·운영하는 자(설립·운영하려는 자를 포함한다. 이하 "창업보육센터사업자"라 한다)로서 이 법에 따른 지원을 받으려는 자는 다음 각 호의 요건을 갖추어 중소벤처기업부장관의 지정을 받아야 한다. <개정 2008. 2. 29., 2013. 3. 23., 2017. 7. 26.>

1. 다음 각 목의 시설을 갖출 것

   가. 창업자가 이용할 수 있는 시험기기나 계측기기 등의 장비

   나. 10인 이상의 창업자가 사용할 수 있는 500제곱미터 이상의 시설

2. 경영학 분야의 박사학위 소지자, 「변호사법」에 따른 변호사, 그 밖에 대통령령으로 정하는 전문인력 중 2명 이상을 확보할 것

3. 창업보육센터사업을 수행하기 위한 사업계획 등이 중소벤처기업부령으로 정하는 기준에 맞을 것

② 국가는 「국유재산법」 및 그 밖의 다른 법령에도 불구하고 창업의 성공가능성을 높이기 위하여 필요한 경우 창업보육센터에 입주한 자(이하 "입주자"라 한다)에 대하여 국유재산의 사용료를 감면할 수 있다. <개정 2013. 8. 6.>

③ 국가가 제2항에 따라 국유재산의 사용료를 감면하는 경우 입주자에 대한 국유재산의 연간 사용료는 해당 재산가액에 100분의 1 이상을 곱한 금액의 범위에서 대통령령으로 정하는 금액으로 한다. <신설 2013. 8. 6.>

④ 국유재산을 사용허가하는 경우 그 기간은 「국유재산법」 제35조에서 정하는 바에 따른다. <신설 2013. 8. 6.>

⑤ 지방자치단체는 「공유재산 및 물품 관리법」 및 그 밖의 다른 법

령에도 불구하고 입주자에게 공유재산의 사용료를 대통령령으로 정하는 비에 따라 감면할 수 있다. <신설 2013. 8. 6.>

[법률 제12009호(2013. 8. 6.) 부칙 제2조의 규정에 의하여 이 조 제2항, 제3항, 제4항은 2022년 12월 31일까지 유효함]

제7조(창업 교육) 중소벤처기업부장관은 창업 저변을 확충하기 위하여 청소년, 대학생 및 창업자 등에게 창업 교육을 할 수 있다. <개정 2017. 7. 26.>

제7조의2(대학 내 창업지원 전담조직의 설립·운영 등) ① 대학은 대학 내 창업촉진사업을 수행하기 위하여 학교규칙으로 정하는 바에 따라 창업지원업무를 전담하는 조직(이하 "창업지원 전담조직"이라 한다)을 둘 수 있다.

② 중소벤처기업부장관은 창업지원 전담조직의 운영에 필요한 경비를 출연하거나 그 밖에 필요한 지원을 할 수 있다. <개정 2017. 7. 26.>

③ 창업지원 전담조직이 이 법에 따른 지원을 받으려면 그 회계를 수입과 지출 내역이 명백하도록 대학 내 다른 회계와 구분하여 처리하여야 한다.

④ 창업지원 전담조직의 업무 및 제3항에 따른 회계 운영에 필요한 사항은 대통령령으로 정한다.

[본조신설 2013. 8. 6.]

제8조(창업대학원의 지정 등) ① 중소벤처기업부장관은 「고등교육법」 제29조제1항에 따른 대학원 중에서 창업 분야 전문인력 양성을 목적으로 하는 대학원(이하 "창업대학원"이라 한다)을 지정하여 예산의 범위에서 그 운영 등에 필요한 경비를 출연하거나 그 밖에 필요한 지원을 할 수 있다. <개정 2017. 7. 26.>

② 중소벤처기업부장관은 창업대학원의 지정·지원 등에 관하여 필요한 사항을 고시하여야 한다. <개정 2017. 7. 26.>

제9조 삭제 <2020. 2. 11.>

제9조의2(창업지원정책협의회) ① 창업촉진 및 재창업지원 정책에 관하여 필요한 사항을 관계 중앙행정기관 및 창업지원기관과 협의하기 위하여 중소벤처기업부에 창업지원정책협의회를 둔다. <개정 2017. 7. 26.>

② 제1항에 따른 창업지원정책협의회의 구성, 기능, 운영 및 그 밖에 필요한 사항은 대통령령으로 정한다.

[본조신설 2016. 1. 27.]

제9조의3 삭제 <2020. 2. 11.>

제9조의4(창업기업의 확인 등) ① 제5조의2에 따라 공공기관의 우선 구매에 참여하고자 하는 자는 중소벤처기업부장관에게 기업이 창업자에 해당하는지 여부를 확인하여 줄 것을 신청할 수 있다.

② 중소벤처기업부장관은 제1항에 따라 신청을 받으면 조사한 후 해당 기업이 창업자에 해당하면 이를 확인(이하 "창업기업의 확인"이라 한다)하여 주어야 한다. 이 경우 3년 이내의 범위에서 대통령령으로 정하는 유효기간을 명시한 증명서류를 함께 발급할 수 있다.

③ 제9조의5제1항제1호에 해당하여 창업기업의 확인이 취소된 자는 1년 이내의 범위에서 대통령령으로 정하는 기간 내에는 제1항에 따른 신청을 할 수 없다.

④ 그 밖에 창업기업의 확인 절차, 증명서류의 발급 등 창업기업의 확인에 필요한 사항은 대통령령으로 정한다.

[본조신설 2020. 4. 7.]

제9조의5(창업기업의 확인 취소) ① 중소벤처기업부장관은 창업기업의 확인을 받은 자가 다음 각 호의 어느 하나에 해당하면 이를 취소할 수 있다. 다만, 제1호의 경우에는 창업기업의 확인을 취소하여야 한다.

1. 거짓이나 그 밖의 부정한 방법으로 창업기업의 확인을 받은 경우
2. 제2조제2호에 따른 창업자의 요건에 맞지 아니하게 된 경우
3. 폐업 등의 사유로 기업활동을 하지 아니하게 된 경우
4. 정당한 사유 없이 제2항의 보고와 검사를 거부한 경우

② 중소벤처기업부장관은 제1항에 따른 창업기업의 확인 취소 사유에 해당하는지 여부를 점검하기 위하여 필요하면 해당 기업에 대하여 관련 자료를 제출·보고하게 하거나 소속 공무원으로 하여금 사업장, 사무실 등에 출입하여 관련 사항을 검사하도록 할 수 있다.

③ 제2항에 따라 검사를 하는 공무원은 그 권한을 표시하는 증표를 지니고 이를 관계인에게 내보여야 한다.

[본조신설 2020. 4. 7.]

제2장 삭제 <2020. 2. 11.>

제10조 삭제 <2020. 2. 11.>

제11조 삭제 <2020. 2. 11.>

제12조 삭제 <2020. 2. 11.>

제13조 삭제 <2020. 2. 11.>

제14조 삭제 <2020. 2. 11.>

제15조 삭제 <2020. 2. 11.>

제15조의2 삭제 <2020. 2. 11.>

제16조 삭제 <2020. 2. 11.>

제17조 삭제 <2020. 2. 11.>

제18조 삭제 <2020. 2. 11.>

제19조 삭제 <2020. 2. 11.>

제2장의2 창업기획자 <개정 2020. 2. 11.>

제19조의2 삭제 <2020. 2. 11.>

제19조의3 삭제 <2020. 2. 11.>

제19조의4 삭제 <2020. 2. 11.>

제19조의5 삭제 <2020. 2. 11.>

제19조의6(창업보육센터의 창업기획자 전환 지원) 중소벤처기업부장관은 제6조제1항에 따른 창업보육센터가 「벤처투자 촉진에 관한 법률」 제2조제9호에 따른 창업기획자(이하 "창업기획자"라 한다)로 전환할 경우 필요한 비용의 전부 또는 일부를 지원할 수 있다. <개정 2017. 7. 26., 2020. 2. 11.>
[본조신설 2016. 5. 29.]

[제목개정 2020. 2. 11.]

제19조의7 삭제 <2020. 2. 11.>

제19조의8(민관 공동 창업자 발굴·육성) ① 중소벤처기업부장관은 창업자의 성장·발전을 위하여 창업기획자와 공동으로 창업자를 발굴·육성하기 위한 사업을 시행할 수 있다. <개정 2017. 7. 26., 2020. 2. 11.>
② 중소벤처기업부장관은 제1항에 따른 창업자 발굴·육성 사업을 효율적으로 추진하기 위하여 창업기획자 중에서 다음 각 호의 어느 하나에 해당하는 자를 해당 사업의 운영자(이하 이 장에서 "사업 운영자"라 한다)로 선정할 수 있다. <개정 2017. 7. 26., 2020. 2. 11.>
1. 「벤처기업육성에 관한 특별조치법」 제2조의2에 따른 벤처기업
2. 「벤처투자 촉진에 관한 법률」 제66조에 따른 한국벤처투자
3. 「벤처투자 촉진에 관한 법률」 제2조제10호에 따른 중소기업창업투자회사
4. 대기업(「중소기업기본법」 제2조에 따른 중소기업이 아닌 기업을 말한다)
5. 그 밖의 중소벤처기업부장관이 정한 기준에 해당하는 자
③ 중소벤처기업부장관은 제2항에 따라 사업 운영자로 선정된 자가 다음 각 호의 어느 하나에 해당하면 사업 운영자의 선정을 취소할 수 있다. 다만, 제1호에 해당하는 경우에는 선정을 취소하여야 한다. <신설 2019. 12. 10.>
1. 거짓이나 그 밖의 부정한 방법으로 선정된 경우
2. 제5항에 따른 선정의 세부기준에 적합하지 아니하게 된 경우
3. 정당한 사유 없이 1년 이상 창업자 발굴·육성 실적이 없는 경우
4. 스스로 선정의 취소를 원하는 경우
5. 그 밖의 사유로 해당 사업을 수행할 수 없는 경우
④ 중소벤처기업부장관은 사업 운영자가 발굴한 창업자 중에서 유망한 자에 대하여는 연구개발비 또는 창업자금 등을 우선하여 지원할 수 있다. <개정 2017. 7. 26., 2019. 12. 10.>
⑤ 제2항 및 제3항에 따른 사업 운영자 선정 및 선정 취소에 관한 세부기준은 중소벤처기업부령으로 정한다. <개정 2017. 7. 26., 2019. 12. 10.>
[본조신설 2016. 5. 29.]

제19조의9 삭제 <2020. 2. 11.>

제3장 삭제 <2020. 2. 11.>

제20조 삭제 <2020. 2. 11.>

제21조 삭제 <2020. 2. 11.>

제22조 삭제 <2020. 2. 11.>

제23조 삭제 <2020. 2. 11.>

제24조 삭제 <2020. 2. 11.>

제24조의2 삭제 <2020. 2. 11.>

제25조 삭제 <2020. 2. 11.>

제26조 삭제 <2020. 2. 11.>

제27조 삭제 <2020. 2. 11.>

제28조 삭제 <2020. 2. 11.>

제29조 삭제 <2020. 2. 11.>

제30조 삭제 <2020. 2. 11.>

제4장 중소기업상담회사

제31조(중소기업상담회사의 등록) ① 다음 각 호의 사업을 영위하는 회사로서 이 법에 따른 지원을 받으려는 자는 중소벤처기업부령으로 정하는 바에 따라 중소벤처기업부장관에게 중소기업상담회사로 등록하여야 한다. 중소기업상담회사가 등록한 사항 중 회사명과 소재지 등 중소벤처기업부령으로 정하는 중요 사항을 변경하려는 경우에도 또한 같다. <개정 2008. 2. 29., 2010. 6. 8., 2013. 3. 23., 2017. 7. 26.>
1. 중소기업의 사업성 평가
2. 중소기업의 경영 및 기술 향상을 위한 용역
3. 중소기업에 대한 사업의 알선
4. 중소기업의 자금 조달·운용에 대한 자문 및 대행

5. 창업 절차의 대행

6. 창업보육센터의 설립·운영에 대한 자문

7. 제1호부터 제6호까지의 사업에 딸린 사업으로서 중소벤처기업부 장관이 정하는 사업

② 제1항에 따른 중소기업상담회사는 다음 각 호의 요건을 모두 갖추어야 한다. <개정 2014. 1. 21., 2018. 12. 31.>

1. 다음 각 목의 어느 하나에 해당하는 법인으로서 해당 각 목의 요건을 갖출 것

가. 「상법」에 따른 회사: 납입자본금이 대통령령으로 정하는 금액 이상일 것

나. 「협동조합 기본법」에 따른 협동조합등 및 사회적협동조합등, 「중소기업협동조합법」에 따른 중소기업협동조합: 조합원이 납입한 출자금 총액이 대통령령으로 정하는 금액 이상일 것

2. 임원이 다음 각 목의 어느 하나에 해당하지 아니하는 자일 것

가. 미성년자·피성년후견인 또는 피한정후견인

나. 파산선고를 받고 복권되지 아니한 자

다. 금고 이상의 실형을 선고받고 그 집행이 끝나거나(집행이 끝난 것으로 보는 경우를 포함한다) 집행이 면제된 날부터 3년이 지나지 아니한 자

라. 금고 이상의 형의 집행유예를 선고받고 그 유예기간 중에 있는 자

마. 금융거래 등 상거래에서 약정한 날짜 이내에 채무를 갚지 아니한 자로서 대통령령으로 정하는 자

3. 대통령령으로 정하는 기준에 따른 전문인력 및 시설을 보유할 것

제32조(용역비의 지원) 중소벤처기업부장관은 중소기업상담회사가 창업자에게 용역을 제공하면 대통령령으로 정하는 바에 따라 그 용역대금의 일부를 지원할 수 있다. <개정 2017. 7. 26.>

제5장 창업 절차 등

제33조(사업계획의 승인) ① 제조업(「통계법」 제22조제1항에 따라 통계청장이 작성·고시하는 한국표준산업분류상의 제조업을 말한다)을 영위하고자 하는 창업자는 대통령령으로 정하는 바에 따라 사업

계획을 작성하고, 이에 대한 시장·군수 또는 구청장(자치구의 구청장만을 말한다. 이하 같다)의 승인을 받아 사업을 할 수 있다. 사업자 또는 공장용지의 면적 등 대통령령으로 정하는 중요 사항을 변경하려는 경우에도 또한 같다. <개정 2013. 8. 6., 2017. 11. 28.>

② 시장·군수 또는 구청장은 제1항에 따른 사업계획의 승인을 할 때에는 그 공장의 건축면적이 「산업집적활성화 및 공장설립에 관한 법률」 제8조에 따른 기준공장면적률에 적합하도록 하여야 한다.

③ 시장·군수 또는 구청장은 제1항에 따른 사업계획의 승인 신청을 받은 날부터 20일 이내에 승인 여부를 알려야 한다. 이 경우 20일 이내에 승인 여부를 알리지 아니한 때에는 20일이 지난 날의 다음 날에 승인한 것으로 본다.

④ 중소벤처기업부장관은 창업에 따른 절차를 간소화하기 위하여 제1항에 따른 사업계획 승인에 관한 업무를 처리할 때 필요한 지침을 작성하여 고시할 수 있다. <개정 2017. 7. 26.>

제34조(사전 협의) ① 창업자는 제33조제1항에 따른 사업계획의 승인을 신청하기 전에 시장·군수 또는 구청장에게 사업계획의 승인 가능성 등에 관하여 사전 협의를 요청할 수 있다.

② 제1항에 따른 사전 협의 절차 등에 필요한 사항은 대통령령으로 정한다.

제35조(다른 법률과의 관계) ① 제33조제1항에 따라 사업계획을 승인할 때 다음 각 호의 허가, 인가, 면허, 승인, 지정, 결정, 신고, 해제 또는 용도폐지(이하 이 조에서 "허가등"이라 한다)에 관하여 시장·군수 또는 구청장이 제4항에 따라 다른 행정기관의 장과 협의를 한 사항에 대하여는 그 허가등을 받은 것으로 본다. <개정 2007. 12. 27., 2008. 3. 21., 2009. 1. 30., 2009. 6. 9., 2010. 4. 15., 2010. 5. 31., 2010. 6. 8., 2011. 4. 14., 2011. 7. 21., 2014. 1. 14., 2016. 1. 19., 2016. 12. 27.>

1. 「산업집적활성화 및 공장설립에 관한 법률」 제13조제1항에 따른 공장설립 등의 승인

2. 사방사업법」 제14조에 따른 벌채 등의 허가와 같은 법 제20조에 따른 사방지(砂防地) 지정의 해제

3. 「공유수면 관리 및 매립에 관한 법률」 제8조에 따른 공유수면의
   점용·사용허가, 같은 법 제17조에 따른 점용·사용 실시계획의 승
   인 또는 신고 및 같은 법 제28조에 따른 공유수면의 매립면허
4. 삭제 <2010. 4. 15.>
5. 「하천법」 제30조에 따른 하천공사의 허가와 같은 법 제33조에 따
   른 하천의 점용허가
6. 「산지관리법」 제14조 및 제15조에 따른 산지전용허가, 산지전용
   신고, 같은 법 제15조의2에 따른 산지일시사용허가·신고 및 같은
   법 제21조에 따라 산지전용된 토지의 용도변경 승인과 「산림자원
   의 조성 및 관리에 관한 법률」 제36조제1항 및 제4항에 따른 입
   목벌채 등의 허가와 신고
7. 사도법」 제4조에 따른 사도(私道)의 개설허가
8. 「국토의 계획 및 이용에 관한 법률」 제56조제1항에 따른 개발행
   위의 허가, 같은 법 제86조에 따른 도시·군계획시설사업의 시행
   자 지정 및 같은 법 제88조에 따른 실시계획의 작성·인가
9. 「농지법」 제34조제1항에 따른 농지의 전용허가, 같은 법 제35조
   제1항에 따른 농지의 전용신고 및 같은 법 제40조제1항에 따른 용
   도변경의 승인
10. 「초지법」 제23조에 따른 초지의 전용허가 또는 전용 신고
11. 「국유재산법」 제30조에 따른 국유재산의 사용허가 및 같은 법
    제40조에 따른 도로, 하천, 도랑 및 제방의 용도폐지
12. 「도로법」 제61조제1항에 따른 도로의 점용허가
13. 「환경영향평가법」 에 따른 소규모 환경영향평가 협의
14. 「농어촌정비법」 제23조제1항 본문에 따른 농업생산기반시설의
    사용허가
15. 「장사 등에 관한 법률」 제27조제1항에 따른 타인의 토지 등에
    설치된 분묘 개장(改葬)의 허가
16. 「공유재산 및 물품 관리법」 제20조제1항에 따른 행정재산의 사
    용허가·수익허가 및 같은 법 제11조에 따른 행정재산의 용도폐지
17. 「부동산 거래신고 등에 관한 법률」 제11조에 따른 토지거래계약
    에 관한 허가

② 제33조제1항에 따라 사업계획의 승인을 받은 공장에 대해 「건축법」 제11조에 따른 건축허가를 할 때 해당 시장·군수 또는 구청장이 다음 각 호의 허가, 인가, 승인, 동의, 심사 또는 신고(이하 이 조에서 "승인등"이라 한다)에 관하여 제4항에 따라 다른 행정기관의 장과 협의를 한 사항에 대하여는 그 승인등을 받은 것으로 본다. <개정 2007. 5. 17., 2008. 3. 21., 2009. 6. 9., 2010. 6. 8., 2011. 8. 4., 2012. 8. 13., 2014. 1. 14., 2015. 1. 6., 2015. 1. 28., 2017. 1. 17., 2017. 11. 28., 2019. 1. 15., 2020. 3. 31.>

1. 「도로법」 제61조제1항에 따른 도로의 점용허가
2. 「하수도법」 제24조에 따른 점용허가와 같은 법 제27조제3항 및 제4항에 따른 배수설비의 설치신고
3. 「하수도법」 제34조제2항에 따른 개인하수처리시설설치의 신고
4. 「화재예방, 소방시설 설치·유지 및 안전관리에 관한 법률」 제7조제1항에 따른 건축허가등의 동의, 「소방시설공사업법」 제13조제1항에 따른 소방시설공사의 신고와 「위험물안전관리법」 제6조제1항에 따른 제조소등의 설치허가
5. 「대기환경보전법」 제23조, 「물환경보전법」 제33조, 「소음·진동관리법」 제8조 및 「가축분뇨의 관리 및 이용에 관한 법률」 제11조에 따른 배출시설의 설치허가 또는 설치신고
6. 「폐기물관리법」 제29조제2항에 따른 폐기물처리시설의 설치승인 또는 설치신고
7. 「수도법」 제52조와 제54조에 따른 전용수도설치의 인가
8. 「전기안전관리법」 제8조에 따른 자가용전기설비의 공사계획 인가 또는 신고
9. 「총포·도검·화약류 등의 안전관리에 관한 법률」 제25조제1항에 따른 화약류 간이저장소 설치의 허가
10. 「건축법」 제11조제1항에 따른 건축허가, 같은 법 제14조제1항에 따른 건축신고, 같은 법 제20조제1항과 제3항에 따른 가설건축물의 건축허가 또는 건축신고 및 같은 법 제83조제1항에 따른 공작물 축조의 신고
11. 「토양환경보전법」 제12조에 따른 특정토양오염관리대상시설 설

치의 신고

12. 「액화석유가스의 안전관리 및 사업법」 제5조에 따른 가스용품 제조사업의 허가와 같은 법 제8조에 따른 액화석유가스 저장시설의 설치허가

13. 「고압가스 안전관리법」 제4조에 따른 고압가스의 제조허가와 고압가스저장소 설치의 허가, 같은 법 제5조제1항에 따른 용기, 냉동기 및 특정설비의 제조등록, 같은 법 제20조제1항에 따른 특정고압가스 사용신고

14. 「산업안전보건법」 제42조제4항에 따른 유해·위험방지계획서의 심사 및 같은 법 제45조제1항에 따른 공정안전보고서의 심사

③제33조제1항에 따라 사업계획의 승인을 받은 공장에 대하여 「건축법」 제22조에 따라 건축물의 사용승인을 할 때 해당 시장·군수 또는 구청장이 다음 각 호의 검사, 신고, 동의 또는 신청(이하 이 조에서 "검사등"이라 한다)에 관하여 제4항에 따라 다른 행정기관의 장과 협의를 한 사항에 대하여는 그 검사등을 받은 것으로 본다. <개정 2007. 5. 17., 2008. 3. 21., 2009. 6. 9., 2010. 6. 8., 2011. 8. 4., 2014. 6. 3., 2015. 1. 6., 2015. 1. 28., 2017. 1. 17., 2017. 11. 28., 2020. 3. 31.>

1. 「하수도법」 제37조에 따른 준공검사

2. 「화재예방, 소방시설 설치·유지 및 안전관리에 관한 법률」 제7조제1항에 따른 사용승인의 동의, 「소방시설공사업법」 제14조에 따른 소방시설공사의 완공검사와 「위험물안전관리법」 제9조에 따른 제조소등의 완공검사

3. 「폐기물관리법」 제29조제4항에 따른 폐기물처리시설 사용개시의 신고

4. 「대기환경보전법」 제30조제1항 및 「물환경보전법」 제37조에 따른 배출시설 등의 가동개시 신고

5. 「총포·도검·화약류 등의 안전관리에 관한 법률」 제43조에 따른 완성검사

6. 「먹는 물 관리법」 제23조제1항에 따른 먹는샘물제조업의 조건부 영업허가

7. 「전기안전관리법」 제9조에 따른 자가용전기설비의 사용 전 검사

8. 「액화석유가스의 안전관리 및 사업법」 제36조제2항에 따른 저장시설 설치와 가스용품 제조시설의 완성검사

9. 「고압가스 안전관리법」 제16조제3항에 따른 고압가스의 제조, 저장소 설치, 용기 등의 제조시설 설치공사의 완성검사 및 같은 법 제20조에 따른 특정고압가스시설의 완성검사

10. 「국토의 계획 및 이용에 관한 법률」 제62조제1항과 같은 법 제98조제2항에 따른 준공검사

11. 「공간정보의 구축 및 관리 등에 관한 법률」 제64조제2항에 따른 토지 이동 등의 등록 신청

④시장·군수 또는 구청장이 제33조에 따른 사업계획의 승인 또는 「건축법」 제11조제1항 및 같은 법 제22조제1항에 따른 건축허가와 사용승인을 할 때 그 내용 중 제1항부터 제3항까지에 해당하는 사항이 다른 행정기관의 권한에 속하는 경우에는 그 행정기관의 장과 협의하여야 하며, 협의를 요청받은 행정기관의 장은 대통령령으로 정하는 기간에 의견을 제출하여야 한다. 이 경우 다른 행정기관의 장이 그 기간에 의견을 제출하지 아니하면 의견이 없는 것으로 본다. <개정 2008. 3. 21.>

제36조(법령 제정·개정 시의 협의) 관계 행정기관의 장은 제33조에 따른 사업계획의 승인, 창업자의 공장에 대한 「건축법」 제11조제1항의 건축허가나 같은 법 제22조제1항의 사용승인과 관련되는 사항을 법령으로 제정하거나 개정하려면 미리 중소벤처기업부장관과 협의하여야 한다. <개정 2008. 3. 21., 2017. 7. 26.>

제37조(사업계획 승인의 취소 등) ①시장·군수 또는 구청장은 사업계획의 승인을 받은 자가 다음 각 호의 어느 하나에 해당하면 사업계획의 승인과 공장 건축허가를 취소하거나 해당 토지의 원상회복을 명령할 수 있다. <개정 2013. 8. 6.>

1. 사업계획의 승인을 받은 날부터 대통령령으로 정하는 기간이 지난 날까지 공장의 착공을 하지 아니하거나 공장착공 후 대통령령으로 정하는 기간 이상 공사를 중단한 경우

2. 사업계획의 승인을 받은 공장용지를 「산업집적활성화 및 공장설립에 관한 법률」 제15조에 따른 공장설립등의 완료신고를 하기 전에 다른 사람에게 양도한 경우. 다만, 창업자에 양도한 경우에는 그러하지 아니하다.

3. 사업계획의 승인을 받은 공장용지를 다른 사람에게 임대하거나 공장이 아닌 용도로 활용하는 경우

4. 사업계획의 승인을 받은 후 대통령령으로 정하는 기간이 지난 날까지 공장 건축을 끝내지 아니한 경우

② 시장·군수 또는 구청장은 제1항에 따른 원상회복명령을 위반하여 원상회복을 하지 아니하면 대집행(代執行)에 따라 원상회복을 할 수 있다.

③ 제2항에 따른 대집행의 절차에 관하여는 「행정대집행법」을 적용한다.

④ 시장·군수 또는 구청장은 제1항에 따라 사업계획의 승인을 취소하려면 청문을 하여야 한다.

제38조(창업민원처리기구의 설치) ① 정부는 민원인의 편의를 위하여 특별시·광역시·특별자치시·도·특별자치도 또는 시·군·구의 창업에 관련된 민원을 종합적으로 접수하여 처리할 수 있는 기구(이하 이 조에서 "중소기업창업민원실"이라 한다)를 설치할 수 있다. <개정 2013. 8. 6.>

② 중소기업창업민원실의 설치 및 운영에 필요한 사항은 대통령령으로 정한다.

제39조(창업진흥원) ① 창업을 촉진하고 창업기업의 성장을 효율적으로 지원하기 위하여 창업진흥원(이하 "진흥원"이라 한다)을 설립한다.

② 진흥원은 법인으로 하며, 주된 사무소의 소재지에서 설립등기를 함으로써 성립한다.

③ 제2항에 따른 주된 사무소의 소재지는 정관으로 정하며, 진흥원은 정관에서 정하는 바에 따라 필요한 곳에 지원 또는 지부, 그 밖의 사무소를 둘 수 있다.

④ 진흥원은 다음 각 호의 사업을 수행한다.

1. 창업활성화를 위한 정책의 조사연구

2. 창업자에 대한 자금(정책자금 융자 제외), 인력, 판로 및 입지 등에 관한 정보제공 및 지원

3. 창업촉진을 위한 교육모델 개발 및 운영·보급

4. 창업실태조사 및 분석

5. 국제기구 및 외국과의 창업 관련 교류 및 협력

6. 창업기업의 해외진출 지원 및 외국인의 국내창업 지원

7. 우수 예비창업자의 발굴 및 지원

8. 재창업자의 교육 및 지원

9. 청년창업자 교육 및 사업화 지원

10. 청소년 및 예비창업자 등에 대한 창업교육 등 기업가정신 제고

11. 대학 및 연구기관 등의 창업촉진 활동 지원

12. 창업분야 전문인력 육성 및 지원

13. 창업저변 확대 및 창업문화 조성을 위한 지원

14. 창업촉진을 위한 지원시설 등 창업기반조성 및 운영·지원

15. 그 밖에 관계 중앙행정기관의 장이 위탁하는 사업

⑤ 중앙행정기관의 장 및 지방자치단체의 장은 제4항 각 호의 사업을 진흥원으로 하여금 수행하게 할 수 있고, 그에 드는 비용의 전부 또는 일부를 출연 또는 보조할 수 있다.

⑥ 공공기관·중소기업자·개인 또는 단체는 제4항 각 호의 사업 수행에 필요한 경비를 지원할 수 있다.

⑦ 진흥원은 제1항의 목적 달성에 필요한 재원을 조달하기 위하여 대통령령으로 정하는 바에 따라 수익사업을 할 수 있다.

⑧ 진흥원에 관하여 이 법에서 정한 것을 제외하고는 「민법」의 재단법인에 관한 규정을 준용한다.

[전문개정 2019. 4. 23.]

제39조의2(청년기업가정신 재단법인에 대한 출연 등) 중소벤처기업부장관은 「민법」 제32조에 따라 중소벤처기업부장관의 설립허가를 받은 비영리법인으로서 청년 및 예비창업자 등을 대상으로 도전정신, 창의력, 혁신역량 등(이하 이 조에서 "기업가정신"이라 한다)을 함양하

기 위하여 다음 각 호의 사업을 주요 목적으로 하는 재단법인에 대하여 예산의 범위에서 출연 또는 보조할 수 있다. <개정 2017. 7. 26.>

1. 기업가정신 활성화 사업의 기획, 개발 및 연구
2. 기업가정신의 실태조사 및 통계 구축·운영
3. 청년 및 예비창업자 등을 대상으로 하는 기업가정신 교육과정과 교재의 개발·보급, 교육사업의 관리·운영 지원
4. 기업가정신 모범사례의 발굴·전파 등 기업가정신을 확산하기 위한 분위기 조성사업
5. 기업가정신 저해요인의 발굴·해소 및 재창업 여건 확충
6. 그 밖에 기업가정신의 함양 및 확산을 위하여 중소벤처기업부장관이 지정·위탁하는 사업

[본조신설 2011. 4. 4.]
[종전 제39조의2는 제39조의3으로 이동 <2011. 4. 4.>]

제39조의3(부담금의 면제) ① 제33조에 따라 사업계획의 승인을 받은 창업자에 대하여는 사업을 개시한 날부터 7년 동안 다음 각 호의 부담금을 면제한다. <신설 2015. 2. 3., 2018. 12. 31.>

1. 「농지법」 제38조제1항에 따른 농지보전부담금
2. 「초지법」 제23조제6항에 따른 대체초지조성비

② 「통계법」 제22조제1항에 따라 통계청장이 작성·고시하는 한국표준산업분류상의 제조업을 영위하기 위하여 중소기업을 창업하는 자에 대하여 사업을 개시한 날부터 3년 동안 다음 각 호의 부담금을 면제한다. <개정 2010. 6. 8., 2015. 2. 3., 2017. 1. 17., 2018. 12. 31.>

1. 「지방자치법」 제138조에 따른 분담금
2. 「농지법」 제38조제1항에 따른 농지보전부담금
3. 「초지법」 제23조제6항에 따른 대체초지조성비
4. 「전기사업법」 제51조제1항에 따른 부담금
5. 「대기환경보전법」 제35조제2항제1호의 기본부과금(대기오염물질 배출량의 합계가 연간 10톤 미만인 사업장만 해당한다)
6. 「물환경보전법」 제41조제1항제1호의 기본배출부과금(1일 폐수배출량이 200㎥ 미만인 사업장에 한한다)
7. 「자원의 절약과 재활용촉진에 관한 법률」 제12조제1항에 따른 폐

기물부담금(연간 매출액이 20억원 미만인 제조업자만 해당한다)

8. 「한강수계 상수원수질개선 및 주민지원 등에 관한 법률」 제19조 제1항에 따른 물이용부담금

9. 「금강수계 물관리 및 주민지원 등에 관한 법률」 제30조제1항에 따른 물이용부담금

10. 「낙동강수계 물관리 및 주민지원 등에 관한 법률」 제32조제1항 에 따른 물이용부담금

11. 「영산강·섬진강수계 물관리 및 주민지원 등에 관한 법률」 제30 조제1항에 따른 물이용부담금

12. 「산지관리법」 제19조제1항에 따른 대체산림자원조성비

13. 「도시교통정비 촉진법」 제36조에 따른 교통유발부담금

14. 「지하수법」 제30조의3에 따른 지하수이용부담금

15. 「오존층 보호를 위한 특정물질의 제조규제 등에 관한 법률」 제 24조의2에 따른 특정물질 제조·수입 부담금

16. 「해양심층수의 개발 및 관리에 관한 법률」 제40조에 따른 해양 심층수이용부담금

③ 제1항 및 제2항에 따른 부담금 면제의 절차 및 방법 등에 관하여 필요한 사항은 대통령령으로 정한다. <신설 2010. 6. 8., 2015. 2. 3.>

[본조신설 2007. 8. 3.]

[제39조의2에서 이동, 종전 제39조의3은 제39조의4로 이동 <2011. 4. 4.>]

[법률 제8606호(2007. 8. 3.) 부칙 제2항의 규정에 의하여 이 조 제2항은 2022년 8월 2일까지 유효함]

제39조의3(부담금의 면제) ① 제33조에 따라 사업계획의 승인을 받은 창업자에 대하여는 사업을 개시한 날부터 7년 동안 다음 각 호의 부 담금을 면제한다. <신설 2015. 2. 3., 2018. 12. 31.>

1. 「농지법」 제38조제1항에 따른 농지보전부담금

2. 「초지법」 제23조제6항에 따른 대체초지조성비

② 「통계법」 제22조제1항에 따라 통계청장이 작성·고시하는 한국표 준산업분류상의 제조업을 영위하기 위하여 중소기업을 창업하는 자 에 대하여 사업을 개시한 날부터 3년 동안 다음 각 호의 부담금을

면제한다. <개정 2010. 6. 8., 2015. 2. 3., 2017. 1. 17., 2018. 12. 31., 2021. 1. 12.>

1. 「지방자치법」 제155조에 따른 분담금
2. 「농지법」 제38조제1항에 따른 농지보전부담금
3. 「초지법」 제23조제6항에 따른 대체초지조성비
4. 「전기사업법」 제51조제1항에 따른 부담금
5. 「대기환경보전법」 제35조제2항제1호의 기본부과금(대기오염물질 배출량의 합계가 연간 10톤 미만인 사업장만 해당한다)
6. 「물환경보전법」 제41조제1항제1호의 기본배출부과금(1일 폐수배 출량이 200㎥ 미만인 사업장에 한한다)
7. 「자원의 절약과 재활용촉진에 관한 법률」 제12조제1항에 따른 폐 기물부담금(연간 매출액이 20억원 미만인 제조업자만 해당한다)
8. 「한강수계 상수원수질개선 및 주민지원 등에 관한 법률」 제19조 제1항에 따른 물이용부담금
9. 「금강수계 물관리 및 주민지원 등에 관한 법률」 제30조제1항에 따른 물이용부담금
10. 「낙동강수계 물관리 및 주민지원 등에 관한 법률」 제32조제1항 에 따른 물이용부담금
11. 「영산강·섬진강수계 물관리 및 주민지원 등에 관한 법률」 제30 조제1항에 따른 물이용부담금
12. 「산지관리법」 제19조제1항에 따른 대체산림자원조성비
13. 「도시교통정비 촉진법」 제36조에 따른 교통유발부담금
14. 「지하수법」 제30조의3에 따른 지하수이용부담금
15. 「오존층 보호를 위한 특정물질의 제조규제 등에 관한 법률」 제 24조의2에 따른 특정물질 제조·수입 부담금
16. 「해양심층수의 개발 및 관리에 관한 법률」 제40조에 따른 해양 심층수이용부담금

③ 제1항 및 제2항에 따른 부담금 면제의 절차 및 방법 등에 관하여 필요한 사항은 대통령령으로 정한다. <신설 2010. 6. 8., 2015. 2. 3.>

[본조신설 2007. 8. 3.]

[제39조의2에서 이동, 종전 제39조의3은 제39조의4로 이동 <2011. 4. 4.>]

[법률 제8606호(2007. 8. 3.) 부칙 제2항의 규정에 의하여 이 조 제2항은 2022년 8월 2일까지 유효함]
[시행일 : 2022. 1. 13.] 제39조의3

제39조의4(사업분리에 의한 창업 시 공장등록 특례) 「법인세법」 제2조제1호에 따른 내국법인(이하 이 조에서 "내국법인"이라 한다)이 하는 사업의 일부를 분리하여 사업을 개시하는 중소기업이 다음 각 호의 요건을 모두 갖춘 경우에는 「부가가치세법」 제8조에 따라 발급받은 사업자등록증은 사업을 개시한 날부터 2년 동안 「산업집적활성화 및 공장설립에 관한 법률」 제16조에 따라 공장등록을 하였음을 증명하는 서류로 본다. <개정 2018. 12. 24., 2018. 12. 31.>

1. 내국법인의 임직원이었던 자가 대표자, 최대주주 또는 최대출자자일 것

2. 내국법인과 사업의 분리에 관한 계약 및 그 내국법인의 공장 전부 또는 일부의 공동사용에 관한 계약을 서면으로 체결할 것

[본조신설 2010. 6. 8.]
[제39조의3에서 이동, 종전 제39조의4는 제39조의5로 이동 <2011. 4. 4.>]

제39조의5(재택창업지원시스템 설치·운영) ① 중소벤처기업부장관은 「전자정부법」 제2조제10호에 따른 정보통신망을 통하여 회사를 설립할 수 있는 시스템(이하 이 조에서 "재택창업지원시스템"이라 한다)을 설치·운영할 수 있다. <개정 2017. 7. 26.>
② 관계 중앙행정기관 및 관련 기관은 재택창업지원시스템을 통한 창업 절차가 원활하게 진행될 수 있도록 해당 기관의 소관 업무를 신속하게 처리하는 등 협조하여야 한다.
③ 중소벤처기업부장관은 예산의 범위에서 관계 중앙행정기관 및 관련 기관이 재택창업지원시스템에 연계되는 개별 시스템을 운영하는 데에 드는 비용의 전부 또는 일부를 지원할 수 있다. <개정 2017. 7. 26.>
④ 제2항 및 제3항에서 규정한 사항 외에 재택창업지원시스템의 설치·운영에 필요한 절차 및 방법 등에 관한 사항은 대통령령으로 정한다.
[본조신설 2010. 6. 8.]
[제39조의4에서 이동 <2011. 4. 4.>]

제6장 보칙

제40조(보고) 중소벤처기업부장관은 필요하다고 인정하면 대통령령으로 정하는 바에 따라 중소기업상담회사 또는 창업보육센터사업자에게 업무운용 상황 등에 관한 보고를 하게 할 수 있다.
[전문개정 2020. 2. 11.]

제41조 삭제 <2009. 4. 1.>

제42조 삭제 <2020. 2. 11.>

제42조의2 삭제 <2020. 2. 11.>

제43조(등록의 취소 등) ① 삭제 <2020. 2. 11.>

② 삭제 <2020. 2. 11.>

③ 삭제 <2020. 2. 11.>

④ 중소벤처기업부장관은 중소기업상담회사가 다음 각 호의 어느 하나에 해당하면 그 등록을 취소하거나 3년의 범위에서 대통령령으로 정하는 바에 따라 이 법에 따른 지원을 중단할 수 있다. 다만, 제1호에 해당하면 그 등록을 취소하여야 한다. <개정 2015. 2. 3., 2016. 5. 29., 2017. 7. 26.>

1. 거짓이나 그 밖에 부정한 방법으로 등록을 한 때

2. 제31조제2항에 따른 등록요건에 맞지 아니하게 된 때. 다만, 임원 중 같은 항 제2호 각 목의 어느 하나에 해당하는 자가 있는 경우 6개월 이내에 그 임원을 바꾸어 임명한 경우에는 그러하지 아니하다.

3. 회사의 책임 있는 사유로 제31조제1항에 따른 사업수행이 어렵게 된 때

4. 정당한 사유 없이 1년 이상 계속하여 사업을 하지 아니한 때

5. 삭제 <2007. 8. 3.>

⑤ 중소벤처기업부장관은 창업보육센터사업자가 다음 각 호의 어느 하나에 해당하면 사업자의 지정을 취소하거나 3년의 범위에서 대통령령으로 정하는 바에 따라 이 법에 따른 지원을 중단할 수 있다. 다만, 제1호에 해당하면 그 지정을 취소하여야 한다. <개정 2008. 2.

29., 2012. 8. 13., 2013. 3. 23., 2013. 8. 6., 2015. 2. 3., 2016. 5. 29., 2017. 7. 26.>

1. 거짓이나 그 밖에 부정한 방법으로 지정을 받은 때

2. 지원받은 자금을 다른 목적으로 사용한 때

3. 창업보육센터 시설 및 장소를 중소기업 창업지원 외의 목적으로 사용한 때

4. 창업보육센터의 운영 실적이 중소벤처기업부령으로 정하는 기준에 미치지 못할 때

5. 제6조제1항에 따른 지정 요건에 맞지 아니하게 된 때

⑥ 삭제 <2020. 2. 11.>

⑦ 삭제 <2020. 2. 11.>

제44조(청문) 중소벤처기업부장관은 다음 각 호의 어느 하나에 해당하는 처분을 하려면 청문을 하여야 한다.

1. 제9조의5에 따른 창업기업의 확인 취소

2. 제19조의8제3항에 따른 사업 운영자의 선정 취소

3. 제43조에 따른 중소기업상담회사의 등록 취소 또는 창업보육센터사업자의 지정 취소

[전문개정 2020. 4. 7.]

제45조(권한의 위임·위탁) ① 이 법에 따른 중소벤처기업부장관의 권한은 대통령령으로 정하는 바에 따라 그 일부를 소속 기관의 장이나 특별시장·광역시장·특별자치시장·도지사 또는 특별자치도지사에게 위임할 수 있다. <개정 2013. 8. 6., 2017. 7. 26.>

② 중소벤처기업부장관은 이 법에 따른 업무의 일부를 대통령령으로 정하는 바에 따라 다른 행정기관의 장, 「중소기업진흥에 관한 법률」 제68조에 따른 중소벤처기업진흥공단, 중소기업상담회사, 그 밖의 중소기업 관련 기관에 위탁할 수 있다. <개정 2009. 5. 21., 2017. 7. 26., 2018. 12. 31., 2020. 2. 11.>

제46조 삭제 <2020. 2. 11.>

제47조(업무기준의 고시) 중소벤처기업부장관은 중소기업상담회사 또는 창업보육센터사업자가 창업자에 대하여 효율적으로 지원할 수 있

도록 창업지원 업무에 관한 기준을 정하여 고시할 수 있다. <개정 2016. 5. 29., 2017. 7. 26., 2020. 2. 11.>

제47조의2 삭제 <2020. 2. 11.>

제48조(벌칙) 제4조의3제5항에 따라 취득한 정보를 누설하거나 직무 상 목적 외에 사용한 자는 5년 이하의 징역 또는 5천만원 이하의 벌 금에 처한다.

[전문개정 2020. 2. 11.]

제49조(양벌규정) 법인의 대표자나 법인 또는 개인의 대리인, 사용인, 그 밖의 종업원이 그 법인 또는 개인의 업무에 관하여 제48조의 위 반행위를 하면 그 행위자를 벌하는 외에 그 법인 또는 개인에게도 해당 조문의 벌금형을 과(科)한다. 다만, 법인 또는 개인이 그 위반 행위를 방지하기 위하여 해당 업무에 관하여 상당한 주의와 감독을 게을리하지 아니한 경우에는 그러하지 아니하다.

[본조신설 2013. 8. 6.]

제7장 벌칙

제50조(과태료) ① 다음 각 호의 어느 하나에 해당하는 자에게는 500 만원 이하의 과태료를 부과한다. <개정 2020. 4. 7.>

1. 제9조의5제2항에 따른 제출·보고를 하지 아니하거나 거짓된 보고 를 한 자 또는 같은 항에 따른 검사를 거부·방해 또는 기피한 자
2. 제40조에 따른 보고를 하지 아니하거나 거짓된 보고를 한 자

② 제1항에 따른 과태료는 대통령령으로 정하는 바에 따라 중소벤처 기업부장관이 부과·징수한다. <개정 2017. 7. 26.>

③ 삭제 <2009. 1. 30.>

④ 삭제 <2009. 1. 30.>

⑤ 삭제 <2009. 1. 30.>

[제48조에서 이동 <2013. 8. 6.>]

부칙 <제17244호, 2020. 4. 7.>

제1조(시행일) 이 법은 공포 후 6개월이 경과한 날부터 시행한다.

제2조(공공기관의 우선 구매에 관한 적용례) 제5조의2의 개정규정은 이 법 시행 후 최초로 제9조의4의 개정규정에 따라 창업기업의 확인을 위한 증명서류를 발급한 다음 해부터 적용한다.

벤처기업육성에 관한 특별조치법

(약칭: 벤처기업법)

[시행 2021. 2. 12] [법률 제16997호, 2020. 2. 11, 일부개정]

제1장 총칙 <개정 2007. 8. 3.>

제1조(목적) 이 법은 기존 기업의 벤처기업으로의 전환과 벤처기업의 창업을 촉진하여 우리 산업의 구조조정을 원활히 하고 경쟁력을 높이는 데에 기여하는 것을 목적으로 한다.

[전문개정 2007. 8. 3.]

제2조(정의) ① "벤처기업"이란 제2조의2의 요건을 갖춘 기업을 말한다. <개정 2007. 8. 3.>

② "투자"란 주식회사가 발행한 주식, 무담보전환사채 또는 무담보신주인수권부사채를 인수하거나, 유한회사의 출자를 인수하는 것을 말한다. <개정 2007. 8. 3.>

③ 삭제 <2006. 3. 3.>

④ "벤처기업집적시설"이란 벤처기업 및 대통령령으로 정하는 지원시설을 집중적으로 입주하게 함으로써 벤처기업의 영업활동을 활성화하기 위하여 제18조에 따라 지정된 건축물을 말한다. <개정 2007. 8. 3.>

⑤ "실험실공장"이란 벤처기업의 창업을 촉진하기 위하여 대학이나 연구기관이 보유하고 있는 연구시설에 「산업집적활성화 및 공장설립에 관한 법률」 제28조에 따른 도시형공장에 해당하는 업종의 생산시설을 갖춘 사업장을 말한다. <개정 2007. 8. 3.>

⑥ "벤처기업육성촉진지구"란 벤처기업의 밀집도가 다른 지역보다 높은 지역으로 집단화·협업화(協業化)를 통한 벤처기업의 영업활동을 활성화하기 위하여 제18조의4에 따라 지정된 지역을 말한다. <개정 2007. 8. 3.>

⑦ "전략적제휴"란 벤처기업이 생산성 향상과 경쟁력 강화 등을 목적으로 기술·시설·정보·인력 또는 자본 등의 분야에서 다른 기

업의 주주 또는 다른 벤처기업과 협력관계를 형성하는 것을 말한다. <개정 2007. 8. 3.>

⑧ "신기술창업전문회사"란 대학이나 연구기관이 보유하고 있는 기술의 사업화와 이를 통한 창업 촉진을 주된 업무로 하는 회사로서 제11조의2에 따라 등록된 회사를 말한다. <개정 2007. 8. 3.>

⑨ "신기술창업집적지역"이란 대학이나 연구기관이 보유하고 있는 교지나 부지로서 「중소기업창업 지원법」 제2조제2호에 따른 창업자(이하 "창업자"라 한다)와 벤처기업 등에 사업화 공간을 제공하기 위하여 제17조의2에 따라 지정된 지역을 말한다. <개정 2007. 8. 3.>

[제목개정 2007. 8. 3.]

제2조(정의) ① "벤처기업"이란 제2조의2의 요건을 갖춘 기업을 말한다. <개정 2007. 8. 3.>

② "투자"란 주식회사가 발행한 주식, 무담보전환사채 또는 무담보신주인수권부사채를 인수하거나, 유한회사의 출자를 인수하는 것을 말한다. <개정 2007. 8. 3.>

③ 삭제 <2006. 3. 3.>

④ "벤처기업집적시설"이란 벤처기업 및 대통령령으로 정하는 지원시설을 집중적으로 입주하게 함으로써 벤처기업의 영업활동을 활성화하기 위하여 제18조에 따라 지정된 건축물을 말한다. <개정 2007. 8. 3.>

⑤ "실험실공장"이란 벤처기업의 창업을 촉진하기 위하여 대학이나 연구기관이 보유하고 있는 연구시설에 「산업집적활성화 및 공장설립에 관한 법률」 제28조에 따른 도시형공장에 해당하는 업종의 생산시설을 갖춘 사업장을 말한다. <개정 2007. 8. 3.>

⑥ "벤처기업육성촉진지구"란 벤처기업의 밀집도가 다른 지역보다 높은 지역으로 집단화·협업화(協業化)를 통한 벤처기업의 영업활동을 활성화하기 위하여 제18조의4에 따라 지정된 지역을 말한다. <개정 2007. 8. 3.>

⑦ "전략적제휴"란 벤처기업이 생산성 향상과 경쟁력 강화 등을 목적으로 기술·시설·정보·인력 또는 자본 등의 분야에서 다른 기업의 주주 또는 다른 벤처기업과 협력관계를 형성하는 것을 말한다.

<개정 2007. 8. 3.>

⑧ "신기술창업전문회사"란 대학이나 연구기관이 보유하고 있는 기술의 사업화와 이를 통한 창업 촉진을 주된 업무로 하는 회사로서 제11조의2에 따라 등록된 회사를 말한다. <개정 2007. 8. 3.>

⑨ "신기술창업집적지역"이란 대학이나 연구기관이 보유하고 있는 교지나 부지로서 「중소기업창업 지원법」 제2조제2호에 따른 창업자(이하 "창업자"라 한다)와 벤처기업 등에 사업화 공간을 제공하기 위하여 제17조의2에 따라 지정된 지역을 말한다. <개정 2007. 8. 3.>

⑩ "소셜벤처기업"이란 사회적 가치와 경제적 가치를 통합적으로 추구하는 기업으로서 제16조의8제1항에 따른 요건을 갖춘 기업을 말한다. <신설 2021. 4. 20.>

[제목개정 2007. 8. 3.]

[시행일 : 2021. 7. 21.] 제2조

제2조의2(벤처기업의 요건) ① 벤처기업은 다음 각 호의 요건을 갖추어야 한다. <개정 2007. 8. 3., 2009. 5. 21., 2010. 1. 27., 2011. 3. 9., 2014. 1. 14., 2016. 3. 22., 2016. 3. 29., 2016. 5. 29., 2018. 12. 31., 2019. 1. 8., 2020. 2. 11.>

1. 「중소기업기본법」 제2조에 따른 중소기업(이하 "중소기업"이라 한다)일 것

2. 다음 각 목의 어느 하나에 해당할 것

   가. 다음 각각의 어느 하나에 해당하는 자의 투자금액의 합계(이하 이 목에서 "투자금액의 합계"라 한다) 및 기업의 자본금 중 투자금액의 합계가 차지하는 비율이 각각 대통령령으로 정하는 기준 이상인 기업

   (1) 「벤처투자 촉진에 관한 법률」 제2조제10호에 따른 중소기업창업투자회사(이하 "중소기업창업투자회사"라 한다)

   (2) 「벤처투자 촉진에 관한 법률」 제2조제11호에 따른 벤처투자조합(이하 "벤처투자조합"이라 한다)

   (3) 「여신전문금융업법」에 따른 신기술사업금융업자(이하 "신기술사업금융업자"라 한다)

   (4) 「여신전문금융업법」에 따른 신기술사업투자조합(이하 "신기술

사업투자조합"이라 한다)

(5) 삭제 <2020. 2. 11.>

(6) 「벤처투자 촉진에 관한 법률」 제66조에 따른 한국벤처투자

(7) 중소기업에 대한 기술평가 및 투자를 하는 자로서 대통령령으로 정하는 자

(8) 투자실적, 경력, 자격요건 등 대통령령으로 정하는 기준을 충족하는 개인

  나. 다음의 어느 하나를 보유한 기업의 연간 연구개발비와 연간 총매출액에 대한 연구개발비의 합계가 차지하는 비율이 각각 대통령령으로 정하는 기준 이상이고, 제25조의3제1항에 따라 지정받은 벤처기업확인기관(이하 "벤처기업확인기관"이라 한다)으로부터 성장성이 우수한 것으로 평가받은 기업. 다만, 연간 총매출액에 대한 연구개발비의 합계가 차지하는 비율에 관한 기준은 창업 후 3년이 지나지 아니한 기업에 대하여는 적용하지 아니한다.

    1) 「기초연구진흥 및 기술개발지원에 관한 법률」 제14조의2제1항에 따라 인정받은 기업부설연구소 또는 연구개발전담부서

    2) 「문화산업진흥 기본법」 제17조의3제1항에 따라 인정받은 기업부설창작연구소 또는 기업창작전담부서

  다. 벤처기업확인기관으로부터 기술의 혁신성과 사업의 성장성이 우수한 것으로 평가받은 기업(창업 중인 기업을 포함한다)

② 제1항제2호나목 및 다목에 따른 평가기준과 평가방법 등에 관하여 필요한 사항은 대통령령으로 정한다. <개정 2020. 2. 11.>

[전문개정 2007. 8. 3.]

제3조(벤처기업에 포함되지 아니하는 업종의 결정) 제2조제1항에도 불구하고 우리 산업의 구조조정을 원활히 하고 경쟁력을 높이기 위하여 일반 유흥 주점업 등 대통령령으로 정하는 업종을 영위하는 기업은 벤처기업에 포함하지 아니한다. <개정 2015. 5. 18., 2019. 4. 23.>

[전문개정 2007. 8. 3.]

제2장 벤처기업 육성기반의 구축 <개정 2007. 8. 3.>

제1절 벤처기업 육성을 위한 추진체계의 구축 <신설 2016. 12. 2.>

제3조의2(벤처기업 육성계획의 수립 등) ① 중소벤처기업부장관은 벤처기업을 육성하기 위하여 3년마다 벤처기업 육성계획(이하 "육성계획"이라 한다)을 관계 중앙행정기관의 장과 협의를 거쳐 수립·시행하여야 한다. <개정 2017. 7. 26.>

② 육성계획에는 다음 각 호의 사항이 포함되어야 한다. <개정 2020. 2. 11.>

1. 벤처기업의 육성을 위한 정책의 기본방향

2. 벤처기업의 창업지원에 관한 사항

3. 벤처기업 육성을 위한 기반조성에 관한 사항

4. 벤처기업 관련 통계 조사·관리에 관한 사항

5. 벤처기업 제품의 공공구매 확대에 관한 사항

5의2. 벤처기업의 해외시장 진출 지원에 관한 사항

6. 그 밖에 벤처기업의 육성을 위하여 필요한 사항

③ 중소벤처기업부장관은 육성계획의 수립과 시행을 위하여 필요한 경우에는 관계 중앙행정기관의 장과 벤처기업 육성에 관련된 기관 또는 단체 대표자 등에 대하여 자료의 제출이나 의견의 진술을 요청할 수 있다. 이 경우 요청을 받은 관계 중앙행정기관의 장 등은 특별한 사정이 없으면 요청에 따라야 한다. <개정 2017. 7. 26.>

[본조신설 2016. 12. 2.]

제3조의3(실태조사) ① 중소벤처기업부장관은 벤처기업을 체계적으로 육성하고 육성계획을 효율적으로 수립·추진하기 위하여 매년 벤처기업의 활동현황 및 실태 등에 대한 조사를 하고 그 결과를 공표하여야 한다. <개정 2017. 7. 26.>

② 중소벤처기업부장관은 제1항에 따른 실태조사를 하기 위하여 필요한 경우에는 관계 중앙행정기관의 장, 지방자치단체의 장, 「공공기관의 운영에 관한 법률」에 따른 공공기관의 장, 벤처기업 대표자 또는 관련 단체 대표자 등에 대하여 자료의 제출이나 의견의 진술 등을 요청할 수 있다. 이 경우 요청을 받은 관계 중앙행정기관의 장 등

은 특별한 사정이 없으면 요청에 따라야 한다. <개정 2017. 7. 26.>
[본조신설 2016. 12. 2.]

제3조의4(종합관리시스템 구축·운영) ① 중소벤처기업부장관은 벤처기업 관련 정보를 종합적으로 관리하고 벤처기업 간의 협력기반을 구축하여 벤처기업 활동에 유용한 정보를 제공하기 위하여 종합관리시스템을 구축·운영할 수 있다.

② 중소벤처기업부장관은 종합관리시스템의 구축·운영을 위하여 필요한 경우 다음 각 호의 자료 또는 정보의 제공을 다음 각 호의 구분에 따른 자에게 요청할 수 있다. 이 경우 요청을 받은 자는 특별한 사유가 없으면 그 요청에 따라야 한다.

1. 「국세기본법」 제81조의13에 따른 과세정보로서 당사자의 동의를 받은 다음 각 목의 정보: 국세청장

   가. 개업일, 휴업일 및 폐업일

   나. 다음의 구분에 따른 정보

     1) 제2조의2제1항제2호가목에 해당하는 기업의 경우: 자본금

     2) 제2조의2제1항제2호나목에 해당하는 기업의 경우: 연간 총매출액, 해당 연도에 발생한 「조세특례제한법」 제10조제1항제1호 및 제3호에 따른 신성장·원천기술 연구개발비 및 일반연구·인력개발비

2. 「고용보험법」 제2조제1호에 따른 피보험자 수: 고용노동부장관

3. 그 밖에 종합관리시스템의 구축·운영을 위하여 필요한 자료 또는 정보로서 대통령령으로 정하는 자료 또는 정보: 해당 자료 또는 정보를 보유한 관계 중앙행정기관의 장, 지방자치단체의 장, 「공공기관의 운영에 관한 법률」에 따른 공공기관의 장, 그 밖의 관계 기관·법인 또는 단체의 장

③ 제1항 및 제2항에서 규정한 사항 외에 종합관리시스템의 운영기관 지정 등 종합관리시스템의 구축·운영에 필요한 사항은 대통령령으로 정한다.

[전문개정 2020. 2. 11.]

제2절 자금공급의 원활화 <개정 2016. 12. 2.>

제4조 삭제 <2020. 2. 11.>

제4조의2 삭제 <2020. 2. 11.>

제4조의3 삭제 <2020. 2. 11.>

제4조의4 삭제 <2020. 2. 11.>

제4조의5 삭제 <2020. 2. 11.>

제4조의6 삭제 <2020. 2. 11.>

제4조의7 삭제 <2020. 2. 11.>

제4조의8 삭제 <2020. 2. 11.>

제4조의9 삭제 <2020. 2. 11.>

제4조의10 삭제 <2020. 2. 11.>

제5조(우선적 신용보증의 실시) 「기술보증기금법」에 따른 기술보증기금(이하 "기술보증기금"이라 한다)은 벤처기업과 신기술창업전문회사에 우선적으로 신용보증을 하여야 한다. <개정 2016. 3. 29., 2020. 2. 11.>
[전문개정 2007. 8. 3.]

제6조(산업재산권등의 출자 특례) ① 벤처기업에 대한 현물출자 대상에는 특허권·실용신안권·디자인권, 그 밖에 이에 준하는 기술과 그 사용에 관한 권리(이하 "산업재산권등"이라 한다)를 포함한다.
② 대통령령으로 정하는 기술평가기관이 산업재산권등의 가격을 평가한 경우 그 평가 내용은 「상법」 제299조의2와 제422조에 따라 공인된 감정인이 감정한 것으로 본다.
[전문개정 2007. 8. 3.]

제7조 삭제 <1998. 12. 30.>

제8조 삭제 <2020. 2. 11.>

제9조(외국인의 주식취득 제한에 대한 특례) ① 외국인(대한민국에 6

개월 이상 주소나 거소를 두지 아니한 개인을 말한다) 또는 「자본시장과 금융투자업에 관한 법률」 제9조제16항의 외국법인등에 의한 벤처기업의 주식 취득에 관하여는 같은 법 제168조제1항부터 제3항까지의 규정을 적용하지 아니한다. <개정 2007. 8. 3., 2009. 1. 30.>

② 제1항에 따른 외국인 또는 외국법인등에 의한 벤처기업의 주식 취득에 관하여는 그 벤처기업의 정관으로 정하는 바에 따라 제한할 수 있다.

[전문개정 2007. 8. 3.]

제10조 삭제 <1998. 12. 28.>

제10조의2 삭제 <2010. 1. 27.>

제11조 삭제 <2001. 2. 3.>

제11조의2(신기술창업전문회사의 설립 등) ① 다음 각 호의 어느 하나에 해당하는 대학이나 연구기관은 신기술창업전문회사(이하 "전문회사"라 한다)를 설립할 수 있다. <개정 2009. 1. 30., 2011. 7. 25.>

1. 대학(「산업교육진흥 및 산학연협력촉진에 관한 법률」 제25조에 따른 산학협력단을 포함한다)
2. 국공립연구기관
3. 정부출연연구기관
4. 그 밖에 과학이나 산업기술 분야의 연구기관으로서 대통령령으로 정하는 기관

② 제1항에 따라 전문회사를 설립하는 경우 대학이나 연구기관은 대통령령으로 정하는 바에 따라 중소벤처기업부장관에게 등록하여야 한다. 이를 변경하는 경우에도 또한 같다. <개정 2017. 7. 26.>

③ 중소벤처기업부장관은 제2항에 따른 등록 신청이 있을 때에는 그 신청 내용이 다음 각 호의 어느 하나에 해당하는 경우를 제외하고는 등록을 해 주어야 한다. <개정 2009. 1. 30., 2013. 3. 22., 2017. 7. 26.>

1. 「상법」에 따른 주식회사가 아닌 경우
2. 임원이 다음 각 목의 어느 하나에 해당하는 경우
   가. 피성년후견인 또는 피한정후견인
   나. 파산선고를 받고 복권되지 아니한 사람

다. 금고 이상의 실형을 선고받고 그 집행이 끝나거나(끝난 것으로 보는 경우를 포함한다) 집행을 받지 아니하기로 확정된 후 5년이 지나지 아니한 사람

라. 금고 이상의 형의 집행유예를 선고받고 그 유예기간이 끝난 날부터 2년이 지나지 아니한 사람

마. 금고 이상의 형의 선고유예를 받고 그 유예기간 중에 있는 사람

바. 법원의 판결 또는 다른 법률에 따라 자격이 상실되거나 정지된 사람

3. 보유인력과 보유시설이 대통령령으로 정하는 기준에 미치지 못하는 경우

④ 전문회사는 다음 각 호의 업무를 영위한다. <개정 2010. 1. 27., 2015. 5. 18., 2017. 7. 26., 2020. 2. 11.>

1. 대학·연구기관 또는 전문회사가 보유한 기술의 사업화

2. 제1호에 따른 기술의 사업화를 위한 자회사의 설립. 다만, 제1항 제1호의 대학은 자회사를 설립할 수 없다.

3. 「중소기업창업 지원법」 제6조제1항에 따른 창업보육센터의 설립·운영

4. 벤처투자조합·신기술사업투자조합 또는 「벤처투자 촉진에 관한 법률」 제2조제8호에 따른 개인투자조합(이하 "개인투자조합"이라 한다)에 대한 출자

4의2. 개인투자조합 재산의 운용

5. 전문회사가 보유한 기술의 산업체 등으로의 이전

6. 대학·연구기관이 보유한 기술의 산업체 등으로의 이전 알선

7. 대학·연구기관의 교원·연구원 등이 설립한 회사에 대한 경영·기술 지원

8. 제1호부터 제7호까지의 규정에 부수되는 사업으로 중소벤처기업부장관이 정하는 사업

[전문개정 2007. 8. 3.]

제11조의3(전문회사의 운영 등) ① 대학이나 연구기관은 해당 기관이 설립한 전문회사의 발행주식 총수의 100분의 10 이상을 보유하여야 한다. <개정 2009. 1. 30., 2015. 5. 18.>

② 대학이나 연구기관은 전문회사를 설립할 때나 그 전문회사가 신주(新株)를 발행할 때에 산업재산권등의 현물이나 현금을 출자할 수 있다. 다만, 제11조의2제1항제1호의 대학이 현금만을 출자하여 전문회사를 설립할 경우에는 전문회사에 보유기술을 이전하여야 한다. <개정 2009. 1. 30.>

③ 전문회사는 그 사업을 수행하기 위하여 필요하면 정부, 정부가 설치하는 기금, 국내외 금융기관, 외국정부 또는 국제기구로부터 자금을 차입할 수 있다.

[전문개정 2007. 8. 3.]

제11조의4(기금의 우선지원) 중소벤처기업창업 및 진흥기금을 관리하는 자는 전문회사에 우선적으로 지원할 수 있다. <개정 2009. 1. 30., 2018. 12. 31.>

[전문개정 2007. 8. 3.]

제11조의5(전문회사 등에 대한 특례) ① 대학이나 연구기관의 교원·연구원 또는 직원이 전문회사의 대표나 임직원으로 근무하기 위하여 휴직·겸직 또는 겸임하는 경우에는 제16조 및 제16조의2를 준용한다.

② 대학이나 연구기관이 제11조의3제2항에 따라 현물을 전문회사에 출자할 경우 산업재산권등에 대한 가격의 평가와 감정은 제6조제2항을 준용한다.

③ 「공익법인의 설립·운영에 관한 법률」에 따른 공익법인인 연구기관이 제11조의2제2항에 따라 전문회사를 등록한 경우에는 30일 이내에 주무관청에 신고하여야 한다. 신고를 한 경우에는 같은 법 제4조제3항에 따른 주무관청의 승인을 받은 것으로 본다.

④ 대학이나 연구기관은 전문회사에 대하여 산업재산권등의 이용을 허락할 때 「기술의 이전 및 사업화 촉진에 관한 법률」제24조제4항 및 제5항에도 불구하고 전용실시권을 부여할 수 있다. <신설 2010. 1. 27.>

[전문개정 2007. 8. 3.]

제11조의6(전문회사의 행위제한 등) ① 전문회사는 다음 각 호의 어느 하나에 해당하는 행위를 하여서는 아니 된다.

1. 「유사수신행위의 규제에 관한 법률」제3조를 위반하여 출자자나

투자자를 모집하는 행위

2. 해당 전문회사가 설립한 자회사와의 채무 보증 등 대통령령으로 정하는 거래행위

3. 그 밖에 설립목적을 해치는 것으로서 대통령령으로 정하는 행위

② 전문회사는 주주총회의 특별결의에 의하여만 제11조의2제4항제2호에 따른 자회사를 설립할 수 있다.

③ 대학이나 연구기관은 전문회사에 대한 투자나 출자로 발생한 배당금·수익금과 잉여금을 대학이나 연구기관의 고유목적사업이나 연구개발 및 산학협력 활동 등 대통령령으로 정하는 용도로 사용하여야 한다.

[전문개정 2007. 8. 3.]

제11조의7(전문회사 등록의 취소) 중소벤처기업부장관은 전문회사가 다음 각 호의 어느 하나에 해당하면 그 등록을 취소할 수 있다. 다만, 제1호에 해당하는 경우에는 그 등록을 취소하여야 한다. <개정 2013. 3. 22., 2017. 7. 26., 2018. 12. 11.>

1. 거짓이나 그 밖의 부정한 방법으로 등록한 경우

2. 제11조의6제1항 각 호의 행위를 한 경우

3. 제11조의2제3항 각 호의 어느 하나에 해당하게 된 경우. 다만, 제11조의2제3항제2호에 해당하게 된 전문회사가 그 사유가 발생한 날부터 3개월 이내에 그 사유를 해소한 경우는 제외한다.

[전문개정 2007. 8. 3.]

제12조 삭제 <2020. 2. 11.>

제13조 삭제 <2020. 2. 11.>

제13조의2 삭제 <2020. 2. 11.>

제13조의3 삭제 <2020. 2. 11.>

제14조(조세에 대한 특례) ① 국가나 지방자치단체는 벤처기업을 육성하기 위하여 「조세특례제한법」, 「지방세특례제한법」, 그 밖의 관계 법률로 정하는 바에 따라 소득세·법인세·취득세·재산세 및 등록면허세 등을 감면할 수 있다. <개정 2010. 3. 31.>

② 삭제 <2020. 2. 11.>

③ 다음 각 호의 경우에는 조세에 관한 법률로 정하는 바에 따라 세제지원을 할 수 있다. 이 경우 세제지원 대상의 확인 등에 필요한 사항은 대통령령으로 정한다.

1. 주식회사인 벤처기업과 다른 주식회사의 주주 또는 주식회사인 다른 벤처기업이 주식교환을 하는 경우

2. 주식회사인 벤처기업과 다른 주식회사가 합병을 하는 경우

[전문개정 2007. 8. 3.]

제3절 기업활동과 인력 공급의 원활화 <개정 2007. 8. 3., 2016. 12. 2.>

제15조(벤처기업의 주식교환) ① 주식회사인 벤처기업(「자본시장과 금융투자업에 관한 법률」 제8조의2제4항제1호에 따른 증권시장에 상장된 법인은 제외한다. 이하 이 조, 제15조의2부터 제15조의11까지 및 제16조의3에서 같다)은 전략적제휴를 위하여 정관으로 정하는 바에 따라 자기주식을 다른 주식회사의 주요주주(해당 법인의 의결권 있는 발행주식 총수의 100분의 10 이상을 보유한 주주를 말한다. 이하 같다) 또는 주식회사인 다른 벤처기업의 주식과 교환할 수 있다. <개정 2007. 8. 3., 2009. 1. 30., 2013. 5. 28.>

② 제1항에 따라 주식교환을 하려는 벤처기업은 「상법」 제341조에도 불구하고 제1항에 따른 주식교환에 필요한 주식에 대하여는 자기의 계산으로 자기주식을 취득하여야 한다. 이 경우 그 취득금액은 같은 법 제462조제1항에 따른 이익배당이 가능한 한도 이내이어야 한다.

③ 제1항에 따라 주식교환을 하려는 벤처기업은 다음 각 호의 사항이 포함된 주식교환계약서를 작성하여 주주총회의 승인을 받아야 한다. 이 경우 주주총회의 승인 결의에 관하여는 「상법」 제434조를 준용한다.

1. 전략적제휴의 내용

2. 자기주식의 취득 방법, 취득 가격 및 취득 시기에 관한 사항

3. 교환할 주식의 가액총액·평가·종류 및 수량에 관한 사항

4. 주식교환을 할 날

5. 다른 주식회사의 주요주주와 주식을 교환할 경우 주주의 성명, 주민등록번호, 교환할 주식의 종류 및 수량

④ 제1항에 따라 주식교환을 하려는 벤처기업은 그에 관한 이사회의 결의가 있을 때에는 즉시 결의내용을 주주에게 통보하고, 제3항에 따른 주식교환계약서를 갖추어 놓아 열람할 수 있도록 하여야 한다.

⑤ 벤처기업이 제1항에 따른 주식교환에 따라 다른 주식회사의 주요주주의 주식이나 다른 벤처기업의 주식을 취득한 경우에는 취득일부터 1년 이상 이를 보유하여야 한다. 제1항에 따른 주식교환에 따라 벤처기업의 주식을 취득한 다른 주식회사의 주요주주의 경우에도 또한 같다.

⑥ 제2항에 따른 자기주식의 취득 기간은 제3항의 주주총회 승인 결의일부터 6개월 이내이어야 한다.

[전문개정 2007. 8. 3.]

제15조의2(반대주주의 주식매수청구권) ① 제15조제3항에 따른 주주총회 승인 결의 전에 그 벤처기업에 서면으로 주식교환을 반대하는 의사를 알린 주주는 주주총회 승인 결의일부터 10일 이내에 자기가 보유한 주식의 매수를 서면으로 청구할 수 있다.

② 제1항에 따라 매수청구를 받은 벤처기업은 청구를 받은 날부터 2개월 이내에 그 주식을 매수하여야 한다. 이 경우 그 주식은 6개월 이내에 처분하여야 한다.

③ 제2항에 따른 주식의 매수가격의 결정에 관하여는 「상법」 제374조의2제3항부터 제5항까지의 규정을 준용한다.

[전문개정 2007. 8. 3.]

제15조의3(합병 절차의 간소화 등) ① 주식회사인 벤처기업이 다른 주식회사와 합병결의(제15조의9에 따른 소규모합병 및 제15조의10에 따른 간이합병의 경우에는 이사회의 승인결의를 말한다)를 한 경우에는 채권자에게 「상법」 제527조의5제1항에도 불구하고 그 합병결의를 한 날부터 1주 내에 합병에 이의가 있으면 10일 이상의 기간 내에 이를 제출할 것을 공고하고, 알고 있는 채권자에게는 공고사항

을 최고(催告)하여야 한다.

② 주식회사인 벤처기업이 합병 결의를 위한 주주총회 소집을 알릴 때는 「상법」 제363조제1항에도 불구하고 그 통지일을 주주총회일 7일 전으로 할 수 있다.

③ 주식회사인 벤처기업이 다른 주식회사와 합병하기 위하여 합병계약서 등을 공시할 때는 「상법」 제522조의2제1항에도 불구하고 그 공시 기간을 합병승인을 위한 주주총회일 7일 전부터 합병한 날 이후 1개월이 지나는 날까지로 할 수 있다.

④ 주식회사인 벤처기업의 합병에 관하여 이사회가 결의한 때에 그 결의에 반대하는 벤처기업의 주주는 「상법」 제522조의3제1항에도 불구하고 주주총회 전에 벤처기업에 대하여 서면으로 합병에 반대하는 의사를 알리고 자기가 소유하고 있는 주식의 종류와 수를 적어 주식의 매수를 청구하여야 한다.

⑤ 벤처기업이 제4항에 따른 청구를 받은 경우에는 「상법」 제374조의2제2항 및 제530조제2항에도 불구하고 합병에 관한 주주총회의 결의일부터 2개월 이내에 그 주식을 매수하여야 한다.

⑥ 제5항에 따른 주식의 매수가액의 결정에 관하여는 「상법」 제374조의2제3항부터 제5항까지의 규정을 준용한다. 이 경우 같은 법 제374조의2제4항 중 "제1항의 청구를 받은 날"은 "합병에 관한 주주총회의 결의일"로 본다.

[전문개정 2007. 8. 3.]

제15조의4(신주발행에 의한 주식 교환 등) ① 주식회사인 벤처기업은 전략적제휴를 위하여 정관으로 정하는 바에 따라 신주를 발행하여 다른 주식회사의 주요주주의 주식이나 주식회사인 다른 벤처기업의 주식과 교환할 수 있다. 이 경우 다른 주식회사의 주요주주나 주식회사인 다른 벤처기업은 벤처기업이 주식교환을 위하여 발행하는 신주를 배정받음으로써 그 벤처기업의 주주가 된다.

② 제1항에 따른 주식교환을 하려는 벤처기업은 다음 각 호의 사항이 포함된 주식교환계약서를 작성하여 주주총회의 승인을 받아야 한다. 이 경우 주주총회의 승인 결의에 관하여는 「상법」 제434조를 준용한다.

1. 전략적제휴의 내용

2. 교환할 신주의 가액·총액·평가·종류·수량 및 배정에 관한 사항

3. 주식교환을 할 날

4. 다른 주식회사의 주요주주와 주식을 교환할 경우 주주의 성명, 주민등록번호, 교환할 주식의 종류 및 수량

③ 제1항에 따른 주식교환을 통하여 다른 주식회사의 주요주주가 보유한 주식이나 주식회사인 다른 벤처기업이 보유한 주식을 벤처기업에 현물로 출자하는 경우 대통령령으로 정하는 공인평가기관이 그 주식의 가격을 평가한 때에는 「상법」 제422조제1항에 따라 검사인이 조사를 한 것으로 보거나 공인된 감정인이 감정한 것으로 본다. 이 경우 「상법」 제422조제3항 및 제4항은 적용하지 아니한다. <개정 2016. 5. 29.>

④ 제1항에 따라 주식교환을 하는 경우에는 제15조제4항 및 제5항을 준용한다.

[전문개정 2007. 8. 3.]

제15조의5(신주발행 주식교환 시 주식매수청구권) 제15조의4에 따른 주식교환에 반대하는 주주의 주식매수청구권에 관하여는 제15조의2 제1항부터 제3항까지의 규정을 준용한다.

[전문개정 2007. 8. 3.]

제15조의6(주식교환의 특례) ① 벤처기업이 제15조나 제15조의4에 따라 주식교환을 하는 경우 그 교환하는 주식의 수가 발행주식 총수의 100분의 50을 초과하지 아니하면 주주총회의 승인은 정관으로 정하는 바에 따라 이사회의 승인으로 갈음할 수 있다.

② 제1항에 따라 주식교환을 하려는 벤처기업은 주식교환계약서에 제15조제3항이나 제15조의4제2항에 따른 주주총회의 승인을 받지 아니하고 주식교환을 할 수 있다는 뜻을 적어야 한다.

③ 벤처기업은 주식교환계약서를 작성한 날부터 2주 이내에 다음 각 호의 사항을 공고하거나 주주에게 알려야 한다.

1. 주식교환계약서의 주요 내용

2. 주주총회의 승인을 받지 아니하고 주식교환을 한다는 뜻

④ 벤처기업의 발행주식 총수의 100분의 20 이상에 해당하는 주식

을 소유한 주주가 제3항에 따른 공고나 통지가 있었던 날부터 2주
이내에 서면으로 제1항에 따른 주식교환에 반대하는 의사를 알린 경
우에는 이 조에 따른 주식교환을 할 수 없다.

⑤ 제1항에 따른 주식교환의 경우에는 제15조의2나 제15조의5를
적용하지 아니한다.

[전문개정 2007. 8. 3.]

제15조의7(주식교환무효의 소) 제15조나 제15조의4에 따른 주식교환
무효의 소(訴)에 관하여는 「상법」 제360조의14를 준용한다. 이 경우
「상법」 제360조의14제2항 중 "완전모회사가 되는 회사"는 "벤처기
업"으로 보고, 같은 조 제3항 중 "완전모회사가 된 회사"는 "벤처기
업"으로, "완전자회사가 된 회사"는 "주식회사인 다른 벤처기업"으로
본다.

[전문개정 2007. 8. 3.]

제15조의8(다른 주식회사의 영업양수의 특례) ① 주식회사인 벤처기업
이 영업의 전부 또는 일부를 다른 주식회사(「자본시장과 금융투자
업에 관한 법률」 제8조의2제4항제1호에 따른 증권시장에 상장된 법
인은 제외한다. 이하 이 조, 제15조의9부터 제15조의11까지의 규정
에서 같다)에 양도하는 경우 그 양도가액이 다른 주식회사의 최종
대차대조표상으로 현존하는 순자산액의 100분의 10을 초과하지 아
니하면 다른 주식회사의 주주총회의 승인은 정관으로 정하는 바에
따라 이사회의 승인으로 갈음할 수 있다. <개정 2007. 8. 3., 2009. 1.
30., 2013. 5. 28.>

② 제1항에 따른 경우에는 영업양도·양수계약서에 다른 주식회사에
관하여는 주주총회의 승인을 받지 아니하고 벤처기업의 영업의 전부
또는 일부를 양수할 수 있다는 뜻을 적어야 한다.

③ 제1항에 따라 벤처기업의 영업의 전부 또는 일부를 양수하려는
다른 주식회사는 영업양도·양수계약서를 작성한 날부터 2주 이내에
다음 각 호의 사항을 공고하거나 주주에게 알려야 한다.

1. 영업양도·양수계약서의 주요 내용
2. 주주총회의 승인을 받지 아니하고 영업을 양수한다는 뜻

④ 다른 주식회사의 발행주식 총수의 100분의 20 이상에 해당하는

주식을 소유한 주주가 제3항에 따른 공고나 통지가 있었던 날부터 2주 이내에 서면으로 제1항에 따른 영업양수를 반대하는 의사를 알린 경우에는 이 조에 따른 영업양수를 할 수 없다.

⑤ 제1항에 따른 영업양수의 경우에는 「상법」 제374조의2를 적용하지 아니한다.

[전문개정 2007. 8. 3.]

제15조의9(벤처기업 소규모합병의 특례) ① 주식회사인 벤처기업이 다른 주식회사와 합병을 하는 경우 「상법」 제527조의3제1항에도 불구하고 합병 후 존속하는 회사가 합병으로 인하여 발행하는 신주의 총수가 그 주식회사의 발행주식총수의 100분의 20 이하인 때에는 그 존속하는 회사의 주주총회의 승인은 이사회의 승인으로 갈음할 수 있다. 다만, 합병으로 인하여 소멸하는 회사의 주주에게 지급할 금액을 정한 경우에 그 금액이 존속하는 회사의 최종 대차대조표상으로 현존하는 순자산액의 100분의 5를 초과하는 때에는 그러하지 아니하다. <개정 2013. 8. 6.>

② 제1항에 따른 합병에 반대하는 주주의 주식매수청구권은 인정하지 아니한다.

[본조신설 2007. 8. 3.]

제15조의10(벤처기업 간이합병의 특례) ① 주식회사인 벤처기업이 다른 주식회사와 합병을 하는 경우 「상법」 제527조의2제1항에도 불구하고 합병 후 존속하는 회사가 소멸회사의 발행주식총수 중 의결권 있는 주식의 100분의 80 이상을 보유하는 경우에는 그 소멸하는 회사의 주주총회의 승인은 이사회의 승인으로 갈음할 수 있다. <개정 2013. 8. 6.>

② 제1항에 따른 합병에 반대하는 주주의 주식매수청구권에 관하여는 「상법」 제522조의3제2항에 따른다.

[본조신설 2007. 8. 3.]

제15조의11(간이영업양도) ① 주식회사인 벤처기업이 영업의 전부 또는 일부를 다른 주식회사에 양도하는 경우 「상법」 제374조에도 불구하고 영업을 양도하는 회사의 총주주의 동의가 있거나 영업을 양도

하는 회사의 발행주식총수 중 의결권 있는 주식의 100분의 90 이상을 다른 주식회사가 보유하는 경우에는 영업을 양도하는 회사의 주주총회의 승인은 이사회의 승인으로 갈음할 수 있다.

② 제1항의 경우에는 영업양도·양수계약서에 영업을 양도하는 회사에 관하여는 주주총회의 승인을 받지 아니하고 벤처기업의 영업의 전부 또는 일부를 양도할 수 있다는 뜻을 적어야 한다.

③ 제1항에 따라 벤처기업의 영업의 전부 또는 일부를 양도하려는 회사는 영업양도·양수계약서를 작성한 날부터 2주 이내에 다음 각 호의 사항을 공고하거나 주주에게 알려야 한다.

1. 영업양도·양수계약서의 주요 내용

2. 주주총회의 승인을 받지 아니하고 영업을 양도한다는 뜻

④ 제3항의 공고 또는 통지를 한 날부터 2주 이내에 회사에 대하여 서면으로 영업양도에 반대하는 의사를 통지한 주주는 그 2주의 기간이 지난 날부터 20일 이내에 주식의 종류와 수를 기재한 서면으로 회사에 대하여 자기가 소유하고 있는 주식의 매수를 청구할 수 있다.

⑤ 제4항의 매수청구에 관하여는 「상법」 제374조의2제2항부터 제5항까지의 규정을 준용한다.

[본조신설 2009. 1. 30.]

[종전 제15조의11은 제15조의12로 이동 <2009. 1. 30.>]

제15조의12(준용규정) 제15조, 제15조의2부터 제15조의11까지, 제24조제1항제4호는 창업자에 관하여 준용한다. 이 경우 "벤처기업"은 "창업자"로 본다. <개정 2009. 1. 30.>

[본조신설 2007. 8. 3.]

[제15조의11에서 이동 <2009. 1. 30.>]

제15조의13(중소벤처기업 인수합병 지원센터의 지정) ① 중소벤처기업부장관은 중소벤처기업의 인수합병을 효율적으로 지원하기 위하여 중소기업지원 관련 기관 또는 단체를 중소벤처기업 인수합병 지원센터(이하 "지원센터"라 한다)로 지정할 수 있다. <개정 2017. 7. 26.>

② 지원센터의 업무는 다음 각 호와 같다. <개정 2017. 7. 26.>

1. 중소벤처기업의 인수합병계획의 수립 지원에 관한 사항

2. 중소벤처기업의 인수합병을 위한 기업정보의 수집·제공 및 컨설

팅 지원에 관한 사항

3. 중소벤처기업의 기업가치평가모델의 개발 및 보급에 관한 사항

4. 중소벤처기업의 인수합병에 필요한 자금의 연계지원에 관한 사항

5. 중소벤처기업의 인수합병 전문가 양성 및 교육에 관한 사항

6. 그 밖에 중소벤처기업의 인수합병 촉진을 위하여 중소벤처기업부 장관이 정하는 사항

③ 중소벤처기업부장관은 지원센터의 운영에 드는 경비의 전부 또는 일부를 지원할 수 있다. <개정 2017. 7. 26.>

④ 제1항부터 제3항까지에서 규정한 사항 외에 지원센터의 지정기준, 지정절차 및 운영 등에 필요한 사항은 대통령령으로 정한다.

[본조신설 2009. 1. 30.]

제15조의14(지원센터의 지정취소) 중소벤처기업부장관은 지원센터가 다음 각호의 어느 하나에 해당하는 경우에는 그 지정을 취소할 수 있다. 다만, 제1호에 해당하는 경우에는 그 지정을 취소하여야 한다. <개정 2017. 7. 26.>

1. 거짓이나 그 밖의 부정한 방법으로 지정을 받은 경우

2. 제15조의13제4항에 따른 지정기준에 미달하게 되는 경우

3. 지정받은 업무를 정당한 사유 없이 1개월 이상 수행하지 아니한 경우

[본조신설 2009. 1. 30.]

제16조(교육공무원등의 휴직 허용) ① 다음 각 호의 어느 하나에 해당하는 자(이하 "교육공무원등"이라 한다)는 「교육공무원법」 제44조제1항, 「국가공무원법」 제71조제2항, 「지방공무원법」 제63조제2항 및 「사립학교법」 제59조제1항에도 불구하고 벤처기업 또는 창업자의 대표자나 임원으로 근무하기 위하여 휴직할 수 있다. <개정 2013. 3. 22., 2015. 5. 18., 2018. 3. 13., 2020. 2. 11.>

1. 「고등교육법」에 따른 대학(산업대학과 전문대학을 포함한다. 이하 같다)의 교원(대학부설연구소의 연구원을 포함한다. 이하 같다)

2. 국공립연구기관의 연구원(「한국과학기술원법」 제15조, 「광주과학기술원법」 제14조, 「대구경북과학기술원법」 제12조의3 및 「울산과학기술원법」 제8조에 따른 교원 및 연구원을 포함한다. 이하 같다)

3. 「과학기술분야 정부출연연구기관 등의 설립·운영 및 육성에 관한 법률」 제8조제1항에 따른 연구기관의 연구원(부설연구소의 연구원을 포함한다. 이하 같다)

4. 「산업기술혁신 촉진법」 제42조에 따른 전문생산기술연구소의 연구원

5. 「지방자치단체 출자·출연 기관의 운영에 관한 법률」 제2조에 따른 출연기관 중 과학기술분야 연구를 주된 목적으로 수행하는 기관으로서 대통령령으로 정하는 기관의 연구원

② 다음 각 호의 어느 하나에 해당하는 자(이하 "공공기관직원등"이라 한다)는 그 소속 기관의 장의 허가를 받아 벤처기업 또는 창업자의 대표자나 임원으로 근무하기 위하여 휴직할 수 있다. <신설 2015. 5. 18., 2020. 2. 11.>

1. 「공공기관의 운영에 관한 법률」 제4조제1항에 따른 공공기관의 직원(이 조 제1항제3호에 따른 연구원은 제외한다)

2. 제1항제4호에 따른 전문생산기술연구소의 직원(연구원은 제외한다)

3. 제1항제5호에 따른 과학기술분야 지방자치단체 출연기관의 직원(연구원은 제외한다)

③ 제1항 또는 제2항에 따른 휴직 기간은 5년(창업 준비기간 6개월을 포함한다) 이내로 한다. 다만, 소속 기관의 장이 필요하다고 인정하면 1년 이내에서 휴직 기간을 연장할 수 있다. 이 경우 대학교원의 휴직 기간은 「교육공무원법」 제45조제2항에도 불구하고 임용기간 중의 잔여기간을 초과할 수 있다. <개정 2009. 1. 30., 2014. 12. 30., 2015. 5. 18.>

④ 제1항 또는 제2항에 따라 교육공무원등이나 공공기관직원등이 6개월 이상 휴직하는 경우에는 휴직일부터 그 대학이나 연구기관·공공기관에 그 휴직자의 수에 해당하는 교육공무원등이나 공공기관직원등의 정원이 따로 있는 것으로 본다. <개정 2013. 3. 22., 2015. 5. 18., 2020. 2. 11.>

⑤ 제1항 또는 제2항에 따라 교육공무원등이나 공공기관직원등이 휴직한 후 복직하는 경우 해당 소속 기관의 장은 그 휴직으로 인하여

신분 및 급여상의 불이익을 주어서는 아니 된다. <신설 2013. 3. 22., 2015. 5. 18., 2020. 2. 11.>

[전문개정 2007. 8. 3.]

[제목개정 2013. 3. 22.]

제16조의2(교육공무원등의 겸임이나 겸직에 관한 특례) ① 교육공무원 등 또는 대통령령으로 정하는 정부출연연구기관(국방분야의 연구기관은 제외한다)의 연구원은 다음 각 호의 어느 하나에 해당하지 아니하는 경우 그 소속 기관의 장의 허가를 받아 벤처기업 또는 「중소기업창업 지원법」 제2조제2호에 따른 창업자의 대표자나 임직원을 겸임하거나 겸직할 수 있다. <개정 2013. 3. 22.>

1. 전공, 보유기술 및 직무경험 등과 무관한 분야에 겸임·겸직하고자 하는 경우

2. 공무원으로서 직무상의 능률을 저해할 우려가 있는 경우

② 제1항에 따른 소속 기관의 장의 허가를 받은 경우에는 「교육공무원법」 제18조제1항과 「협동연구개발 촉진법」 제6조제4항에 따른 겸임 및 겸직허가를 받은 것으로 본다.

[전문개정 2007. 8. 3.]

제16조의3(벤처기업의 주식매수선택권) ① 주식회사인 벤처기업은 「상법」 제340조의2부터 제340조의5까지의 규정에도 불구하고 정관으로 정하는 바에 따라 주주총회의 결의가 있으면 다음 각 호의 어느 하나에 해당하는 자 중 해당 기업의 설립 또는 기술·경영의 혁신 등에 기여하였거나 기여할 능력을 갖춘 자에게 특별히 유리한 가격으로 신주를 매수할 수 있는 권리나 그 밖에 대통령령으로 정하는 바에 따라 해당 기업의 주식을 매수할 수 있는 권리(이하 이 조에서 "주식매수선택권"이라 한다)를 부여할 수 있다. 이 경우 주주총회의 결의는 「상법」 제434조를 준용한다. <개정 2013. 8. 6.>

1. 벤처기업의 임직원(대통령령으로 정하는 자는 제외한다)

2. 기술이나 경영능력을 갖춘 자로서 대통령령으로 정하는 자

3. 대학 또는 대통령령으로 정하는 연구기관

4. 벤처기업이 인수한 기업(발행주식 총수의 100분의 30 이상을 인수한 경우만 해당한다)의 임직원

② 제1항의 주식매수선택권에 관한 정관의 규정에는 다음 각 호의 사항을 포함하여야 한다.

1. 일정한 경우 주식매수선택권을 부여할 수 있다는 뜻
2. 주식매수선택권의 행사로 내줄 주식의 종류와 수
3. 주식매수선택권을 부여받을 자의 자격 요건
4. 주식매수선택권의 행사 기간
5. 일정한 경우 주식매수선택권의 부여를 이사회의 결의에 의하여 취소할 수 있다는 뜻

③ 제1항에 따른 주주총회의 특별결의에서는 다음 각 호의 사항을 정하여야 한다.

1. 주식매수선택권을 부여받을 자의 성명이나 명칭
2. 주식매수선택권의 부여 방법
3. 주식매수선택권의 행사 가격과 행사 기간
4. 주식매수선택권을 부여받을 자 각각에 대하여 주식매수선택권의 행사로 내줄 주식의 종류와 수

④ 제3항에도 불구하고 제2항제2호에 따른 주식 총수의 100분의 20 이내에 해당하는 주식을 해당 벤처기업의 임직원 외의 자에게 주식매수선택권으로 부여하는 경우에는 주주총회의 특별결의로 제3항 제1호 및 제4호의 사항을 그 벤처기업의 이사회에서 정하게 할 수 있다. 이 경우 주식매수선택권을 부여한 후 처음으로 소집되는 주주총회의 승인을 받아야 한다. <개정 2014. 12. 30.>

⑤ 주식매수선택권을 부여하려는 벤처기업은 제3항과 제4항에 따른 결의를 한 경우 대통령령으로 정하는 바에 따라 중소벤처기업부장관에게 그 내용을 신고하여야 한다. <개정 2017. 7. 26.>

⑥ 제1항 또는 제4항에 따라 주식매수선택권을 부여받은 자는 중소벤처기업부령으로 정하는 경우를 제외하고는 제1항에 따른 결의가 있는 날 또는 제4항에 따라 이사회에서 정한 날부터 2년 이상 재임하거나 재직하여야 이를 행사할 수 있다. <개정 2014. 12. 30., 2017. 7. 26.>

⑦ 주식매수선택권은 타인에게 양도할 수 없다. 다만, 주식매수선택권을 부여받은 자가 사망한 때에는 그 상속인이 이를 부여받은 것으로 본다. <신설 2014. 12. 30.>

⑧ 주식매수선택권의 행사로 신주를 발행하는 경우에는 「상법」 제350조제2항, 제351조, 제516조의9제1항·제3항·제4항 및 제516조의10 전단을 준용한다. <신설 2014. 12. 30., 2020. 12. 29.>

⑨ 주식매수선택권을 부여한 벤처기업이 주식매수선택권을 부여받은 자에게 내줄 목적으로 자기주식을 취득하는 경우에는 「상법」 제341조의2제1항 본문에도 불구하고 발행주식 총수의 100분의 10을 초과할 수 있다. <개정 2014. 12. 30.>

⑩ 주식매수선택권의 부여 한도 등에 관하여 필요한 사항은 대통령령으로 정한다. <개정 2014. 12. 30.>

[전문개정 2007. 8. 3.]

제16조의4(벤처기업에 대한 정보 제공) ① 정부는 벤처기업의 창업 및 영업활동과 관련된 투자·자금·인력·기술·판로 및 입지 등에 관한 정보를 제공하거나 그 밖에 벤처기업의 정보화를 촉진하기 위한 지원을 할 수 있다.

② 중소벤처기업부장관은 중앙행정기관의 장, 지방자치단체의 장 또는 「공공기관의 운영에 관한 법률」의 적용을 받는 공공기관의 장에게 제1항에 따른 정보 제공에 필요한 자료를 요청할 수 있다. <개정 2017. 7. 26.>

③ 중소벤처기업부장관은 벤처기업에 대한 개인이나 개인투자조합(이하 이 항에서 "개인등"이라 한다)의 투자를 촉진하기 위하여 중소벤처기업부령으로 정하는 바에 따라 벤처기업의 투자가치에 관한 정보 등 필요한 정보를 개인등에게 제공할 수 있다. <개정 2008. 2. 29., 2013. 3. 23., 2017. 7. 26.>

[전문개정 2007. 8. 3.]

제16조의5(벤처기업인 유한회사에 대한 특례) ① 삭제 <2015. 5. 18.>

② 삭제 <2015. 5. 18.>

③ 유한회사인 벤처기업은 정관에서 정하는 바에 따라 「상법」 제580조에도 불구하고 사원총회의 결의로 이익배당에 관한 기준을 따로 정할 수 있다.

[전문개정 2007. 8. 3.]

제16조의6 삭제 <2015. 5. 18.>

제16조의7(산업재산권 사용에 관한 특례) ①대학, 연구기관 또는 공공기관은 제16조 또는 제16조의2에 따라 휴직하거나 겸직을 승인받은 교육공무원등 또는 공공기관직원등에게 직무발명에 따른 산업재산권 등의 이용을 허락할 때 「기술의 이전 및 사업화 촉진에 관한 법률」 제24조제4항 및 제5항에도 불구하고 전용실시권을 부여할 수 있다. 다만, 휴직·겸직 이후 완성한 직무발명에 대하여는 해당 교육공무원등 또는 공공기관직원등이 희망할 경우 정당한 대가에 대한 상호 합의를 거쳐 우선적으로 전용실시권을 부여하여야 한다. <개정 2010. 1. 27., 2013. 3. 22., 2020. 2. 11.>

② 제1항은 국가, 지방자치단체 또는 공공기관이 연구개발 경비를 지원하여 획득한 성과로 얻어지는 발명에는 적용되지 아니한다. <신설 2013. 3. 22.>

[전문개정 2007. 8. 3.]

제16조의8(소셜벤처기업) ① 소셜벤처기업은 사회성, 혁신성장성 등 대통령령으로 정하는 요건을 갖추어야 한다.

② 중소벤처기업부장관은 소셜벤처기업에 다음 각 호의 지원을 할 수 있다.

1. 소셜벤처기업에 대한 기술보증 및 투자

2. 소셜벤처기업 예비창업자 또는 창업자의 발굴·육성

3. 그 밖에 소셜벤처기업 활성화를 위하여 필요한 사항

③ 중소벤처기업부장관은 소셜벤처기업을 체계적으로 육성하고 지원하기 위하여 실태조사를 실시할 수 있다. 이 경우 실태조사를 위한 관계 중앙행정기관의 장 등에 대한 자료의 제출이나 의견의 진술 요청 등에 관하여는 제3조의3제2항을 준용한다.

[본조신설 2021. 4. 20.]

[시행일 : 2021. 7. 21.] 제16조의8

제4절 입지 공급의 원활화 <개정 2007. 8. 3., 2016. 12. 2.>

제17조 삭제 <2006. 3. 3.>

제17조의2(신기술창업집적지역의 지정) ① 대학이나 연구기관의 장은 해당 기관이 소유한 교지나 부지의 일정 지역에 대하여 창업자·벤처기업 등의 생산시설 및 그 지원시설을 집단적으로 설치하는 신기술창업집적지역(이하 "집적지역"이라 한다)의 지정을 중소벤처기업부장관에게 요청할 수 있다. <개정 2017. 7. 26.>
② 대학이나 연구기관의 장은 제1항에 따라 집적지역의 지정을 요청할 때 집적지역의 명칭, 집적지역 지정 면적 등 대통령령으로 정하는 사항을 포함하는 집적지역개발계획을 제출하여야 한다.
③ 중소벤처기업부장관은 집적지역의 지정을 요청받으면 제17조의3 각 호의 요건에 맞는지를 검토하여 집적지역으로 지정할 수 있다. 이 경우 대통령령으로 정하는 바에 따라 그 내용을 고시하여야 한다. <개정 2017. 7. 26.>
④ 중소벤처기업부장관은 제3항에 따라 집적지역을 지정할 때 그 면적이 대통령령으로 정하는 면적 이상이면 집적지역이 속하는 특별시장·광역시장·특별자치시장·도지사·제주특별자치도지사(이하 "시·도지사"라 한다)와 협의하여야 한다. <개정 2017. 7. 26., 2019. 1. 8.>
[전문개정 2007. 8. 3.]

제17조의3(집적지역의 지정 요건) 집적지역은 다음 각 호의 요건을 갖추어야 한다.
1. 해당 기관이 보유한 교지나 부지의 연면적에 대한 지정 면적의 비율이 대통령령으로 정하는 비율을 초과하지 아니할 것
2. 지정 면적이 3천 제곱미터 이상일 것
3. 집적지역개발계획이 실현 가능할 것
[전문개정 2007. 8. 3.]

제17조의4(집적지역에 대한 특례 등) ① 집적지역은 「국토의 계획 및 이용에 관한 법률」 제76조에도 불구하고 같은 법 제36조에 따른 지역 중 보전녹지지역 등 대통령령으로 정하는 지역 외의 지역에 지정

할 수 있다.

② 집적지역에서 창업자나 벤처기업은 「건축법」 제19조제1항과 「국토의 계획 및 이용에 관한 법률」 제76조제1항에도 불구하고 구조안전에 지장이 없는 범위에서 「산업집적활성화 및 공장설립에 관한 법률」 제28조에 따른 도시형공장(대통령령으로 정하는 도시형공장만을 말한다)과 이와 관련된 업무시설을 해당 대학이나 연구기관의 장의 승인을 받아 설치할 수 있다. 이 경우 「산업집적활성화 및 공장설립에 관한 법률」 제13조에 따른 공장설립등의 승인이나 같은 법 제14조의3에 따른 제조시설설치승인을 받은 것으로 본다. <개정 2008. 3. 21., 2010. 1. 27.>

③ 집적지역 중 지정 면적이 제17조의2제4항에서 대통령령으로 정한 면적 이상이고 도시지역에 지정된 경우에는 「산업입지 및 개발에 관한 법률」 제7조의2에 따른 도시첨단산업단지로 본다.

④ 중소벤처기업부장관은 제3항에 따른 집적지역의 관리권자(「산업집적활성화 및 공장설립에 관한 법률」 제30조제1항에 따른 관리권자를 말한다)가 된다. <개정 2017. 7. 26.>

⑤ 대학이나 연구기관은 제3항에 따른 집적지역의 관리기관(「산업집적활성화 및 공장설립에 관한 법률」 제30조제2항에 따른 관리기관을 말한다)이 된다.

⑥ 대학이나 연구기관의 장은 「국유재산법」 제18조와 제27조, 「공유재산 및 물품 관리법」 제13조와 제20조, 「고등교육법」 및 「사립학교법」에도 불구하고 창업자·벤처기업 또는 지원시설을 설치·운영하려는 자가 집적지역에 건물(공장용 건축물을 포함한다)이나 그 밖의 영구시설물을 축조하려는 경우에는 집적지역의 일부를 임대할 수 있다. 이 경우 임대계약(갱신되는 경우를 포함한다) 기간이 끝나면 그 시설물의 종류·용도 등을 고려하여 해당 시설물을 대학이나 연구기관에 기부하거나 교지나 부지를 원상으로 회복하여 되돌려 주어야 한다. <개정 2009. 1. 30.>

⑦ 제6항에 따른 임대료와 임대 기간 등에 관하여 필요한 사항은 대통령령으로 정한다.

⑧ 집적지역에 대하여는 제22조제1항 및 제3항을 준용한다.

⑨ 시장·군수 또는 구청장은 집적지역의 창업자나 벤처기업으로부터 제2항에 따른 공장등록신청을 받으면 「산업집적활성화 및 공장설립에 관한 법률」 제16조에 따른 공장의 등록을 하여야 한다. <신설 2010. 1. 27.>

[전문개정 2007. 8. 3.]

제17조의5(집적지역의 운영 지침) 중소벤처기업부장관은 집적지역의 지정·운영에 관한 지침을 수립하여 고시하여야 한다. <개정 2017. 7. 26.>

[전문개정 2007. 8. 3.]

제17조의6(집적지역의 지정취소) 중소벤처기업부장관은 제17조의2제3항에 따라 지정된 집적지역이 다음 각 호의 어느 하나에 해당하면 그 지정을 취소할 수 있다. <개정 2017. 7. 26.>

1. 사업 지연, 관리 부실 등의 사유로 지정목적을 달성할 수 없는 경우
2. 제17조의3에 따른 지정 요건을 충족하지 못한 경우

[전문개정 2007. 8. 3.]

제18조(벤처기업집적시설의 지정 등) ① 벤처기업집적시설을 설치하거나 기존의 건축물을 벤처기업집적시설로 사용하려는 자는 대통령령으로 정하는 연면적 이상인 경우 시·도지사(「지방자치법」 제175조에 따른 서울특별시·광역시 및 특별자치시를 제외한 인구 50만 이상 대도시의 경우에는 그 시장을 말한다. 이하 이 조, 제18조의4 및 제26조에서 같다)로부터 그 지정을 받을 수 있다. 지정받은 사항을 변경하는 경우에도 또한 같다. <개정 2019. 1. 8.>

② 제1항에 따라 지정을 받은 벤처기업집적시설은 지정받은 날(건축 중인 건축물은 「건축법」 제22조에 따른 건축물의 사용승인을 받은 날을 말한다)부터 1년 이내에 다음 각 호의 요건을 갖추어야 한다. <개정 2008. 3. 21., 2009. 1. 30.>

1. 벤처기업 등 대통령령으로 정하는 기업이 입주하게 하되, 입주한 기업 중에서 벤처기업이 4개 이상(「수도권정비계획법」 제2조제1호에 따른 수도권 외의 지역은 3개 이상)일 것
2. 연면적의 100분의 70(「수도권정비계획법」 제2조제1호에 따른 수도권 외의 지역은 100분의 50) 이상을 벤처기업 등 대통령령으

로 정하는 기업이 사용하게 할 것

3. 제2호에 해당하지 아니하는 지정 면적은 벤처기업집적시설 등 대통령령으로 정하는 시설이 사용하게 할 것

③ 시·도지사는 벤처기업을 지원하기 위하여 필요하다고 인정하면 벤처기업집적시설을 설치하거나 기존의 건축물을 벤처기업집적시설로 지정하여 벤처기업과 그 지원시설을 입주하게 할 수 있다.

④ 시·도지사는 벤처기업집적시설이 다음 각 호의 어느 하나에 해당하면 그 지정을 취소할 수 있다. 다만, 제1호에 해당하는 경우에는 그 지정을 취소하여야 한다.

1. 거짓이나 그 밖의 부정한 방법으로 지정받은 경우

2. 제1항이나 제2항에 따른 지정 요건에 맞지 아니하게 된 경우

⑤ 시·도지사는 제4항에 따라 벤처기업집적시설의 지정을 취소하려면 청문을 하여야 한다.

⑥ 제1항에 따른 지정신청과 그 밖에 지정에 관하여 필요한 사항은 대통령령으로 정한다.

[전문개정 2007. 8. 3.]

제18조(벤처기업집적시설의 지정 등) ① 벤처기업집적시설을 설치하거나 기존의 건축물을 벤처기업집적시설로 사용하려는 자는 대통령령으로 정하는 연면적 이상인 경우 시·도지사(「지방자치법」 제198조에 따른 서울특별시·광역시 및 특별자치시를 제외한 인구 50만 이상 대도시의 경우에는 그 시장을 말한다. 이하 이 조, 제18조의4 및 제26조에서 같다)로부터 그 지정을 받을 수 있다. 지정받은 사항을 변경하는 경우에도 또한 같다. <개정 2019. 1. 8., 2021. 1. 12.>

② 제1항에 따라 지정을 받은 벤처기업집적시설은 지정받은 날(건축 중인 건축물은 「건축법」 제22조에 따른 건축물의 사용승인을 받은 날을 말한다)부터 1년 이내에 다음 각 호의 요건을 갖추어야 한다. <개정 2008. 3. 21., 2009. 1. 30.>

1. 벤처기업 등 대통령령으로 정하는 기업이 입주하게 하되, 입주한 기업 중에서 벤처기업이 4개 이상(「수도권정비계획법」 제2조제1호에 따른 수도권 외의 지역은 3개 이상)일 것

2. 연면적의 100분의 70(「수도권정비계획법」 제2조제1호에 따른

수도권 외의 지역은 100분의 50) 이상을 벤처기업 등 대통령령으로 정하는 기업이 사용하게 할 것

3. 제2호에 해당하지 아니하는 지정 면적은 벤처기업집적시설 등 대통령령으로 정하는 시설이 사용하게 할 것

③ 시·도지사는 벤처기업을 지원하기 위하여 필요하다고 인정하면 벤처기업집적시설을 설치하거나 기존의 건축물을 벤처기업집적시설로 지정하여 벤처기업과 그 지원시설을 입주하게 할 수 있다.

④ 시·도지사는 벤처기업집적시설이 다음 각 호의 어느 하나에 해당하면 그 지정을 취소할 수 있다. 다만, 제1호에 해당하는 경우에는 그 지정을 취소하여야 한다.

1. 거짓이나 그 밖의 부정한 방법으로 지정받은 경우

2. 제1항이나 제2항에 따른 지정 요건에 맞지 아니하게 된 경우

⑤ 시·도지사는 제4항에 따라 벤처기업집적시설의 지정을 취소하려면 청문을 하여야 한다.

⑥ 제1항에 따른 지정신청과 그 밖에 지정에 관하여 필요한 사항은 대통령령으로 정한다.

[전문개정 2007. 8. 3.]

[시행일 : 2022. 1. 13.] 제18조

제18조의2(실험실공장에 대한 특례) ① 다음 각 호의 어느 하나에 해당하는 자는 「건축법」 제19조제1항, 「국토의 계획 및 이용에 관한 법률」 제76조제1항, 「연구개발특구의 육성에 관한 특별법」 제36조제1항에도 불구하고 그 소속 기관의 장(제4호의 경우에는 실험실공장을 설치하게 되는 기관의 장을 말한다)의 승인을 받아 실험실공장을 설치할 수 있다. 승인받은 사항을 변경하는 경우에도 또한 같다. <개정 2008. 3. 21., 2010. 1. 27., 2012. 1. 26., 2015. 5. 18.>

1. 「고등교육법」에 따른 대학의 교원 및 학생

2. 국공립연구기관이나 정부출연연구기관의 연구원

3. 과학이나 산업기술 분야의 연구기관으로서 대통령령으로 정하는 기관의 연구원

4. 벤처기업의 창업자

② 제1항 각 호의 어느 하나에 해당하는 자의 소속 기관의 장은 제1

항에 따른 승인·변경승인의 신청을 받은 날부터 7일 이내에 승인 여부를 신청인에게 통지하여야 한다. <신설 2017. 3. 21.>

③ 제2항에 따른 소속 기관의 장이 같은 항에서 정한 기간 내에 승인 여부 또는 민원 처리 관련 법령에 따른 처리기간의 연장을 신청인에게 통지하지 아니하면 그 기간이 끝난 날의 다음 날에 승인을 한 것으로 본다. <신설 2017. 3. 21.>

④ 제1항에 따라 실험실공장의 승인(변경승인을 포함하며, 이하 이 항에서 같다)을 받으면 「산업집적활성화 및 공장설립에 관한 법률」 제13조에 따른 공장설립등의 승인 또는 같은 법 제14조의3에 따른 제조시설설치승인을 받은 것으로 본다. <신설 2015. 5. 18., 2017. 3. 21.>

⑤ 실험실공장은 생산시설용으로 쓰이는 바닥면적의 합계가 3천 제곱미터를 초과할 수 없다. 다만, 「국토의 계획 및 이용에 관한 법률」 제76조제1항에 따른 용도지역별 건축물 등의 건축 기준을 갖춘 경우에는 그러하지 아니하다. <개정 2015. 5. 18., 2017. 3. 21.>

⑥ 실험실공장의 총면적(실험실공장이 둘 이상인 경우에는 그 면적을 합한 것을 말한다)은 해당 대학이나 연구기관의 건축물 연면적의 2분의 1을 초과할 수 없다. 다만, 「국토의 계획 및 이용에 관한 법률」 제76조제1항에 따른 용도지역별 건축물 등의 건축 기준을 갖춘 경우에는 그러하지 아니하다. <개정 2015. 5. 18., 2017. 3. 21.>

⑦ 시장·군수 또는 구청장(자치구의 구청장을 말한다. 이하 같다)은 실험실공장에 대한 공장등록신청을 받으면 「산업집적활성화 및 공장설립에 관한 법률」 제16조에 따른 공장의 등록을 하여야 한다. <개정 2015. 5. 18., 2017. 3. 21.>

⑧ 대학이나 연구기관의 장은 제1항에 따른 실험실공장을 설치한 자가 퇴직(졸업)하더라도 퇴직(졸업)일부터 2년을 초과하지 아니하는 범위에서 실험실공장을 사용하게 할 수 있다. <개정 2010. 1. 27., 2015. 5. 18., 2017. 3. 21.>

⑨ 실험실공장의 설치·운영 등에 관하여 그 밖에 필요한 사항은 대통령령으로 정한다. <개정 2015. 5. 18., 2017. 3. 21.>

[전문개정 2007. 8. 3.]

제18조의3(창업보육센터에 입주한 벤처기업과 창업자에 대한 특례) ①
대학이나 연구기관 안에 설치·운영 중인 창업보육센터로서 다음 각
호의 어느 하나에 해당하는 창업보육센터에 입주한 벤처기업이나 창
업자는 「건축법」 제19조제1항, 「국토의 계획 및 이용에 관한 법률」
제76조제1항 및 「연구개발특구의 육성에 관한 특별법」 제36조제1항
에도 불구하고 「산업집적활성화 및 공장설립에 관한 법률」 제28조에
따른 도시형공장을 창업보육센터 운영기관의 장의 승인을 받아 설치
할 수 있다. 이 경우 「산업집적활성화 및 공장설립에 관한 법률」 제
13조에 따른 공장설립등의 승인이나 같은 법 제14조의3에 따른 제
조시설설치승인을 받은 것으로 본다. <개정 2008. 3. 21., 2010. 1.
27., 2012. 1. 26., 2017. 7. 26.>
1. 「중소기업창업 지원법」 제6조제1항에 따라 중소벤처기업부장관이
   지정하는 창업보육센터
2. 중앙행정기관의 장이나 지방자치단체의 장이 인정하는 창업보육
   센터
② 시장·군수 또는 구청장은 제1항에 따른 창업보육센터에 입주한
벤처기업이나 창업자로부터 공장등록신청을 받으면 「산업집적활성화
및 공장설립에 관한 법률」 제16조에 따른 공장의 등록을 하여야 한다.
③ 대학이나 연구기관 안에 설치·운영 중인 창업보육센터는 「건축
법」 제19조제4항제2호에 따른 시설군으로 본다. <개정 2008. 3. 21.>
[전문개정 2007. 8. 3.]

제18조의4(벤처기업육성촉진지구의 지정 등) ① 시·도지사는 벤처기
업을 육성하기 위하여 필요하면 관할 구역의 일정지역에 대하여 벤
처기업육성촉진지구(이하 "촉진지구"라 한다)의 지정을 중소벤처
기업부장관에게 요청할 수 있다. <개정 2017. 7. 26.>
② 중소벤처기업부장관은 제1항에 따라 촉진지구를 지정한 경우에는
대통령령으로 정하는 바에 따라 그 내용을 고시하여야 한다. <개정
2017. 7. 26.>
③ 중소벤처기업부장관은 제1항에 따라 지정된 촉진지구가 다음 각
호의 어느 하나에 해당하면 그 지정을 해제할 수 있다. <개정 2017.
7. 26.>

1. 촉진지구육성계획이 실현될 가능성이 없는 경우
2. 사업 지연, 관리 부실 등의 사유로 지정목적을 달성할 수 없는 경우
④ 제1항에 따른 지정의 요건 및 절차와 촉진지구의 지원 등에 필요한 사항은 대통령령으로 정한다.
[전문개정 2007. 8. 3.]

제18조의5(촉진지구에 대한 지원) ① 중소벤처기업부장관은 촉진지구의 활성화를 위하여 「중소기업진흥에 관한 법률」 제62조의17에 따라 지방중소기업육성관련기금의 조성을 지원할 때 촉진지구를 지정받은 지방자치단체를 우대하여 지원할 수 있다. <개정 2016. 3. 29., 2017. 7. 26.>
② 국가나 지방자치단체는 촉진지구에 있거나 촉진지구로 이전하는 벤처기업에 자금이나 그 밖에 필요한 사항을 우선하여 지원할 수 있다.
③ 국가나 지방자치단체는 촉진지구에 설치되는 벤처기업집적시설의 설치·운영자 및 창업보육센터사업자에게 그 소요자금의 전부 또는 일부를 지원하거나 우대하여 지원할 수 있다.
④ 촉진지구의 벤처기업과 그 지원시설에 대하여는 제22조를 준용한다.
[전문개정 2007. 8. 3.]

제19조(국공유 재산의 매각 등) ① 국가나 지방자치단체는 벤처기업집적시설의 개발 또는 설치와 그 운영을 위하여 필요하다고 인정하면 「국유재산법」 또는 「공유재산 및 물품 관리법」에도 불구하고 수의계약에 의하여 국유재산이나 공유재산을 벤처기업집적시설의 설치·운영자에게 매각하거나 임대할 수 있다.
② 제1항에 따른 국유재산의 가격, 임대료, 임대 기간 등에 관하여 필요한 사항은 대통령령으로 정한다.
③ 국가나 지방자치단체는 국유인 일반재산 또는 공유인 잡종재산인 부동산을 벤처기업에 임대하는 조건으로 신탁업자에 신탁할 수 있다. 이 경우 공유부동산의 신탁에 관하여는 「국유재산법」 제58조의 규정을 준용한다. <개정 2007. 8. 3., 2009. 1. 30., 2013. 3. 22.>
④ 국가·지방자치단체 또는 사립학교의 학교법인은 「국유재산법」 제18조, 「공유재산 및 물품 관리법」 제13조 및 제20조, 「고등교육법」 및 「사립학교법」에도 불구하고 벤처기업집적시설의 설치·운영

자에게 국공유 토지나 대학 교지의 일부를 임대하여 건물이나 그 밖의 영구시설물을 축조하게 할 수 있다. 이 경우 임대계약 기간이 끝나면 해당 시설물의 종류·용도 등을 고려하여 그 시설물을 국가·지방자치단체 또는 사립학교의 학교법인에 기부하거나 토지 또는 교지를 원상으로 회복하여 되돌려 주는 것을 임대조건으로 하여야 한다. <개정 2009. 1. 30.>

⑤ 벤처기업집적시설의 설치·운영자는 「국유재산법」 제30조제2항, 「공유재산 및 물품 관리법」 제35조, 「고등교육법」 및 「사립학교법」에도 불구하고 제4항에 따라 축조한 시설물을 임대목적과 동일한 용도로 사용하려는 다른 자에게 사용·수익(收益)하게 할 수 있다. <개정 2009. 1. 30.>

[전문개정 2007. 8. 3.]

제20조(시설비용의 지원) 국가나 지방자치단체는 집적지역의 조성 및 벤처기업집적시설의 설치에 필요한 시설비의 전부 또는 일부를 지원할 수 있다.

[전문개정 2007. 8. 3.]

제21조(건축금지 등에 대한 특례) ① 삭제 <2006. 3. 3.>

② 벤처기업집적시설은 「국토의 계획 및 이용에 관한 법률」 제76조제1항에도 불구하고 「국토의 계획 및 이용에 관한 법률」 제36조에 따른 지역(녹지지역 등 대통령령으로 정하는 지역은 제외한다)에 건축할 수 있다. <개정 2007. 8. 3.>

③ 벤처기업집적시설에 입주한 자는 「건축법」 제19조제1항, 「국토의 계획 및 이용에 관한 법률」 제76조제1항 및 「연구개발특구의 육성에 관한 특별법」 제36조제1항에도 불구하고 구조안전에 지장이 없는 범위에서 대통령령으로 정하는 공장을 설치할 수 있다. 이 경우 「산업집적활성화 및 공장설립에 관한 법률」 제13조에 따른 공장설립등의 승인이나 같은 법 제14조의3에 따른 제조시설설치승인을 받은 것으로 본다. <개정 2007. 8. 3., 2008. 3. 21., 2012. 1. 26.>

④ 시장·군수 또는 구청장은 벤처기업집적시설에 입주한 자로부터 제3항에 따른 공장등록신청을 받으면 「산업집적활성화 및 공장설립에 관한 법률」 제16조에 따른 공장의 등록을 하여야 한다. <개정

2007. 8. 3.>

[제목개정 2007. 8. 3.]

제22조(각종 부담금의 면제 등) ①벤처기업집적시설에 대하여는 다음 각 호의 부담금을 면제한다. <개정 1998. 9. 23., 1999. 2. 5., 2002. 1. 26., 2002. 12. 30., 2005. 7. 21., 2006. 3. 3., 2007. 4. 11., 2007. 8. 3., 2008. 3. 28.>

1. 「개발이익환수에 관한 법률」 제5조에 따른 개발부담금

2. 삭제 <2007. 8. 3.>

3. 「산지관리법」 제19조에 따른 대체산림자원조성비

4. 「농지법」 제38조에 따른 농지보전부담금

5. 「초지법」 제23조에 따른 대체초지조성비

6. 「도시교통정비 촉진법」 제36조에 따른 교통유발부담금

② 삭제 <2006. 3. 3.>

③ 벤처기업집적시설을 건축하려는 자는 「문화예술진흥법」 제9조에도 불구하고 미술장식을 설치하지 아니할 수 있다. <개정 2007. 8. 3.>

[제목개정 2007. 8. 3.]

제3장 삭제 <2007. 8. 3.>

제23조 삭제 <2007. 8. 3.>

제4장 보칙 <개정 2007. 8. 3.>

제24조(벤처기업이었던 기업에 대한 주식발행 등의 특례) ① 벤처기업이었던 기업이 벤처기업에 해당하지 아니하게 되는 경우 벤처기업이었던 당시 이루어진 다음 각 호의 행위는 계속 유효한 것으로 본다. <개정 2009. 1. 30.>

1. 제6조에 따른 산업재산권등의 출자 행위

2. 제9조에 따라 외국인 또는 외국법인등이 해당 기업의 주식을 취득한 행위

3. 삭제 <2010. 1. 27.>

4. 제15조 및 제15조의2부터 제15조의11까지의 규정에 따른 주식

교환 등의 행위

5. 제16조의3에 따라 주식매수선택권을 부여한 행위

6. 제16조의5에 따라 사원을 50명 이상 300명 이하로 하여 설립한 행위

② 벤처기업집적시설에 입주하였던 벤처기업이 벤처기업에 해당하지 아니하게 된 경우에도 계속하여 벤처기업집적시설에 입주할 수 있다. [전문개정 2007. 8. 3.]

제25조(벤처기업의 해당 여부에 대한 확인) ① 벤처기업으로서 이 법에 따른 지원을 받으려는 기업은 벤처기업 해당 여부에 관하여 벤처기업확인기관의 장에게 확인을 요청할 수 있다. <개정 2016. 3. 29., 2020. 2. 11.>

② 벤처기업확인기관의 장은 제1항에 따라 확인 요청을 받은 날부터 중소벤처기업부령으로 정하는 기간 내에 제25조의4제1항에 따른 벤처기업확인위원회(이하 "벤처기업확인위원회"라 한다)의 심의를 거쳐 벤처기업 해당 여부를 확인하고 그 결과를 요청인에게 알려야 한다. 이 경우 그 기업이 벤처기업에 해당될 때에는 대통령령으로 정하는 바에 따라 유효기간을 정하여 벤처기업확인서를 발급하여야 한다. <개정 2008. 2. 29., 2013. 3. 23., 2017. 7. 26., 2020. 2. 11.>

③ 벤처기업확인기관의 장은 벤처기업 확인의 투명성을 확보하기 위하여 대통령령으로 정하는 바에 따라 확인된 벤처기업에 관한 정보를 공개할 수 있다. 다만, 다음 각 호의 정보는 공개하여서는 아니 된다.

1. 「부정경쟁방지 및 영업비밀보호에 관한 법률」 제2조제2호에 따른 영업비밀

2. 대표자의 주민등록번호 등 개인에 관한 사항

④ 벤처기업확인기관의 장은 제1항 및 제2항에 따른 확인에 소요되는 비용을 벤처기업 확인을 요청하려는 자에게 부담하게 할 수 있다. 이 경우 비용의 산정 및 납부에 필요한 사항은 중소벤처기업부장관이 정하여 고시한다. <신설 2019. 4. 23.>

⑤ 제1항과 제2항에 따른 확인 절차 등에 관하여 필요한 사항은 중소벤처기업부령으로 정한다. <개정 2008. 2. 29., 2013. 3. 23., 2017.

7. 26., 2019. 4. 23.>

[전문개정 2007. 8. 3.]

제25조의2(벤처기업 확인의 취소) ① 벤처기업확인기관의 장은 벤처기업이 다음 각 호의 어느 하나에 해당하면 벤처기업확인위원회의 심의를 거쳐 제25조제2항에 따른 확인을 취소할 수 있다. 다만, 제1호에 해당하는 경우에는 확인을 취소하여야 한다. <개정 2010. 1. 27., 2020. 2. 11.>

1. 거짓이나 그 밖의 부정한 방법으로 벤처기업임을 확인받은 경우
2. 제2조의2의 벤처기업의 요건을 갖추지 아니하게 된 경우
3. 휴업·폐업 또는 파산 등으로 대통령령으로 정하는 기간 동안 기업활동을 하지 아니하는 경우
4. 대표자·최대주주 또는 최대출자사원 등이 기업재산을 유용(流用)하거나 은닉(隱匿)하는 등 기업경영과 관련하여 주주·사원 또는 이해관계인에게 피해를 입힌 경우 등 대통령령으로 정하는 경우

② 벤처기업확인기관의 장은 제1항에 따라 벤처기업의 확인을 취소하려면 청문을 실시하여야 한다.

[전문개정 2007. 8. 3.]

제25조의3(벤처기업확인기관의 지정 등) ① 중소벤처기업부장관은 벤처기업 확인 업무의 효율적인 수행을 위하여 전문인력 및 전담조직 등 대통령령으로 정하는 요건을 갖춘 기관 또는 단체를 벤처기업확인기관으로 지정할 수 있다.

② 벤처기업확인기관으로 지정받으려는 자는 중소벤처기업부령으로 정하는 바에 따라 중소벤처기업부장관에게 신청하여야 한다.

③ 중소벤처기업부장관은 벤처기업확인기관이 다음 각 호의 어느 하나에 해당하는 경우에는 벤처기업확인기관의 지정을 취소하거나 3개월 이내의 범위에서 기간을 정하여 시정하도록 명령할 수 있으며, 이를 이행하지 않은 경우 6개월 이내의 범위에서 기간을 정하여 업무의 전부 또는 일부를 정지할 수 있다. 다만, 제1호에 해당하는 경우에는 지정을 취소하여야 한다.

1. 거짓이나 그 밖의 부정한 방법으로 지정을 받은 경우
2. 제1항에 따른 지정요건을 갖추지 못하게 된 경우

3. 지정받은 사항을 위반하여 업무를 수행한 경우

④ 제3항에 따라 지정이 취소된 벤처기업확인기관은 그 취소일부터 3년간 벤처기업확인기관 지정을 신청할 수 없다.

⑤ 제1항부터 제4항까지에서 규정한 사항 외에 벤처기업확인기관의 지정, 시정명령, 업무정지 및 지정취소의 절차·방법에 관하여 필요한 사항은 중소벤처기업부령으로 정한다.

[본조신설 2020. 2. 11.]

제25조의4(벤처기업확인위원회) ① 벤처기업확인기관은 다음 각 호의 사항을 공정하고 객관적으로 심의하기 위하여 민간 전문가 등으로 구성된 벤처기업확인위원회를 둔다.

1. 제25조에 따른 벤처기업 해당 여부 확인

2. 제25조의2에 따른 벤처기업 확인 취소

3. 그 밖에 벤처기업 확인 및 확인 취소에 필요한 사항

② 벤처기업확인위원회는 위원장을 포함한 50명 이내의 위원으로 구성하며, 위원 10명 이내의 범위에서 대통령령으로 정하는 수 이상의 출석으로 개의하고 출석위원의 3분의 2 이상의 찬성으로 의결한다.

③ 위원장은 벤처기업확인위원회를 대표하고 벤처기업확인위원회의 업무를 총괄한다.

④ 벤처기업확인위원회의 위원은 벤처기업 관련 기술·사업 등의 분야에 관한 학식과 경험이 풍부한 자 중에서 벤처기업확인기관의 장이 위촉한다.

⑤ 제1항부터 제4항까지의 규정에 따른 벤처기업확인위원회의 구성 및 운영에 필요한 사항은 중소벤처기업부령으로 정한다.

[본조신설 2020. 2. 11.]

제25조의5(벤처기업 확인에 대한 이의신청 등) ① 제25조에 따른 확인 결과를 통지받은 자가 그 결과에 불복하는 경우에는 통지받은 날부터 30일 이내에 벤처기업확인기관의 장에게 문서로 이의신청을 할 수 있다.

② 벤처기업확인기관의 장은 이의신청을 받은 날부터 중소벤처기업부령으로 정하는 기간 이내에 이의신청에 대한 심의 결과를 신청인

에게 통지하여야 한다. 다만, 부득이한 사유로 정해진 기간 이내에 통지하기 어려운 경우에는 중소벤처기업부령으로 정하는 기간 이내의 범위에서 한 번만 연장할 수 있다.

③ 이의신청 절차 및 방법에 관하여 필요한 사항은 중소벤처기업부령으로 정한다.

[본조신설 2020. 2. 11.]

제26조(보고 등) ① 삭제 <2020. 2. 11.>

② 삭제 <2020. 2. 11.>

③ 삭제 <2020. 2. 11.>

④ 중소벤처기업부장관은 이 법을 시행하기 위하여 필요하다고 인정하면 벤처기업확인기관으로 하여금 제25조와 제25조의2에 따른 벤처기업의 확인 및 확인의 취소 실적 등을 보고하게 하거나, 소속 공무원으로 하여금 해당 기관에 출입하여 장부나 그 밖의 서류를 검사하게 할 수 있다. 이 경우 검사를 하는 공무원은 그 권한을 표시하는 증표를 지니고 이를 관계인에게 내보여야 한다. <개정 2017. 7. 26.>

⑤ 시·도지사는 제18조에 따라 지정된 벤처기업집적시설에 대하여 그 지정을 받은 자로 하여금 입주 현황과 운영 상황에 관한 자료를 제출하게 할 수 있다.

⑥ 벤처기업확인기관의 장은 제25조와 제25조의2에 따른 벤처기업의 확인 및 확인의 취소 등을 위하여 필요하다고 인정하면 벤처기업으로 하여금 경영실태 등에 관하여 필요한 자료를 제출하게 할 수 있다.

⑦ 중소벤처기업부장관은 대학, 연구기관 또는 공공기관에 대하여 제16조, 제16조의2 및 제18조의2에 따른 교육공무원등이나 공공기관 직원등의 휴직·겸임 및 겸직허가 실적, 실험실공장 설치승인 실적에 관한 자료를 제출하게 할 수 있다. <개정 2015. 5. 18., 2017. 7. 26., 2020. 2. 11.>

⑧ 중소벤처기업부장관은 전문회사에 대하여 제11조의2제4항 각 호에 관한 자료나 전문회사의 매 회계연도의 결산서를 제출하게 할 수 있다. <개정 2017. 7. 26.>

[전문개정 2007. 8. 3.]

제27조(권한의 위임·위탁) 이 법에 따른 중소벤처기업부장관의 권한은

그 일부를 대통령령으로 정하는 바에 따라 소속기관의 장 또는 시·도지사에게 위임하거나 다른 행정기관의 장 또는 대통령령으로 정하는 중소기업 관련 기관과 단체에 위탁할 수 있다. <개정 2017. 7. 26.>
[전문개정 2007. 8. 3.]

제28조 삭제 <2020. 2. 11.>

제29조(청문) 중소벤처기업부장관은 다음 각 호의 어느 하나에 해당하는 처분을 하려면 청문을 실시하여야 한다. <개정 2009. 1. 30., 2017. 7. 26., 2020. 2. 11.>

1. 삭제 <2020. 2. 11.>
2. 제18조의4에 따른 촉진지구의 지정해제
3. 제11조의7에 따른 전문회사의 등록취소
4. 제17조의6에 따른 집적지역의 지정취소
5. 제15조의14에 따른 지원센터의 지정취소
6. 제25조의3제3항에 따른 벤처기업확인기관의 지정취소

[전문개정 2007. 8. 3.]

제30조 삭제 <2020. 2. 11.>

제30조의2(벌칙 적용 시의 공무원 의제) 다음 각 호의 어느 하나에 해당하는 자는 「형법」 제129조부터 제132조까지의 규정을 적용할 때에는 공무원으로 본다. <개정 2020. 2. 11.>

1. 제25조와 제25조의2에 따른 벤처기업의 확인 및 확인의 취소 업무에 종사하는 벤처기업확인기관의 임직원
2. 제25조의4에 따른 벤처기업확인위원회의 위원

[전문개정 2007. 8. 3.]

제30조의3(불복 절차) 제25조 및 제25조의2에 따른 벤처기업의 확인이나 확인의 취소에 대하여는 「행정심판법」에 따른 행정심판을 청구할 수 있다. 이 경우 벤처기업의 확인·확인취소에 대한 감독행정기관은 중소벤처기업부장관으로 한다. <개정 2008. 2. 29., 2017. 7. 26.>
[전문개정 2007. 8. 3.]

제31조 삭제 <2020. 2. 11.>

제31조의2(규제의 재검토) 중소벤처기업부장관은 제17조의6에 따른집적지역의 지정취소 사유에 대하여 2015년 1월 1일을 기준으로 3년마다(매 3년이 되는 해의 기준일과 같은 날 전까지를 말한다) 폐지, 완화 또는 유지 등의 타당성을 검토하여야 한다.

[전문개정 2020. 2. 11.]

제5장 벌칙 <신설 2004. 12. 31.>

제32조 삭제 <2020. 2. 11.>

부칙 <제17764호, 2020. 12. 29.> (상법)

제1조(시행일) 이 법은 공포한 날부터 시행한다.

제2조 및 제3조 생략

제4조(다른 법령의 개정) ① 생략

② 벤처기업육성에 관한 특별조치법 일부를 다음과 같이 개정한다.

제16조의3제8항 중 "「상법」제350조제2항, 제350조제3항 후단"을 "「상법」제350조제2항"으로 한다.

③ 생략

1인 창조기업 육성에 관한 법률

(약칭: 1인창조기업법)

[시행 2021. 2. 19] [법률 제17037호, 2020. 2. 18, 타법개정]

제1조(목적) 이 법은 창의성과 전문성을 갖춘 국민의 1인 창조기업 설립을 촉진하고 그 성장기반을 조성하여 1인 창조기업을 육성함으로써 국민경제의 발전에 이바지함을 목적으로 한다.

제2조(정의) 이 법에서 "1인 창조기업"이란 창의성과 전문성을 갖춘 1인 또는 5인 미만의 공동사업자로서 상시근로자 없이 사업을 영위하는 자(부동산업 등 대통령령으로 정하는 업종을 영위하는 자는 제외한다)를 말한다. <개정 2013. 3. 22., 2015. 2. 3.>

제3조(1인 창조기업 인정의 특례) 1인 창조기업이 규모 확대의 이유로 1인 창조기업에 해당하지 아니하게 된 경우에는 그 사유가 발생한 연도의 다음 연도부터 3년간은 제2조에도 불구하고 1인 창조기업으로 본다. 다만, 1인 창조기업 외의 기업과 합병하거나 그 밖에 대통령령으로 정하는 사유로 1인 창조기업에 해당하지 아니하게 된 경우에는 그러하지 아니하다.

제4조(다른 법률과의 관계) 1인 창조기업의 육성에 관하여 다른 법률에 특별한 규정이 있는 경우를 제외하고는 이 법에 따른다.

제5조(1인 창조기업 육성계획의 수립 등) ① 중소벤처기업부장관은 1인 창조기업을 육성하기 위하여 3년마다 1인 창조기업 육성계획(이하 "육성계획"이라 한다)을 문화체육관광부장관 등 관계 중앙행정기관의 장과 협의를 거쳐 수립·시행하여야 한다. <개정 2017. 7. 26.>
② 육성계획에는 다음 각 호의 사항이 포함되어야 한다.
1. 1인 창조기업의 육성을 위한 정책의 기본방향
2. 1인 창조기업의 창업지원에 관한 사항
3. 1인 창조기업의 기반조성에 관한 사항
4. 1인 창조기업 관련 통계 조사·관리에 관한 사항

5. 그 밖에 1인 창조기업의 육성을 위하여 필요한 사항

③ 중소벤처기업부장관은 육성계획의 수립과 시행을 위하여 필요한 경우에는 관계 중앙행정기관의 장과 1인 창조기업 육성에 관련된 기관 또는 단체에 대하여 자료의 제출이나 의견의 진술을 요청할 수 있다. 이 경우 요청을 받은 관계 중앙행정기관의 장 등은 특별한 사정이 없으면 요청에 따라야 한다. <개정 2017. 7. 26.>

제6조(실태조사) ① 중소벤처기업부장관은 1인 창조기업을 체계적으로 육성하고 육성계획을 효율적으로 수립·추진하기 위하여 매년 1인 창조기업의 활동현황 및 실태 등에 대한 조사를 하고 그 결과를 공표하여야 한다. <개정 2017. 7. 26.>

② 중소벤처기업부장관은 제1항에 따른 실태조사를 하기 위하여 필요한 경우에는 「공공기관의 운영에 관한 법률」에 따른 공공기관, 1인 창조기업 또는 관련 단체에 대하여 자료의 제출이나 의견의 진술 등을 요청할 수 있다. 이 경우 요청을 받은 공공기관 등은 특별한 사정이 없으면 요청에 따라야 한다. <개정 2017. 7. 26.>

제7조(종합관리시스템 구축·운영) 중소벤처기업부장관은 1인 창조기업 관련 정보를 종합적으로 관리하고 1인 창조기업 간의 협력기반 구축 및 1인 창조기업 활동에 유용한 정보를 제공하기 위하여 종합관리시스템을 구축·운영할 수 있다. <개정 2017. 7. 26.>

제8조(1인 창조기업 지원센터의 지정 등) ① 정부는 1인 창조기업 및 1인 창조기업을 하고자 하는 자를 지원하기 위하여 필요한 전문인력과 시설을 갖춘 기관 또는 단체를 1인 창조기업 지원센터(이하 "지원센터"라 한다)로 지정할 수 있다.

② 지원센터는 다음 각 호의 사업을 한다. <개정 2017. 7. 26.>

1. 1인 창조기업에 대한 작업공간 및 회의장 제공

2. 1인 창조기업에 대한 경영·법률·세무 등의 상담

3. 그 밖에 중소벤처기업부장관이 위탁하는 사업

③ 정부는 제1항에 따라 지정한 지원센터에 대하여 예산의 범위에서 제2항 각 호의 사업을 수행하는 데 필요한 경비의 전부 또는 일부를 지원할 수 있다.

④ 정부는 지원센터가 다음 각 호의 어느 하나에 해당하는 경우에는 지정을 취소하거나 6개월 이내의 범위에서 기간을 정하여 업무의 전부 또는 일부를 정지할 수 있다. 다만, 제1호에 해당하는 경우에는 지정을 취소하여야 한다.

1. 거짓이나 그 밖의 부정한 방법으로 지정을 받은 경우
2. 지정받은 사항을 위반하여 업무를 행한 경우
3. 제5항에 따른 지정기준에 적합하지 아니하게 된 경우

⑤ 지원센터의 지정 및 지정 취소의 기준·절차 및 운영 등에 필요한 사항은 대통령령으로 정한다.

제9조(지식서비스 거래지원) ① 중소벤처기업부장관은 1인 창조기업의 지식 서비스 거래를 활성화하기 위하여 지식서비스를 제공하는 1인 창조기업 및 1인 창조기업으로부터 지식서비스를 제공받는 자 등에 대한 지원사업을 할 수 있다. <개정 2013. 3. 22., 2017. 7. 26.>

② 제1항에 따른 지원사업의 대상 및 방법 등에 필요한 사항은 대통령령으로 정한다.

제10조(교육훈련 지원) ① 정부는 1인 창조기업 및 1인 창조기업을 하고자 하는 자의 전문성과 역량을 강화하기 위하여 교육훈련을 지원할 수 있다.

② 정부는 제1항에 따른 교육훈련에 관한 업무를 대통령령으로 정하는 인력 및 시설 등을 갖춘 법인으로서 정부가 지정하는 기관 또는 단체(이하 "교육기관"이라 한다)에 위탁할 수 있다.

③ 정부는 제2항에 따라 교육훈련에 관한 업무를 위탁받은 교육기관에 대하여 대통령령으로 정하는 바에 따라 업무 수행에 필요한 경비의 전부 또는 일부를 지원할 수 있다.

④ 정부는 교육기관이 제1항에 따른 교육훈련에 관한 업무를 충실히 수행하지 못하거나 제5항에 따른 지정기준에 미치지 못하는 경우에는 지정을 취소하거나 6개월 이내의 범위에서 기간을 정하여 업무의 전부 또는 일부를 정지할 수 있다.

⑤ 교육기관의 지정 및 지정 취소의 기준·절차 등에 필요한 사항은 대통령령으로 정한다.

제11조(기술개발 지원) ① 중소벤처기업부장관은 우수한 아이디어와 기술을 보유한 1인 창조기업을 위하여 다음 각 호의 지원을 할 수 있다. <개정 2013. 3. 22., 2017. 7. 26.>

1. 1인 창조기업의 단독 또는 공동 기술개발
2. 1인 창조기업과 「중소기업기본법」에 따른 중소기업 간의 공동 기술개발
3. 그 밖에 1인 창조기업의 기술개발을 촉진하기 위하여 필요한 사항

② 제1항에 따른 지원의 절차와 범위 등에 필요한 사항은 대통령령으로 정한다.

[제목개정 2013. 3. 22.]

제12조(아이디어의 사업화 지원) ① 정부는 사업 성공 가능성이 높은 아이디어를 가진 1인 창조기업을 선정하여 아이디어의 사업화를 위한 지원을 할 수 있다.

② 정부는 제1항에 따라 아이디어의 사업화 지원 대상으로 선정된 1인 창조기업이 다음 각 호의 어느 하나에 해당하는 경우에는 선정을 취소할 수 있다. 다만, 제1호에 해당하는 경우에는 선정을 취소하여야 한다. <개정 2015. 2. 3.>

1. 선정된 1인 창조기업이 아이디어의 도용(盜用) 등 거짓이나 그 밖의 부정한 방법으로 선정된 경우
2. 선정된 1인 창조기업이 사업화를 포기한 경우
3. 선정된 1인 창조기업의 책임 있는 사유로 사업화가 지연되어 처음에 기대하였던 성과를 거두기 곤란하거나 선정된 1인 창조기업이 사업화를 완수할 능력이 없다고 인정되는 경우
4. 부도·폐업 등의 사유로 선정된 1인 창조기업이 사업화를 계속 수행하는 것이 불가능하거나 계속 수행할 필요가 없다고 인정되는 경우

③ 제1항에 따른 선정의 기준·절차 및 제2항에 따른 선정취소의 절차, 지원의 범위 등에 필요한 사항은 대통령령으로 정한다. <개정 2015. 2. 3.>

제13조(해외진출 지원) 정부는 1인 창조기업의 해외시장 진출을 촉진

하기 위하여 관련 기술 및 인력의 국제교류, 국제행사 참가 등의 사업을 지원할 수 있다.

제14조(홍보사업 등) 정부는 1인 창조기업에 대한 국민의 인식을 높이고 1인 창조기업을 육성하기 위하여 다음 각 호의 사업을 추진할 수 있다. <개정 2017. 7. 26.>

1. 1인 창조기업의 성공사례 발굴·포상 및 홍보
2. 1인 창조기업 활성화를 위한 포럼 및 세미나 개최
3. 그 밖에 중소벤처기업부장관이 필요하다고 인정하여 공고하는 사업

제15조(금융 지원) ① 정부는 1인 창조기업에 대하여 필요한 자금을 융자·투자하거나 그 밖에 필요한 지원을 할 수 있다. <신설 2013. 3. 22.>

②정부는 1인 창조기업의 설립 및 활동에 필요한 자금을 원활하게 조달하기 위하여 「신용보증기금법」에 따른 신용보증기금, 「기술보증기금법」에 따른 기술보증기금 및 「지역신용보증재단법」제9조에 따라 설립한 신용보증재단으로 하여금 1인 창조기업을 대상으로 하는 보증제도를 수립·운용하도록 할 수 있다. <개정 2013. 3. 22., 2016. 3. 29.>

[제목개정 2013. 3. 22.]

제16조(전담기관 지정 등) ① 중소벤처기업부장관은 1인 창조기업의 육성에 관한 시책을 효과적으로 수행하기 위하여 1인 창조기업 업무를 전담하는 기관(이하 "전담기관"이라 한다)을 지정할 수 있다. <개정 2017. 7. 26.>

② 정부는 예산의 범위에서 전담기관의 운영에 필요한 경비의 일부를 보조할 수 있다

③ 제1항에 따라 지정된 전담기관이 아니면 이와 비슷한 명칭을 사용하지 못한다.

④ 전담기관의 지정 및 운영 등에 필요한 사항은 대통령령으로 정한다.

제17조(조세에 대한 특례) 국가와 지방자치단체는 1인 창조기업을 육성하기 위하여 1인 창조기업에 대하여 「조세특례제한법」, 「지방세특례제한법」, 그 밖의 조세 관계 법률에서 정하는 바에 따라 소득세·

법인세·취득세·재산세 및 등록면허세 등의 조세를 감면할 수 있다.

제18조(「식품산업진흥법」 및 「수산식품산업의 육성 및 지원에 관한 법률」에 관한 특례) 「식품산업진흥법」 제2조제4호에 따른 전통식품 및 「수산식품산업의 육성 및 지원에 관한 법률」 제2조제7호에 따른 수산전통식품을 제조하는 1인 창조기업에 대하여는 「식품산업진흥법」 제22조 및 「수산식품산업의 육성 및 지원에 관한 법률」 제29조에도 불구하고 대통령령으로 정하는 바에 따라 전통식품 및 수산전통식품의 품질인증 기준을 완화하여 따로 정할 수 있다. <개정 2020. 2. 18.>
[제목개정 2020. 2. 18.]

제19조(보고·검사) ① 정부는 감독에 필요하다고 인정하는 경우에는 지원센터에 대하여 그 업무 및 재산에 관한 보고 또는 자료의 제출을 명하거나 소속 공무원으로 하여금 현장출입 또는 서류검사를 하게 하는 등 필요한 조치를 할 수 있다.
② 중소벤처기업부장관은 감독에 필요하다고 인정하는 경우에는 전담기관에 대하여 그 업무 및 재산에 관한 보고 또는 자료의 제출을 명하거나 소속 공무원으로 하여금 현장출입 또는 서류검사를 하게 하는 등 필요한 조치를 할 수 있다. <개정 2017. 7. 26.>
③ 제1항 및 제2항에 따라 출입·검사를 하는 사람은 그 권한을 표시하는 증표를 지니고 이를 관계인에게 내보여야 한다.

제20조(청문) 정부는 다음 각 호의 어느 하나에 해당하는 처분을 하려면 청문을 실시하여야 한다.
1. 제8조제4항에 따른 지원센터의 지정 취소 및 업무 정지
2. 제10조제4항에 따른 교육기관의 지정 취소 및 업무 정지
3. 제12조제2항에 따른 1인 창조기업의 아이디어 사업화 지원 대상 선정 취소

제21조(권한 등의 위임·위탁) ① 이 법에 따른 중앙행정기관의 장의 권한은 그 일부를 대통령령으로 정하는 바에 따라 특별시장·광역시장·특별자치시장·도지사·특별자치도지사 또는 시장·군수·구청장(자치구의 구청장을 말한다)에게 위임할 수 있다. <개정 2015. 2. 3.>

② 중앙행정기관의 장은 이 법에 따른 업무의 일부를 대통령령으로 정하는 바에 따라 전담기관 등에 위탁할 수 있다.

제22조(벌칙 적용에서의 공무원 의제) 제21조에 따라 중앙행정기관의 장이 위탁한 업무에 종사하는 전담기관 등의 임직원은 「형법」 제129조부터 제132조까지의 규정에 따른 벌칙을 적용할 때에는 공무원으로 본다.

제23조(과태료) ① 제16조제3항을 위반하여 비슷한 명칭을 사용한 자에게는 100만원 이하의 과태료를 부과한다.

② 제1항에 따른 과태료는 중소벤처기업부장관이 부과·징수한다. <개정 2017. 7. 26.>

부칙 <제17037호, 2020. 2. 18.> (수산식품산업의 육성 및 지원에 관한 법률)

제1조(시행일) 이 법은 공포 후 1년이 경과한 날부터 시행한다.

제2조부터 제8조까지 생략

제9조(다른 법률의 개정) ① 1인 창조기업 육성에 관한 법률 일부를 다음과 같이 개정한다.

제18조의 제목 "(「식품산업진흥법」에 관한 특례)"를 "(「식품산업진흥법」 및 「수산식품산업의 육성 및 지원에 관한 법률」에 관한 특례)"로 하고, 같은 조 중 "「식품산업진흥법」 제2조제4호에 따른 전통식품"을 "「식품산업진흥법」 제2조제4호에 따른 전통식품 및 「수산식품산업의 육성 및 지원에 관한 법률」 제2조제7호에 따른 수산전통식품"으로, "같은 법 제22조"를 "「식품산업진흥법」 제22조 및 「수산식품산업의 육성 및 지원에 관한 법률」 제29조"로, "전통식품"을 "전통식품 및 수산전통식품"으로 한다.

②부터 ⑬까지 생략

제10조 생략

▣ 편저 대한기업 창조 연구회 ▣

1. 저서 프랜차이즈 창업하기
2. 주식회사 등기
3. 중소기업 지식 정보 사전

▣ 법률감수 김태구 ▣

□ 건국대학교 법학과 졸
□ 1984년 제26회 사법시험 합격
□ 경찰대학 교무과장
□ 강서경찰서 서장
□ 경찰청 외사3 담당관
□ (현)변호사

(한권으로 정리하는 생활법령)
중소벤처기업, 1인 창조기업 창업하기

초판 1쇄 인쇄 2021년 7월 10일
초판 1쇄 발행 2021년 7월 15일

편 저 대한기업 창조 연구회
감 수 김태구
발행인 김현호
발행처 법문북스
공급처 법률미디어

주소 서울 구로구 경인로 54길4(구로동 636-62)
전화 02)2636-2911~2, 팩스 02)2636-3012
홈페이지 www.lawb.co.kr

등록일자 1979년 8월 27일
등록번호 제5-22호

ISBN 978-89-7535-958-3 (93320)

정가 18,000원

이 도서의 국립중앙도서관 출판예정도서목록(CIP)은 서지정보유통지원시스템 홈페이지(http://seoji.nl.go.kr)와 국가
자료종합목록 구축시스템(http://kolis-net.nl.go.kr)에서 이용하실 수 있습니다. (CIP제어번호 : CIP2020009923)

중소벤처기업이나 1인 창조기업을 창업하고자 하는 사람이라면, 그와

관련된 법을 숙지하여 정부로부터 충분한 지원을 받을 필요가 있습니다.

본서는 이러한 도움이 필요한 분들에게 도움을 주고자 중소벤처기업, 1

인 창조기업을 설립하는 데 필요한 관련 법들을 일반인도 알아보기 쉽게

정리하였습니다. 특히 관련 사례와 서식을 망라하여 일반인도 충분히

쉽게 법의 내용을 이해할 수 있도록 하였습니다.

93320

ISBN 978-89-7535-958-3

18,000원